현대신서
19

미술사학 입문

마르시아 포인턴

박범수 옮김

東 文 選

미술사학 입문

History of Art
A Students' Handbook

Marcia Pointon

© 1980, 1986, 1994, 1997, Marcia Pointon

This book is published by arrangement
with Routledge, London
through Korea Copyright Center, Seoul

제4판에 붙이는 서문

 이 안내서는 미술사학을 연구해 볼 생각을 가지고 있거나, 그래머스쿨 최고 학년(또는 그에 상응하는 학년)에서, 또는 대학교에서 미술사학자로서의 경력을 쌓아가는 초기 단계에 있는, 나이를 불문한 모든 학생들을 염두에 두고 쓴 것이다. 정도에 넘치지 않는 한 가지 기획으로서 1980년에 초판이 나온 이 책이 지니고 있는 힘은, 언제나 지적 연구의 대세를 한눈에 볼 수 있도록 해준다는 것과, 실질적인 요령의 개요를 결합시켜 왔다는 데 있다고 믿는다. 나는 이 책이 미술사라고 알려져 있는, 도전해 볼 만한 가치가 있으며, 흥미롭고 정말 보람 있는 학문적 추구라는 체계에 대한 일종의 개략적인 안내서라고 생각하고 싶다. 내가 원래의 제목을 그대로 유지해 오고 있는 것은 그것이 학교에서 친숙한 과목의 이름과 일치하고, 내 독자들에게 적절한 것처럼 보여 온 전체적인 구성 때문이다. 미술사학 연구는 1980년 이후 영어권에서 그 세력을 확장하고 강화해 왔는데, 2000년대를 바라보는 지금 과거를 돌아보면서 미술사학이라는 학문이 어느 정도 성숙해졌는지와, 그동안 학자들이 맡았던 주요한 역할들에 대해 인정해 주는 것은 흥미로운 일이다. 그러한 발전에 대한 개관을 해볼 수는 없지만, 그러한 발전이 없었더라면 이 책은 존재할 수가 없었을 것이다. 1994년에 나온 판본을 개정하겠다는 결정은 이 분야에 대한 학문적 연구가 발전하고 있다는 것에 대한 인식과(비록 우리가 그랬으면 하고 바라는 정도에는 못 미치더라도), 이 책이 유용한 것이 되기 위해서는 그 설명이 시대 상황에 맞아야 하고, 그 안에 담긴 정보가 정확해야 한다는 확신에서 나온 것이다. 따라서 지난번에 나온 판본에 익숙한 독자들은 어느 부분의 내용이 증강되었다는 것을 알게 될 것이며, 가장 중요한 것은 학위 취득을 위한 강좌 선택이나 (제3장), 미술사학자로서의 경력을 쌓는 데 대한 연구 요령과 독서방법, 그리고 컴퓨터를 이용한 정보검색 방식에 대한 논의(제5장) 등에서 보다 단도직입적인 안내를 하고 있다는 것도 알 수 있게 될 것이다. 이 책의 개정에 필요한 자료를 축적할 수 있도록 비평해 준 많은 학생들과 친구들·동료들에게 감사드린다. 특히 정보체계에 관한 자문을 해준 데이비드 필립스에게 감사드리며, 레베카 바든의 후원에 감사드린다. 이 판에 대한 개정은 텍스트에 대한 면밀한 검토와 자료조사에서 정력적이었고 고무적이었던 루시 펠츠의 든든한 도움이 없었더라면 불가능했을 것이다. 그녀와 함께 작업하는 것은 다른 상황에서라면 지루하기 짝이 없었을 일을 정말 유쾌한 일로 만들어 주는 것이었다.

1997년 맨체스터에서

차 례

서문 5

1. 미술과 결부되기 11
2. 하나의 학문으로서의 미술사 49
3. 미술사학자들의 연구방법 111
4. 미술사학에서 사용하는 언어 151
5. 미술사의 문헌들 193

미술사학 입문

1
미술과 결부되기

　서구적인 방식으로 살아가는 우리들은 텔레비전·영화·비디오·광고와, 도시와 시골이라는 상황 어디에서나 우리에게 경고하거나 위험을 알리는 교통표지와 신호등, 건물이나 차량의 낙서, 신문에 실린 사진, 전시장의 그림, 네 쪽짜리 연재만화나 한 컷으로 된 만화, 그리고 상품 포장 등에서 볼 수 있듯이, 우리는 시각적 의사소통의 세계에서 살고 있다. 이러한 것들 중 그 어느 것도 역사의 밖에 존재하는 것은 없는데, 그 모두는 과거에 우리에게 일어났었던 일뿐만 아니라, 현재 우리가 살아가는 방식에 의해 결정되며, 아울러 처해 있는 상황과도 상호 작용을 하기 때문이다. 따라서 시각문화는, 한 켤레의 스타킹에 붙어 있는 상표에서부터 런던의 국립미술관에 소장되어 있는 렘브란트의 자화상에 이르기까지, 우리들이 경험하는 엄청난 범위에 걸치는 것이다. 미술사는 그러한 경험들이 어떻게 갖추어지고 구성되어 있는지를 이해하기 위한 분석과, 그 '작용' 방식에 대한 이해를 통해 그것들이 우리에게 주는 효과를 탐구하고 평가하는 데 관심이 있다. 달리 말하면 사람들이 경험하는 예술품들의 어떤 특정한 것에 대한 시각적 의사소통을 하는 방식이 시대에 따라 각기 다른 집단의 사람들에게 다양하게 나타나는

[도판 1] 〈바지를 차지하기 위한 전투〉, 한스 작스의 희곡 작품인 《불길한 연기》의 머리그림인 목판화, 뉘른베르크 시립 역사박물관.

요인이 무엇인가 하는 점이다.

 미술사는 흔히 사람들이 이해하고 있는 것처럼, 대문자 A를 써서 표기하는 순수미술(Art)만을 배타적으로—혹은 일차적으로까지도—관여하고 있지는 않다. 말하자면 미술사는 '고급스러운' 문화와 그 대상물에만 역점을 두어 다루지는 않는다

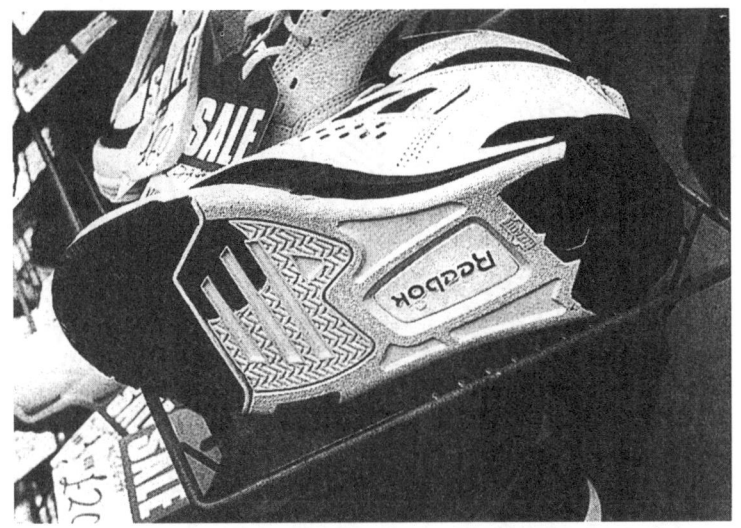

〔도판 2〕 스포츠 용품 가게의 외부에 전시되고 있는 운동화들(사진: 저자).

는 말이다. 로드첸코의 작품과 마찬가지로 레코드 재킷에 대해서도, 더욱이 그 대상물 자체뿐만 아니라 그것이 만들어지게 된 과정에 대해서도 관심을 가지고 있어야 하는 것이 미술사학자가 해야 할 작업인 것이다. 이것을 보다 인식하기 쉬운 역사적 틀 속에 넣어 본다면, 미술사학자들은 어떤 시각적 의사소통 장치가 겨냥하고 있는 청중이나 소비자가 그 누구이건 그것에 관여한다는 뜻이다. 이와 같이 제작되었을 당시 아마도 한 접시의 청어 요리 가격보다 낮게 책정되었을 16세기 독일의 목판화〔도판 1〕——예를 들어 몇 겹의 보호막 유리에 덮인 채 파리 루브르 박물관의 미술관 벽에 걸려 있으며, 현재에는 〈모나리자〉로 알려진 그림——에 대한 것과 동일한(비록 차이가 있긴 하지만) 관심의 대상인 것이다. 그런 까닭에 런던에 있는 빅토리아 앤

"그래, 미안해. 하지만 난 그저 이것을 역사적 배경 같은 것 속에 끼워 넣어 보고 싶은 거야."

〔도판 3〕 1992년 6월 12일자 《가디언》지에 실린 만화.

드 앨버트 박물관의 장식미술 전시실에는 대량 생산된 운동화(기능과는 관련이 없는 장식물로 눈길을 끄는)가 20세기 이전에 정교하게 제작된 도자기들과 나란히 전시되어 있는 것이다.〔도판 2〕

학문이나 학식의 영역으로서 미술사는 예술작품(동시대의 것이든 역사적인 것이든간에)의 전시나 판매, 그리고 매력적인 화집의 출판이나 매매에 관련이 있는 다른 직종들과 연계되어 존재하는 것이기 때문에 미술사학자들의 업무는 흔히 잘못 전달되거나 오해를 불러일으키기도 한다. 어느 수준까지 미술사는 예술작품의 역사와 그것들이 제작된 방식에 대한 것으로 남아 있으며, 예술가의 행위와 미술사학자가 몰두해 있는 문제들 사이에 존재하는 격차는 드물지 않게 흥미를 주는 원천이 되어 왔다.〔도판 3〕 하지만 미술사는 단순히 예술가들이나 그들의 작

〔도판 4〕〈우리는 또 다른 영웅이 필요치 않다〉, 바바라 크루거, 런던 해머스미스에 있는 광고판(사진: 제프 던롭).

품에 대한 것에서 그치는 것이 아니라, 왜 어떤 작품을 만들어 낸 예술가는 토론의 대상이 되는 반면에 다른 예술가들은 그렇지 못한지, 그리고 어째서 예술가들과 그들의 작품은 어떤 일정한 장소에서 일정한 시대에 일정한 방식으로 사람들에게 의미를 지니게 되는지, 즉 사람들에게 어떤 의미를 느끼게 해주는지에 대한 책임도 진다. (혹은 반드시 그래야만 한다.) 미술사는 어째서 우리가 레오나르도 다 빈치의 작품은 예술이라 생각하고 잡지에 실린 광고는 비예술이라고 생각하게 되었는지를 통해 레오나르도 다 빈치의 작품이 어떻게 해서 만들어지게 되었는지, 그리고 그것이 제작되었을 당시 어떻게 받아들여졌는지에 관한 문제도 해결할 수 있게 된다.

이와 같은 '비예술'의 특성이 바바라 크루거와 같은 소위 광고판 예술가들(billboard artists)에 의해 이용되어 온 것으로, 그녀는 우리가 보리라 예상하도록 조건지어진 것을 보게 하지만, 그것을 뒤엎어 새로운 방식으로 보도록 함으로써 겉보기에는 비정치적인 의사소통 행위가 지니고 있는 정치적 차원으로 우리의 주의를 끄는 것이다.(도판 4) 더욱이 미술사는 다 빈치의 작품이나 광고가 공통적으로 지니고 있는 이미지 형성의 여러 양상들을 충분히 이해하고 있다. (예로서 여성의 신체에 대한 이용을 들 수 있다.) 역사적 시대의 전반에 걸친 그러한 양상에 대해 고려해 보는 것으로써 역사에 대한 우리의 앎에 기여할 수 있는 통찰을 제공받을 수도 있다. 그러므로 뉴욕에서 도쿄에 이르는, 그리고 런던에서 헬싱키에 이르는 서점에서 여전히 쉽게 찾아볼 수 있는 화가의 개인별 화집들이 얹혀 있는 선반들이나, 예를 들면 런던의 《이브닝 스탠더드》지에 실린 것과 같은 종류의 미술에 관한 평론들은 오늘날의 미술사가 무엇에 관한 것인지를 전혀 보여 주지 못하고 있다.

미술사에 대해 언급했으니, 이제 남은 것은 대학교나 대학의 학부 수준에서 가르치는 데 역점을 두고 있는, 또는 적어도 근거로 하고 있는 전통적인 세 가지 분야인 회화·조각·건축에 대한 것이 남게 된다. 회화작품의 애호가들은 때때로 자신들이 작품을 감상하면서 얻는 경험의 풍부함과 자연스러움을 망치게 될까봐 두려워하여 작품에 대한 분석을 꺼리기도 한다. 일부 사회학적이거나 사회주의적인 미술사학자들, 또는 실제보다 이론에 관심이 더 많은 사람들의 분석은 예술적 창의성이라는 아주 특수한 행위뿐만 아니라 보는 데서 느끼는 근원적인 즐거움이라는 미학적 경험을 무시하거나 부인하기까지도 한다는 주장이 있어 왔다. 이러한 견해는 요리에 사용되는 재료에 대하여, 그리고 요리하는 방법에 대하여 알고 있는 것과 거기에 사용되는 주방기구를 보는 것은 요리의 맛을 떨어뜨릴 수 있다고 여기는 생각과 유사한 점이 없지 않다. 하지만 미술사는 그러한 정도 이상의 것으로서, 그것이 추구하는 것은 어째서(은유가 의미하는 것을 쫓아가 보도록) 어떤 문화권에서는 어떤 특정 음식이 선호되는가에 대해서와, 예컨대 쓰고 나서 버릴 수 있는 종이 상자에서 꺼내 먹을 수 있는 즉석 음식, 포트넘 앤드 메이슨사에서 내놓고 있는 소풍용 도시락 바구니, 혹은 엘리자베스 데이비드의 조리법에 따라 크뢰제사 제품인 주물 스튜 냄비에서 요리된 카슐레 사이에는 문화적 의미에서 어떤 차이점들이 있는가를 설명해 보려는 것이다.

 물론 어떤 것을 즐긴다는 점에서 중요성을 인정하는 것은 즐거움을 유발하는 예술품의 역사적 분석을 배제하지 않는다. 우리가 보고 있는 예술품에 대해 만약 우리가 보다 더 많이 알고 있다면, 그 보는 행위는 사실상 더 즐길 만한 것이 될 수도 있다. 더욱이 즐거움이란 단순한 문제가 아니다. 우리의 감각들을 일깨우는 것, 그것을 우리가 인지하고 표현하는 방법은 그 자체로 의문의 여지가 있는 것이다. 이것은 또한 역사적인 선례에서도 찾아볼 수 있다. 어째서 우리가 어떤 한 시대에 어떤 특정한 종류의 예술작품들이 지니고 있는 개별적인 특징들을 좋아하는가 하는 점은 단순히 우리의 유전자나, 혹은 우리들 개개의 인품이 지니고 있는 결과에 의해서라기보다는 우리가 한부분을 이루고 있는 사회 내에서 장려되는 가치에 의해서 결정되는 것이다. 따라서 그 누구도 예술작품들에 대한 심미적이고 본능적인 반응의 중요성을 과소평가하려 들지는 않는 반면, 심미적인 면이 지적인 면에 의해 약화된다고 여기는 생각은 예술을 사상의 대체물로 여기도록 조장했던 과거의 한 시대에서 내려오는 유산인 것이다.

사실상 우리는 줄곧 어떤 종류의 미술사적 행위와, 그리 다르지 않은 시각적 분석이라는 형태의 행위에 자신도 모르는 사이에 종사하고 있다. 우리가 과거의 것이라고 알고 있는 양식(윌리엄 모리스 양식의 직물, 1930년대 양식의 찻잔, 1950년대 양식의 넥타이)을 일부러, 혹은 의식적으로 선택할 때마다 우리는 기능적인 것뿐만 아니라 미학적·역사적 기준도 적용하고 있는 것이다. 우리는 실용적인 면에 의해서 뿐만 아니라 상징적인 면에 의해서도 자극을 받게 되는데, 스포츠용 가방을 고르더라도 상표가 화려하게 그려진 것을 택하게 되고, 스테인리스강으로 되어 있는 것이 아닌 소나무로 만들어진 욕실용 수건걸이를, 그리고 흰색 폴크스바겐 골프 대신 자주색 시트로앵 디안을 고르게 되는 것 등이 바로 그 예이다. 우리가 일정 시간을 그림 앞에 서서 그것을 볼 때마다 우리 자신이 생각하고, 질문을 하도록 자극과 부추김을 받는 것은, 우리가 일종의 비평작업을 하고 있는 것이 된다. 우리가 그림 한 점을 감상하고 난 다음 그 옆에 걸려 있는 것을 보기 위해 옮겨갈 때마다 그것이 앞의 것과 다른 점 혹은 비슷한 점을 느끼게 되는 것은 우리가 식별(discernment)과 차별(discrimination ; 이 말을 오늘날의 타락한 어의와 관련 없이 사용한다면) 행위에 관여하는 것이 되며, 또한 정말 분석에 관여하는 것이 된다. 예술비평과 예술품 감상은 아주 가까운 이웃이며, 둘 다 미술사로 통하는 길인 것이다.

우리 주위 어디에나 있는 과거와 현재의 예술품들을 비평적인 시각으로 보는(혹은 디자인사나 인류학을 연구하는 학자들이 사용하는 구절을 이용한다면, 물질문명을 조사하는) 데 있어서의 적성과 기교를 얻는 것이 그렇게 쉽지만은 않은 일이다. 하지만 의식적으로 자각하고 예술작품을 감상하는 방법을 배운다는 것은 즐거운 일이다. 우리는 뉴욕의 사무직 노동자들이 점심 샌드위치를 먹는 장소인, 하늘 높이 솟아 있는 빌딩 가운데 자리잡고 있는 작은 정원 안에 세워져 있는 한 점의 현대 조각품을 바라보고 있을 수도 있고, 또는 이제 더 이상 사용되지 않고 있지만 우리의 관심을 끄는 것으로 '개발의 영향에 민감한' 시골 지역에 보존되어 있는 영국식의 빨간 공중전화 부스들을 바라보고 있을 수도 있고, 또는 원래 어떤 아프리카 부족이 치르는 의식의 일부로 사용되었던 것이지만 현재는 옥스퍼드의 피트 리버스 박물관 같은 박물관의 유리상자 안에서나 볼 수 있는 어떤 물건을 바라보고 있을 수도 있는 것이다. 우리들 가운데 대다수는 우리가 예술을 좋아한다고 확신에 차서 진심으로 말할 수는 있겠지만 우리가 무엇을 좋아하는지, 그리고 왜 그것을 좋아하는지를 정확하게 말하기란 지극히 어려운 일임을 알게 될 것이다. 우리가 박물관, 혹은 화랑을 찾아가 보려는 계획을 가지고 있을 때조차도 우리는 우리 자신들이 뭐가 뭔지 모르고 전체적인 개념 정립이 되지 않음을 느끼는데——비록 밝혀질 듯 밝혀질 듯 애태우게 하면서도 무엇인지를 밝혀낼 수는 없는 한 가지 형식이 존재한다는 것을 우리가 깨닫고 있긴 하지

"그는 그림에 대해 뭐든지 알고 있지만 자신이 무엇을 좋아하는지는 모르고 있다니까."

[도판 5] 1943년 해미시 해밀턴이 출판한 《서버 걸작선》과 1966년부터 헬렌 서버가 판권을 소유하고 있으며, 하퍼 앤드 로사(社)가 출판한 《서버와 친구들》에 실린 제임스 서버의 만화.

만—— 무엇보다도 우리가 예술품을 감상하고 난 소감이 어떠한 것이었는지를 말로 적절하게 표현해 내는 것이 불가능하다는 것을 알게 되는 것이다.

어렸을 적에 우리는 글쓰기를 배우기에 앞서 그리는 법부터 배우지만, 학교를 통해서 곧 문자 해독력과 숫자 개념에 대한 이해가 우리의 성취도를 측정하는 기준이 된다. 희고 반짝이는 이를 자랑하고 있는 악어나, 딱딱한 견과를 갉아먹고 있는 토끼가 그려진 포스터가 벽에 붙어 있는 어린이 전용 치과병원을 들여다볼 때나, 혹은 기근이 든 아프리카 지역의 굶주린 아이들을 보여 주고 있는 사진과 맞닥뜨리게 되었을 때에만, 어떤 경우에 있어서는 복잡한 한 덩어리의 정보나 생각을 우리에게 전달하는 데는 그림 이미지가 언어보다 훨씬 더 강력하다는 사실을 깨닫게 된다. 어떤 단계에서 미술사는, 우리에게 그 매체가 어떤 것이든, 혹은 그 형태가 어떤 것이든 모든 형태의 시각적 표현에 우리가 반응할 수 있는 능력을 되찾고 길러 나갈 것을 요구한다.

만약 우리가 감상하거나 보는 행위가 모든 사람들에게 본능적이고 단순하며 이해하기 쉬운 문제라고 생각한다면, 그림 한 점을 보고, 본 것을 설명해 보라. 아니면 그보다 훨씬 좋은 방법으로 그림이나 건물, 혹은 어떤 것이 되었건 인간의 손으로 제조된, 혹은 만들어진 대상물을 정말 뚫어지게 살펴보고 나서 그 자리를 뜬 다음 우리 앞에 있었던 것이 정확하게 무엇이었는지, 그리고 우리가 그것을 바라보고 있었을 때 그것이 우리에게 무엇을 의미하는 것이었는지를 기억해 내려고 애써 보는 것이다. 서버의 기지에 넘치는 만화(도판 5)는 일반인들이 '전문가'라는 사람들에 맞서 자신을 변호할 때면 언제나 들고 나오는 "난 예술에 대해서는 아무것도 모르지만 내가 뭘 좋아하는지는 알아"라는 항변을 정말 적절하게 변형한 것이다. 좋아한다는 것이 안다는 것의 결정적인 부분이듯이, 안다는 것은 좋아함에 있어서 본질적인 것이다. 이것은 성취되기 힘든 둘 사이에서의 관계이며 발전된, 그리고 계발된 균형인 것이다. 제인 오스틴의 《오만과 편견》에서 여주인공 엘리자베스 베넷은 유서 깊은 영국의 대저택을 방문하게 된다. 그녀는 그 저택의 방들이 '훌륭한' 그림들로 가득 차 있다는 것을 알고 있지만, 그녀는 자신의 개인적 수준과 동일시할 수 있는 어떤 것을 찾아 그것들 모두를 그저 건성으로 지나치게 되는 것이다. 예술작품을, 그것이 보편적 기준이라고 여겨지는 것에 따라 평가될 수 있을 것인가에 대해서보다, 그것이 창조된 목적을 얼마나 충족시키고 있느냐에 보다 더 큰 관심을 가지고 있는 미술사학자에게 '좋다' 혹은 '나쁘다'라는 용어는 문제의 소지가 있는 것이다. 모든 사회에 있어서의 강력한 지지자들은 무엇이 최선인가 하는 점에 대한 개념을 정립해 놓게 된다. 이것이 소위 정전(正典)이란 것이며, 이것은 마치 하나의 축구팀과 같은 것이어서 그 구성원들은 등급이 높아지거나 떨어질 수도 있고, 그 팀이 다른 경기연맹으로 소속이 바뀔 수도 있으며, 그 팀은 개인적인, 혹은 집단적인 공로에 의해서와 마찬가지로 국제적인 재정적 지원으로 통제될 수도 있는 것이기 때문이다.

비록 점차 늘어나는 관람자들로 인해 붐비고 있지만(더 이상 무료가 아닌 경우가 더욱 흔하지만) 그럼에도 불구하고 박물관이나 화랑(대부분 19세기에 대중을 교육하겠다는 목적으로 설립된 것인)들은 시각예술과 관련된 문화의 접근에 여전히 유리한 실제적 조건을 제공한다. 일부 박물관들의 획일적이고 개성 없는 분위기는 진지한 연구를 하기에는 기가 꺾일 수도 있는 문제이긴 하지만, 한편으로는 이보다 더 성행하고 있는 '사용자 편의 위주의' 접근방식이 그러한 연구에 반드시 더 많은 기여를 하는 것은 아닐 수도 있다는 것이다. 박물관에 딸린 서점이나 식당이 박물관과 그에 딸린 부속 시설들 중에서 가장 눈에 잘 띄는 시설물의 안내표지판이 설치되어 있다거나, 한 점의 그림을 철저하게 살펴보기 위해 집중하고 있는데 다른 사람들이

고용한——카세트를 틀어 놓은 것처럼 판에 박은 설명을 해대는——안내자의 설명 소리가 쉽게 들리는 장소에 우리가 서 있게 된다면 그것은 정말 주의를 산만하게 하는 요소가 될 수 있는 것이다. 비록 우리가 왜 어떤 작품들을 좋아하는지에 대한 이유를 의식하고 있는 것은 우리가 박물관을 찾을 때에 도움이 되는 것이긴 하지만, 권위자라는 사람들이 어떤 작품은 '중요하다'라고 말해 왔던 것을 우리가 알고 있다는 사실은, 그에 대해 정통한 지식이 없는 우리와 같은 관람자들이 무시당하거나 자격이 없는 것처럼 느끼도록 만들 수도 있는 것이다.

이러한 모든 이유들에도 불구하고 시각예술 문화와 관련된 작품을 전시하고 있는 시설에 들어가는 것은 우리에게, 우리가 보고 있는 것은 자연의 선택에 의한 것이 아닌 일련의 결정 끝에 나온 것으로 조심스럽게 편제된 배열이라는 점을 일깨워 준다는 데서 중요성을 갖는 것이다. 이러한 결정들은 재정적·공간적 준비라는 근거에서, 혹은 지적인 고려에서 내려진 것일 수도 있다. 왜 어떤 것들은 그 전시 목록에 포함되어 있으며, 어떤 것들은 거기서 빠지게 되었는지, 왜 작품들이 어떤 특정 방식으로 분류되는지, 그리고 어떻게 해서 어떤 작품들은 어떤 특정한 것의 곁에 나란히 놓이게 된 것인지, 그런 모든 것들이 우리가 염두에 두며 의식하고 있어야 할 필요가 있는 의문점들인 것이다. 만약 우리가 이러한 것들에 대해 생각해 볼 수 있도록 우리 자신을 훈련시킨다면, 우리는 스스로의 경험이 아닌 입장객의 수나 증가시켜 주는 박물관이란 공간을 통해 처리되어 나오는 사람들에서 그치기보다는 관람이라는 집단적인 과정에 있어서의 능동적인 참여자가 되는 것이다.

지방의 중심지나 대도시에서 살고 있는 사람들에게 전람회나 박물관이란 공간은 여전히 예술작품을 접하는 경험을 할 수 있는 최선의, 그리고 가장 편리한 장소이다. 텔레비전에서는 그런 방면의 정보를 주는 프로그램을 방영하며, 서점이나 도서관에서는 색감이 뛰어난 훌륭한 도판이 실려 있는 서적들을 그리 어렵지 않게 찾아볼 수 있다. 대부분의 교육은 여전히 슬라이드나 비디오, 혹은 사진을 통해 이루어지고 있지만 이러한 경향은 CD롬과 그것을 읽어낼 수 있는 기재를 싼 가격에 구할 수 있게 되면서부터 변하고 있다. 디지털 영상(컴퓨터로 재생할 수 있는 데이터에 의한 영상 제작을 통해)의 품질이 높아지면서 이러한 새로운 기술을 통한 교육이 점차 전통적인 매체들을 대체해 나갈 것으로 여겨진다. 하지만 관람한다는 것—— 하나의 순수학문인—— 은 그것이 전통적인 매체(예를 들면 畵布에 그린 유화나 돌로 만든 조각품 같은)에 속하는 것이건, 아니면 비디오나 사진에 속한 매체이건간에 어떤 일정 단계에 이르러서는 직접 실제 예술작품의 취급을 포함하지 않을 수 없게 된다. 슬라이드나 복제품, 혹은 서적들은—— 아무리 교육에 도움을 줄 수 있는 것이라 할지라도—— 대부분의 경우 실제 예술작품을 가지고 연구하는 과정을 대신할 수 있는 것이 되지는 못한다. 전람회장을 찾아온 방문객들이 그 어떤 작품 앞에서건 2,3초 이상 머무는 경우가 거의 없다는 사실은, 많은 사람들이 예술작품과 친숙해지기를 바라고 있지만, 한편으로는 실제 예술작품과 그 사람들에게 친숙한 것일 수도 있는 복제품 사이의 관계가 문제점이 될 수도 있음을 시사해 주는 것이다. 이것은 또한 관람은 자기 교육의 문제임을 확증해 주는 것이기도 하다.

박물관 영구 소장품의 배치와 보존, 문서자료의 분류 및 정리, 그리고 단기간 임대하여 전시하는 작품의 선택과 배치는 어떤 일정한 문화적 표현 형식에 우선권을 주게 된다. 이처럼 유화는 판화나 데생·사진, 혹은 포스터처럼 대량 생산된 시각 관련 자료들보다 더 접근하기 쉬운 것이다. 전시회(그것이 다른 박물관에서 빌려 온 작품을 전시하는 것이건, 아니면 그 박물관의 영구 소장품이건)는 언제나 그 전시되는 내용물을 전부 합한 것 훨씬 이상의 것으로서 전시회 주최측은, 예컨대 르누아르나 샤갈의 작품을 전시하는 것이 대중적인 취향에 맞추는 것이고, 따라서 대규모의 전시회가 성공적인 것이 될 수 있다고 여기는 경우가 흔히 있는데, 그러한 전시회가 주는 전체적인 효과는 역설적이게도 그러한 그림에 접근하는 것을 보다 쉽게 만들기보다는 더욱더 어렵게 만든다. 그 공동체 출신이며 그 시대에 속한 예술가들로 구성된 전시회의 봉사자들은 후원자인 유수한 산업체들의 지원을 받아 대중들로부터 가장 사랑을 받는 작품들을 전시하고 전시품 목록을 만들며, 그것들을 예술의 전당이라 할 수 있는 그곳에 모셔 놓게 되는데, 거기에 있는 조심스럽게 씌어진 작품의 제목들이 개개의 작품에 있어 유일하게 옳은 해석으로 여겨야 하는 것인 양 보여 주고 있으며, 화살표들은 어디에서 시작해서 어디에서 마쳐야 할 것인지를 우리에게 말해 주고 있다. 따라서 예술작품들의 관람과 의문의 제기라는 탐구과정은 이 책의 뒷부분에서 우리가 다루게 될 다른 종류의 연구와 병행되어야 할 필요가 있는 것이다.

영국에서건 혹은 다른 나라들에서건 국가적인 예술작품 전시회에 가볼 생각이라면 방문에 앞서 계획을 세우는 것이 도움이 된다. 사전에 전시장의 평면도(여전히 '학파들'이라는 연대기와 국적에 따라 분류된 집단으로 그림들이 걸려 있는 경우가 흔한)를 참조하여 관람하고자 한 부분을 고른다. 전시장에 도착해서 우리는 보려고 계획했던 것이 아닌 다른 어떤 것에 큰 감명을 받아 모든 시간을 거기에 바치게 될 정도로 마음이 바뀌게 될지도 모를 일이다. 만약 우리가 잠깐잠깐씩 몇 차례에 걸쳐 전시장을 찾을 수만 있다면(그렇게 되면 입장료에 있어 다소 속을 쓰리게 하는 부분이 있을 수도 있다), 이러한 방식은 모든 것을 다 보기 위해 지치도록 온종일 시간을 보내는 것보다 훨씬 더 유용한 것이 될 수도 있다. 우리가 이미 알고 있는 것에 대한 관람과 우리가 전혀 들어 본 적도 없는 것에 대한 관람을 어느 정도 혼합하도록 한다. 친숙한 작품들에 대한 관람은 우리가 그것을 복제품을 통해서만 알고 있었던 것이라면 우리에게 든든함을 줄 뿐만 아니라, 그 작품들에 대해 알지 못했던 의외의 의미를 발견하게 해주는 것이 될 수도 있다. 또한 처음 보는 새로운 작품들은 우리로 하여금 결코 잊지 못할 지적 탐구의 과정을 시작하도록 할 수도 있다. 단기간의 전시회일 경우에는 아침 일찍, 그리고 어떤 특정 장소에서 전시가 계속되는 경우는 기간이 시작되는 시점에 관람 일정을 잡도록 한다. 대규모 전시회에 대한 언론의 비평 프로그램 방영이 성행하면서부터 어떤 프로그램은 꼭 봐야 하는 것처럼 되어 버렸고, 전시장에 들어가기 위해 줄을 서기도 복잡하고, 전시장 안에서의 조건도 거의 참을 수 없는 지경이 되어 버리기 때문이다.

이제까지 말한 것을 종합해 보면 미술사에 관련된 활동들은 본질적으로 대도시에서 일어날 수 있는 것이고, 대도시의 중심지에 살고 있는 사람들이나 널리 해외 여행을 하는 사람들만이 내가 설명하고 있는 박물관 시설들을 이용할 수 있는 것처럼 여겨질 수도 있다. 그러나 이것은 전혀 그렇지가 않다. 타지에 살고 있는 학생들의 편의를 위해 아테네에서 아크로폴리스를, 혹은 런던의 화이트홀에서 연회장 건물을 옮겨 놓을 수는 없는 노릇이니 말이다. 또한 대규모로, 예컨대 독일 표현주의 화가의 작품을 대여하여 전시회를 주최하고 있는 유럽 국가의 수도들 중 하나인 대도시를 직접 찾아가지 않는다면 그러한 전시회를 본다는 것 또한 불가능한 일일 터이니 말이다. 영국의 모든 지역(미술사가 교과과정에 들어 있는 다른 모든 국가들에게도 마찬가지로 적용될 수 있는)은 사실상 미술사학자의 주의를 끌 만한 가치가 있는 무언가를 제공하고 있는데 그것은 노르만 건축양식의 성채 폐허가 될 수도 있고, 노팅엄셔의 한 마을에 있는 제2차 세계대전 전쟁기념탑이 될 수도 있으며, 오크니 제도에 있는 한 무리의 입석들이 될 수도 있고, 대담하게 디자인된 세인버리 연쇄점의 한 분점이 될 수도 있는 것이며, 인도에서 근무한 적이 있는 전직 군인이 모아 놓은 서적을 물려받은 지역 도서관이 될 수도 있고, 현재는 사용되지 않고 있는 요크셔의 철도가 될 수도 있으며, 영국 명승사적보존회가 관리하고 있는 어떤 저택이 될 수도 있는 것이다.

자기 고장에 대해 잘 알고 있는 것, 지역마다 소장되어 있는 예술품들에는 어떤 것들이 있는지 알아내는 것, 그 고장의 건축가 혹은 설계자들의 작품에 대해 알게 되는 것, 그 고장의 예술품 수집가가 가지고 있는 특이성을 밝혀내는 것, 시각적 의사소통 수단이 중요성을 갖는 어떤 장소(스포츠 경기장 혹은 백화

점과 같은)에 대한 연구를 하는 것 등은 미술사를 공부하는 사람들이 엄청난 양의 시간과 돈을 투자해 큰 도시에서 열리는 특별 전시회를 보러 가는 것만큼이나 가치가 있는 것들이다. 한편으로는 다른 것보다 우선적으로 고려되어야 하는 어떤 행사들이 있다는 점과 그것들을 보기 위해서라면 엄청난 노력을 기울일 가치가 있다는 면을 부정한다는 것은 불합리한 일이겠지만, 일생에 한 번 있을까말까 한 회고전(현재에 이르는 과거 모든 예술가들의 작품을 전시하는)을 보기 위해 런던이나 파리·뮌헨, 혹은 밀라노까지 여행하는 것이 그럴 만한 가치가 있는 것인가 하는 점은 주로 자기 고장에 존재하는 예술작품을 관람하고 분석하는 방법을 얼마나 배워 왔는가 하는 점에 의해 결정되는 것이다. 연구를 위해 지리적인 측면에서 보다 접근이 가능한 예술작품들은 대부분 유럽 지역의 것이라는 점은 명백한 것으로, 콜럼버스 시대 이전의 예술작품과 건축물(16세기 스페인 제국의 식민지 개척을 위한 항해가 시작되기 이전의 중남미 문명에 붙여진 명칭인)을 연구하고자 하는 사람은 누구든 어느 단계에 이르면 멕시코나 페루·볼리비아, 그리고 그 주변의 나라들을 찾아가야 할 필요가 있게 되는 것이다. 그럼에도 불구하고 서유럽 국가들이 가지고 있는 제국주의적 과거의 결과로 여러 도시들은 놀라울 정도로 풍부한 아프리카·아시아, 그리고 남아메리카 지역에서 가져온 예술품들을 보유하게 된 것이다. 이 예술품들은 대영박물관처럼 잘 알려진 장소에 소장되어 있을 수도 있지만, 여러 대학교 부설의 박물관이나 미술관(이스트앵글리아·맨체스터·에든버러)들도 서구 세계의 것이 아닌 민족학적 예술품들을 풍부하게 소장하고 있다.

우리들 대부분은 우리가 살고 있는 장소에서 걸어서 가도 될 만한 거리에 스스로 찾아볼 수 있는 시각예술 작품들이 얼마나 풍성하게 존재하는가에 대해 모르고 있다는 것은 놀라울 정도이다. 무엇을 관람하고 무엇을 찾아봐야 할 것인가에 대해 정보를 얻을 수 있는 여러 가지 방법이 있다. 언제나 지니고 다녀야 하는 것으로서 공책과 연필은 미술사학자에게 꼭 필요한 장비이다. 건축물의 세부에 대한 단시간의 스케치, 판매하기 위한 그림을 전시해 놓고 있는 방이나 공공 장소에 걸려 있는 그림에 대한 짤막한 기록, 신문 혹은 사진이 게재된 잡지의 한 특정 페이지의 레이아웃을 분석하고 있는 그림 등은 우리의 시각적 기억력을 훌륭하게 발전시키는 데 도움이 되며, 지역 도서관에서 어떤 한 가지를 연구할 때 초점을 제공하는 데 유용한 자료가 될 수도 있다. 우리가 작품을 관람하면서 인지한 것을 적어 두는 것은, 어쩌면 우리의 주의를 집중시키는 데, 그리고 당장은 해답을 얻어낼 수 있는 가능성이 보이지 않는다 하더라도 어떤 사실에 대해 의문을 제기하는 습관을 들이는 데 가장 효과적인 방법일 수도 있다.

그러니까 미술관 혹은 박물관이 반드시 우리가 앞서 언급한 문화사적 이유들이나 대중적인 전시가 지니고 있는 분주함을 찾아보기 위한 학습을 시작할 수 있는 최선의 장소가 되는 것은 아니다. 그러나 여러 미술관이나 박물관에는, 정확한 의미에서 그렇다고는 볼 수 없을지라도 '교육'이라고 부를 수 있는 부분을 특별히 맡고 있는 직원 또는 일단의 직원들이 있다. 예를 들자면 규모가 큰 국립박물관들에서는 이 부분을 상당수의 사람들이 맡고 있기도 한데, 이들은 전시되고 있는 작품들 또는 영구 소장품들과 관련된 주제에 대해 초등학교 학생들이 필요로 하는 부분에서부터 본격적인 연구를 하는 학자들이 토론회에서 필요로 하는 것에 이르기까지 모든 것을 담당하게 된다. 박물관 소속의 교육 담당자들이 맡고 있는 책임은 대개 그 지역의 학교들이나 그밖의 학회들과 접촉하는 것을 포함하고 있다. 교육을 담당하는 부서들이 마련하는 행사는——대개 상이한 수준의 친밀성과 전문성에 맞게 조정되는——박물관 소장품들의 여러 가지 면에 대해 알 수 있게 하고, 사람들이 물질문명과 그것의 역사를 토론하는 여러 가지 상이한 방식들에 우리 자신이 친숙해지는 데 한 가지 훌륭한 방법이 될 수 있는데, 그 까닭은 모든 작품들이 한 가지 이상의 역사(혹은 이야기)의 한 부분이 될 수 있을 것이기 때문이다.

이제껏 모든 소장품들을 한자리에 다 전시한 박물관이나 미술관은 없었다. 미리 통보를 했을 경우, 창고에 보관된 작품을 본다는 것은 비교적 쉬운 일이었지만 거의 모든 기관들이 직원 수를 감축하고 엄격한 비용 효과 개념을 도입하게 되면서부터 문화와 관련된 이러한 기관들이 영리를 추구하는 기업처럼 작용하지 않을 수 없게 되었기 때문에, 미리 통보를 하면 보관중인 작품을 관람할 수 있게 한다는 등의 규정은 심각하게 그 효력이 쇠퇴되어 왔던 것이다. 우리가 런던의 한 대형 박물관에 보관되어 있는 어떤 것을 보기 위해서는 몇 달을 기다려야만 할지도 모른다. 런던을 벗어난 곳에서는 박물관 관계자들이 보다 협조적인 경우가 있는데, 그것은 아마도 그런 요청을 보다 덜 받기 때문일 수도 있다. 위에서 대충 윤곽을 밝힌 몇 가지 이유들로 보건대 우리가 관람하기 위해 찾아간 미술관의 어떤 특정한 전시실이 열려 있으리라는 쪽에 기대를 거는 것은 불가능한 일이다. 한편 그것은 대영박물관이나 빅토리아 앤드 앨버트 박물관과 같은 대규모의 '중요한' 박물관들의 경우로서, 이들 박물관들은 그 건물의 어떤 한 장소에서 열리고 있는 관람객들을 많이 끌어들이는 행사에 직원들을 집중적으로 투입하기 위해 어떤 공간은 폐쇄하는 경우가 흔히 있기 때문이다. 비록 정부가 문화적인 측면과 관계된 모든 기관들은 기업체 및 산업체의 후원을 받아야 한다고 압력을 행사하고는 있지만, 우리가 내는 세금을 통해 그러한 문화 관련 기관에 대한 자금을 지원하고 있다는 사실은 여전히 그대로 남아 있는 것이기 때문에, 그러한 기관에 소장되어 있는 것들을 자유롭게 이용할 수 있어야 하는 것은 당연한 권리인 것이다. 너무도 잘 알려진 전국민을 대상으로 하는 복권 추첨은 엄청난 양의 기금을 조성하는데 그 대부분은 국고로 귀속된다. 하지만 복권 추첨은 여전히 인기 있기 때문에 예술 분야를 포함, '유익한 일'에 돌려지는 그 기금의 양 또한 상당한 것이 되어 왔다(첫해인 1995년에는 그 액수가 12억 파운드였다). 하지만 이 기금이 전혀 조건 없이 제공되는 것은 아니어서, 장기간에 걸쳐 예술 분야에 어떤 혜택을 줄 수 있을 것인가에 대해서는 의문의 여지가 있는 것으로, 혜택을 받는 대상은 주요 계획 사업에만 해당되는 것이며 지원자도 (개인이 아닌) 단체여야 하기 때문이다. 더욱이 기금의 지원을 요청하는 측에서도 필요로 하는 전체 금액의 일정 비율에 해당하는 액수를 조성해야 한다. 그런 까닭에 화랑의 별관과 구내 식당, 그리고 극장이 딸린 식당 등을 건설중인 경우가 많은데, 그것은 그러한 화랑들이 새로운 예술 발전을 진흥시킨다는 것은 말할 것도 없고, 새로운 작품을 구입하는 것 또한 별개의 부담이 될 그러한 상태에서, 소장하고 있는 작품들을 적절한 상태로 보관하는 것과, 직원들의 급료를 제대로 지급할 수 있을지의 여부에 관계 없이 진행되는 상황인 것이다. 우리는 그러한 공공 박물관이나 미술관에 소장되어 있는 귀중한 작품들이(흔히 자신들이 수집해 놓은 예술품들이 많은 관람객들에게 무료로 더 큰 기쁨을 줄 수 있게 되기를 바랐던, 세상을 떠난 지 오래 된 옛날 사람 누군가가 베푼 관대함의 결과로 거기에 오게 된) 우리 모두의 것이라는 점, 그리고 한편으로는 박물관의 관장이나 관리인이 지게 되는 책임 중 한 가지가 그 소장품들을 안전하게 보호하고 연구하며 더 나은 상태로 유지하는 것이기도 하지만, 관람객들의 질문에 답해 주고 사람들이 예술작품과 친해질 수 있도록 도와 주는 것 또한 그들의 책임에 속하는 것임을 결코 잊지 말아야 한다.

미스 반 데어 로에 의자, 혹은 어떤 조각작품을 알 수 있는 유일한 방법은 그 의자에 직접 앉아 보거나 그 조각품을 건드리거나 만져 볼 수 있어야 한다는 견해에 공감하는 사람들이 점점 더 증가하고 있다. 그러나 이러한 견해에 한 가지 문제의 소지가 있다는 점은 분명하다. 만약 모든 사람들이 소장되어 있는 섬세한 작품들을 건드리거나 만지는 것을 통해 작품의 실체를 경험해 보고 싶어한다면, 작품의 보호 장소로서 박물관이 가지는 기능보다는 대중들의 교육 장소로서 박물관이 가지는 기능이 우선해야만 할 것이다. 콜마르에 있는 이젠하임의 제단 뒤편 상부 장식물은, 만약 이것을 3차원의 예술작품으로서 열리고 닫히며 드러내 보이고 감추기도 하는 판들로 구성된, 복잡하게 상호 작용을 하는 기표로서의 내부와 외부를 제공하는 대상으로 이해하고자 할 경우, 서로 부분적으로 겹치고 교차하는 의미를 가지는 일련의 온갖 방식으로 관찰될 수 있는 가능성을 지닌 예술작품으로 볼 때만 제대로 이해할 수 있는 것이다. 도해와 모형 및 거울의 이용은 우리가 관찰의 단계별로 이러한 모든 움직임을 다 볼 수 없다는 점과, 그처럼 오래 되고 손상되기 쉬운 예술작품을 직접 손으로 만지고 다룰 수 있는 권리를 그 누구도 주장할 수 없다는 사실을 상쇄시켜 주는 데 도움이 될 때가 있다.

런던 이외의 지역에 있는 박물관이나 미술관의 직원들은, 그들이 속한 박물관이 편익을 제공하는 범위에 속하는 지역에서 사람들이 관심을 가지고 있는 예술작품과 건축물들에 대한 유익한 정보 제공을 자신들의 재량으로 처리하는 경우가 흔하다. 그것이 기밀에 속한다는 명백한 이유를 들며 언제나 기꺼이 그러한 정보를 제공해 주려 하지는 않지만 세세한 면에 대해 알기 위해서라면, 그들에게 접근해 보는 것도 그럴 만한 가치가 있는 일이다. 정보를 얻어낼 수 있는 다른 중요한 출처는 지역 역사도서관(대개의 경우 중앙 시립도서관의 한 부서인)과 주의 기록보관소들이다. 잉글리시 헤리티지·영국 명승사적보존회·조지아학회·빅토리아학회 등과 같은 단체들은 우리가 살고 있는 지역에서 관심의 대상이 되는 건축물들에 대한 정보를 제공해 줄 것이다. 만약 그 지역에 특별한 역사적 관심을 끌 만한 유적이 존재할 경우 그 지역의 주민들로 구성된 학회나 유적보호론자들로 구성된 압력단체들이 그 보존을 담당하게 될 수도 있다. 이러한 단체들 중 하나에 가입하여 직접 경험해 보는 것이, 가능한 한 미술사적 자료들에 접근할 수도 있을 뿐만 아니라 지역사회를 위해 유익한 일을 하는 길이 될 수도 있으며, 연구 활동·기록·연구 발표 등을 통해 전문지식을 얻는 것이 가능할 수도 있다. 중세 예술작품을 연구하는 사람들에게는 지역 고고학회들이 흔히 효과적인 정보의 출처가 된다. 지역 도서관·박물관, 혹은 시청 등은 대개 그러한 학회들에 대한 정보를 가지고 있다.

연구 지역을 선정했다면 가능한 한 그 범위를 좁히는 것이 현명한 일이다. 대개의 경우 우리가 사는 지역에 있는 노르만 양식의 교회 하나, 혹은 어떤 화가의 작품에서 어느 한 가지 면에 대해 알게 되는 것이 네 개의 교회와 어떤 화가의 작품 전체에 대해 알게 되는 것보다 훨씬 가치가 있다. 마찬가지로 관람하는 기술을 터득하는 최선의 방법은 전시실에 가득 찬 그림 전부를 관람하는 것이라기보다는 한 미술관에서 한 점의 그림에 관해 연구하는 데 있는 것이다. 많은 사람들이 해외에서 휴가를 보내면서 안내책자를 이용하게 되는데, 거기에는 흔히 관심을 끌 만한 주요 역사적 유적지가 열거되어 있게 마련이다. 종이 표지의 문고본으로 이용할 수 있는 그러한 총서 가운데 하나가, 최근 런던의 A. C. 블랙출판사가 개정하여 펴낸 〈블루 가이즈〉이다. 그러나 이러한 종류의 책들 가운데 가장 전문적인 내용을 담고 있다는 것들도 진정 상세한 정보를 담고 있는 것은 없다. 그러나 독일에서 (영어로) 출판된 책으로 자주 내용을 증보하는 《국제 미술품 주소록》을 참고한다면 영국 이외의 지역에 있는 미술관이나 학회의 작품들 중 어떤 것을 볼 것인지 미리 계획을 세우는 것이 가능해진다. 이 책자는 전세계에 걸쳐 존재하는 수천 개의 박물관이나 미술관의 위치와 소장품·개관 시간에 관한 정보를 싣고 있으며, 대부분 도서관의 참고자료 목록에 실려 있다.

우리가 선택한 것은 특별한 접근방식을 필요로 하지 않을 수도 있는데, 그것은 경쟁적인 시장에서 고객을 유치하기 위해 사용된 시각적 배치의 분석이나 그러한 배치를 통해 생성되는 의미나 연상작용(특정 제조업체 제품인 삶은 콩과 베이컨을 구운 요리가 행복했던 어린 시절과 동일한 것으로 여겨진다거나, 어떤 상표의 내의가 우리를 진짜 남자로 만들어 준다거나 하는 것처럼)에 대한 평가를 해보기 위해서는, 편리하게도 연장근무까지 해가면서 문을 열고 있는 쇼핑 센터를 여러 차례 들르게 만드는 것일 수도 있다. 어떤 집단의 의복양식에 대한 연구(외국의 축구 열광자들, 애스컷 경마장을 찾는 경마 애호가들, 그리고 나이트클럽 안에 들어와 있는 십대들)에서는 그 집단에 대한 아주 명백한 일련의 정의와 그들의 자기 표현의 지리적 위치에 대한 감각이 요구된다.

중요한 것은 여러 가지 실질적인 측면에 대해 고려해 두는 것이다. 한 유적지에 대한 몇 차례의 방문, 방법론상 관련된 자료에 대한 읽기와 고려, 사용될 접근방식 등에 대한 예정 사항을 포함하고 있는 연구계획표를 만들어 보자. 만약 찾아가려는 목적지가 교회, 또는 시골의 가옥일 경우(이러한 것들 대부분이 10월부터 이듬해 3월까지 폐쇄된다), 혹은 일반 관람객들에게는 쉽게 공개되지 않는 무언가를 관람하고자 한다면 출발하기에 앞서 개관 시간을 확인하고 미리 교구 목사나 영지의 관리인, 혹은 박물관장에게 우리가 선택한 자료에 대한 관람 허가를 요청하는 편지를 보내도록 한다. 먼길을 여행하여 외진 시골 교회에 도착해 보니 문이란 문은 모두 잠겨 있고, 교구 목사는 휴가 중이거나 다른 교구를 방문중이라는 것을 알게 된다면 특히 힘이 빠지는 일이다. 어떤 곳은 1년 중 특정 기간에만 관람이 허용된다. 스코틀랜드 국립미술관은 거기에 소장되어 있는 터너의 수채화 작품들을 태양광선(특히 수채화가 입기 쉬운 화학적 변화를 일으키는 요인이 된다)이 가장 약한 때인 1월에만 관람을 허용한다. 가능하다면 휴가가 절정인 시기를 피하고, 청명하고 밝은 날을 택하도록 한다. 교회의 스테인드글라스는 비가 오거나 흐린 날씨에는 그것이 원래 지니고 있는 밝은 색채가 충분히 나타나지 않게 될 수도 있고, 비록 이제는 여러 미술관들이 보존에 대한 관심으로 완전한 인공 조명을 사용하고 있지만, 거대한 유리로 된 지붕을 가지고 있는 미술관에 중요한 작품들이 소장되어 있기도 한데, 이러한 경우는 자연적인 일광조건이 좋을수록 더 나은 조건에서 관람을 할 수가 있는 것이다. 신문이나 정기 간행물과 같은 문서들은 현재 마이크로필름을 통해서만 관람객들에게 공개되기 때문에 방문하기 전에 미리 마이크로필름 판독기가 있는 자리를 예약해 두는 것이 중요하다.

우리가 고른 작품을 미리 봐두는 것은 그것과 시각적으로 친숙해지는 데 도움을 줄 뿐만 아니라 질문은 어떤 것이 될지를 생각하는 데도 도움을 주게 될 것이다. 최초로 작품을 대하고 난 다음 자리를 떠서 조목별로 쓰인 질문표를 작성하거나, 또는 일련의 항목들을 정하여 그것들을 토대로 해서 연구한다. 제2장과 제3장에서 논의되는 내용은 여러분의 연구의 방향을 정하는 데 도움을 줄 수 있을 것이다. 비록 여러분이 머지않아 다른 사람들이 언급했거나 글로 남긴 문제들과 씨름하고 싶어할 수도 있겠지만, 이처럼 여러분이 스스로를 위해 무언가를 구분하여 정리해 놓았다면, 출판된 그러한 자료들을 비판적으로 다루는 데에 도움이 될 것이다.

 미술사학자들은 장비를 필요로 하는데, 그들에게 가장 필요한 것은 비판적인 재능이지만 그들이 '현장 실습'을 하다 보면 실제적인 도구 또한 유용한 것이 될 수 있다. 지질학자들은 망치를, 곤충학자들은 포충망을 들고 나선다. 한쪽에는 줄이 그어져 있고, 다른 한쪽에는 줄이 그어져 있지 않은 양식의 딱딱한 표지로 되어 있는 공책이 앞서 내가 언급했던 그러한 종류의 기록을 하는 데 매우 유용할 수 있다. 중요한 한 가지 의미에서 오늘날 미술사학자들의 선배라 할 수 있는 17,8세기의 골동품 수집가들은 자신들이 세밀하게 조사하고 있는 대상에 대한 기록을 남기는 수단으로 그림으로 그려두는 것에 의지했는데, 그것은 또한 조사하고 있는 대상이 가지고 있는 온갖 중요한 요소들에 대한 공식 기록, 혹은 인지의 한 방법이기도 했던 것이다. 사진기의 사용은 우리에게 그러한 훈련을 요구하는 것이 아니라, 실상은 우리가 단순히 사진기의 렌즈를 통해 무언가를 보았을 뿐인데도 우리가 그것을 면밀히 관찰했다고 느끼게 만드는 것이다. 비록 적잖이 성가신 일일 수도 있지만, 사진기를 사용하는 것이 엄청나게 유용할 때도 자주 있다. 사진기를 사용할 때 우리가 힘들고 불편하다고 여기는 것은 꼭 엄청난 양의 사진기 장비를 메고 여기저기 돌아다녀야 하는 것 때문이라고만은 볼 수 없는데, 그보다 훨씬 중요한 것은 사진기를 사용하면 작품을 조사하는 것보다 사진을 찍는 데 더 신경을 곤두세우게 만들 수도 있다는 위험성 때문일 것이다. 관람객들에게 사진촬영을 허용하지 않으려 하는 미술관들이 많다. 연구를 위한 수단으로 품질이 좋은 흑백사진을 구입하는 것(물론 미술관이나 박물관의 구내 상점에서 구할 수 있는 것으로, 아주 좁은 범위의 대중적인 작품들로만 제한된 그림엽서와는 대조를 이룬다)은 그것을 복제하고자 하는 누구에게나 부과되는 추가의 저작권 비용을 감안하지 않을 때조차도 이루 말할 수 없는 엄청난 비용이 든다. 우리가 예상할 수 있는 최저액은 부가세 포함 8파운드 정도인데, 미술관측이 이미 그 사진의 음화를 가지고 있지 않은 상태라면 그 가격은 천정부지로 치솟게 된다. 또한 필요한 사진을 주문하려면 길게 늘어서 기다리는 사람들 뒤에 가서 줄을 서야 될는지도 모를 일이다. 미술관이나 백화점들이 모든 작품에 대한 사진 기록을 자신들의 관리하에 두고 있지 못하다는 사실이 놀라운 일로 여겨질 수도 있겠지만, 그것이 또한 현실이며, 슬프게도 영국의 문화적 유산을 보존하고 있는 박물관들이 기금 부족에 허덕이고 있음을 나타내 주는 증거인 셈이다. 그러나 일부 미술관과 박물관들은 사진자료에 관한 한 대단히 협조적이다. 국립초상미술관과 빅토리아 앤드 앨버트 박물관의 사진자료실(사진 주문을 관할하는 부서들)들은 현재 순수하게 연구만을 목적으로 하는 연구자들에게는 대여료를 할인해 주고 있다. 빅토리아 앤드 앨버트 박물관은 규모가 작기는 하지만 도움이 되는 국제적인 박물관들 가운데 하나로서, 플래시를 터뜨리거나 삼각대를 설치하지만 않는다면 직접 사진촬영을 할 수도 있기 때문이다.

그림이나 글처럼 사진도 의사소통의 매체이다. 아무리 우리가 '객관적'이 되려고 한다 할지라도, 우리가 그 어떤 것을 기록할 때면 언제나 우리는 그것에 대한 해석을 하게 되며, 우리가 사용하는 매체(사진·연필·볼펜)는 기록되는 내용을 중간에서 전달하게 된다. 그러므로 우리가 사진을 찍거나 스케치를 시작하기 위해 준비자세를 취할 때면 이러한 점에 대해 생각을 해보도록 하라. 우리가 하고 있는 이 예술사적 작업의 다른 어디에선가 우리는 이러한 의사소통의 양식들 —— 과학적으로 정확한 것으로 여겨지는 방법과 올바른 설명이라는 것 또한 언제나 해석 행위이기도 하다 —— 에 대해 보다 더 면밀하게 생각해 보기를 원할 수도 있다. 하지만 이것이 우리가 다음과 같은 사실들을 인지하는 것을 막을 수는 없는데, 미술사학자들이 눈에 보이는 형태로 존재하는 역사적 작품을 조사하고 평가하는 그들 작업의 한 측면을 진행하고 있는 한, 그들은 다른 사람들이 보았노라고 주장하는 어떤 것과 비교할 수 있기 위해 자신들이 본 것을 기록하지 않으면 안 되기 때문이다.

  작품을 관람한다는 것은 그것이 박물관 안에서이건, 도시의 거리에서이건, 아니면 시골에서이건 많은 양의 탐방취재를 포함하게 된다. 발에 편한 신발이 전혀 다른 하루를 보낼 수 있게 해주리라는 것은 말할 나위도 없고, 만약 봄철의 스타우어헤드 가든이나, 겨울철의 켄살 그린 공동묘지를 탐사하게 되었다면 목이 긴 고무장화가 필수품이 될 것이다. 줄자는 미술사학자에게 유용한 장비 중 한 가지이다. 자는 채색화나 소묘의 면적 측정에, 그리고 재단사들이 쓰는 줄자는 기둥 같은 것의 둘레를 재는 데 아주 편리하다. 휴대용 확대경과 쌍안경 역시 매우 유용한 도구가 될 수 있다. 어떤 것에 대한 결정적인 주장을 담은 연구를 하는 사람이 아니거나, 보고서를 쓰고 있지 않은 사람에게 이러한 것들은 어쩌면 불필요한 것으로 여겨질 수도 있는 것들이다. 하지만 사실 어떤 인공물의 물질적 존재를 이해한다는 것은 이것을 3차원의, 그리고 구체적인 실체로 파악하는 것이 포함되어야 하는 것이다.

분명 쌍안경을 통해서 스테인드글라스를 관람한다면 그것의 원래 의도되었던 바의 모습을 결코 볼 수가 없다는 것과 마찬가지이다. 다른 한편으로, 완전한 색감과 기법이 주는 효과는 가까운 위치에서 관찰하지 않고는 감상할 수 없는 것이다. 미술사학자는 완성된 작품이 현재 어떤 것인가에 대해서 뿐만 아니라 그것이 만들어진 방식에 대해서도 관심을 갖는다. 이와 유사하게, 확대경은 미술사학자가 어떤 작품에 대한 진품이라는 인증을 하거나 서명을 조사하는 데 사용될 뿐만 아니라 작품이 어떤 방법으로 그려졌는지(그림을 그리는 데 어떤 종류의 안료와 화필·페인팅 나이프들이 사용되었는지), 어떤 방법을 통해 제작되었는지(하나의 잡지를 만들 때 그 한 가지 일에 얼마나 많은 彫版工들이 작업을 했어야 하는지를 가리키는 것일 수 있고, 얼마나 많은 수의 나무토막들이 그 잡지를 만들기 위한 목판 제작에 들어갔는가 하는 것과 같다)에 대한 것 등을 알아내는 데도 도움을 줄 수 있는 것이다.

건축물들을 관람하는 것은 조각작품과 그림, 그리고 다른 예술작품을 관람하는 것과는 다른 훈련을 필요로 한다. 어느 계절인가, 날씨는 어떠한가, 그리고 하루 중 언제인가 하는 점과 같은 고려 사항들을 참작하는 것이 중요하다. 어떤 건축물이 전형적인 조건하에서 관찰되고 있는가? 이것은 중요한 질문이다. 하나의 건축물과 그것의 주변 상황——그것이 자연적인 것이든 인공적인 것이든——과의 관계는 겨울과 여름에 서로 다르게 나타나기 때문이다. 하루 중 어느 특정 시간에 건축물은, 특히 그것이 공공 건물일 경우에 다른 시간보다 훨씬 더 눈에 띄는 기능을 갖게 되기 때문이다. 만약 우리가 사무실들이 들어찬 커다란 건물을 보고 있다면 그곳이 휴식을 취하고 있을 때가 아닌, 그 건물에서 사람들이 일하고 활동하고 있을 때 연구를 해 보도록 한다. 거기서 일하는 사람들이 거기에 도착하고 거기서 떠나는 시각인 오전 9시와 오후 5시에는 각각 어떤 느낌을 주는지 확인해 보도록 하라.

건축물과 그것의 주변 상황과의 관계에 있어서와 마찬가지로, 건축물의 외부와 내부와의 관계는 건축물 연구에서 근본적인 중요성을 지니는 문제이다. 그저 단순히 외부에서만 관찰하는 것 이상의 무언가를 하는 것이 꼭 필요하다. 안으로 들어갈 수 있도록 허가를 받아 건물 내부 이곳저곳을 돌아다녀 보도록 하라. 그 건물 안에서 일하는 사람들이 건물에서 어떤 경험을 하게 되었는지 알아보고, 그 건물이 신축된 이래로 어떻게 구조 변경이 이루어졌으며, 기능면에 있어서 어떤 변화가 일어났는지를 알아낼 수 있도록 최선을 다해서 조사해 보도록 하라. 그 건물 안에서의 생활이 편안한 것인지 아니면 힘든 것인지, 쾌적한 것인지 아니면 불쾌한 것인지 등에 대해서, 그리고 그 안에서 승강기를 타고 이동하는 사람들에게, 물건 배달은 화물 전용 승강기가 이용되는지, 승강기 안에 밖을 조망할 수 있는 창들이 달려 있는지 등에 대해서 말이다. 과거에는 그러한 점이 어떠했는지에 관해서도 알아보자. 실제로 사용된 건축 자재에 대해서 뿐만 아니라 비품이나 내부 시설들까지 고려 대상에 포함시켜 건물 전체에 대해 생각해 보자. 시골에 있는 가옥일 경우, 그리고 또한 일부 박물관의 경우도 마찬가지로 관람하기 위해 여러분이 이용해야 할 통로는 이미 정해져 있는데, 이런 이유로 해서 다른 통로나 다른 관찰 위치에 대해 생각해 보려는 노력을 한층 더 절실하게 만드는 것이다.

현대적 건축물들 중 많은 수가 인간의 이동이나 색채라는 문제가 도입되면서 상당히 다른 양상을 띠게 되었다. 런던 시내에 있는 로이드 빌딩의 그 반짝이는 표면은 다양한 색깔의 옷을 입은 사람들이 북적대면서 활기를 띠는 낮시간에 비해 밤에는 전혀 다른 외관을 연출하게 된다. 건축물을 연구할 때는 인구 이동의 필요성과 그 특징이 되는 방식들이 고려의 대상이 되어야 한다. 예를 들면 소로(小路)와 보도를 배치하는 데 있어서 건축가나 설계자들이 그것을 이용할 사람들에게 부적당하고 맞지 않은 설비를 해놓았다는 사실을 알 수 있는데, 사람들의 통행으로 맨땅이 드러난 잔디밭이나 사람들의 통행을 막는 난간 등은 보행자들에게 자연스러운 통로가 존재함을 입증해 주는 것이다.

어떤 건축물을 다른 용도로 사용할 방안이 마련된 경우(극장이나 교회 등은 현재 개인 주택에서부터 서점에 이르기까지 그 어떤 것으로든 달리 사용되는 경우가 흔하다)에는, 그 건물이 원래 용도로 사용되고 있었을 때는 어떠했는지에 대하여 가능한 한 명쾌한 정보로 우리 자신을 단단히 무장시키는 것이 중요하다. 그 지역 도서관의 자료에 의지하는 것이 그 작업을 시작하는 최선의 첫걸음이다. 그곳에서 그 장소의 지도나 도면뿐만 아니라 내력에 대해서도 알 수 있는 경우가 흔하다. 현재, 그 장소에서 직접 관찰한 내용과 약간의 개인적인 연구를 결합시키는 것만으로도 흥미로운 재구성이 이루어질 수 있다.

조각작품을 관람할 경우 가장 중요하게 고려의 대상에 포함시켜야 하는 것들 중 한 가지는, 그 작품을 조각한 사람이 그것을 어디에 설치할 작정이었는가 하는 점이다. 고딕양식에서 기둥으로 사용되었던 조각상들은 (보존이라는 관심사의 차원에서) 박물관에 가 있게 되었는데, 여기서 이것들이 총체적 구조물의 일부라는 개념으로 가지게 되는 기능과 역할은 사라져 버리게 된다. 원래의 장소에 있었더라면 아마도 1백 피트 아래의 지상에서 볼 수 있었으며, 따라서 대낮에 먼 거리에서도 볼 수 있도록 설계된 거대한 기념물에 설치되었던 조각작품이 이제는 비좁은 박물관 한귀퉁이의 인공 조명 아래 자리잡고 있을 수도 있다. 특정한 종교적 목적을 위해 만들어진 조각 인물상들——예를 들어 인도에서 만들어진 힌두교 조각상들이나 중국에서 만들어진 불교 의식용 조각상들——은 그 조각품의 아름다운 형태가 아무리 찬탄을 불러일으키게 하는 것일지라도 서양의 한 박물관의 유리상자 속에 들어가 있다면 이해하기 힘든 것이 되어 버리고 만다. (실제적이든 상징적이든간에) 기능의 상실은 그것을 예술지상주의화——대상물들을 고풍스러운 분위기가 가미된 아름다운 구경거리이긴 하지만 역사적인 측면이라고는 찾아볼 수 없는 것으로 조장——하는 쪽으로 이끌게 된다. 미국에서 박물관에 물질문명을 전시하는 형식은, 예를 들어 상점의 간판이나 농업용 기계 하나가 흰색 칠을 한 벽에 외따로 달랑 매달려 전시되어 있는 것과 같은 상황을 만들어 내는 경우가 흔했다.

 조각품이나 건축물을 관람할 때는 변화하는 관점을 의식할 필요가 있다는 것은 당연한 일이다. 여러분의 관심을 끄는 대상의 주위를 돌면서 모든 측면에서 조사를 하는 것이다. 건드려 보고 만져도 보고 그것에 시선을 통과시켜 보기도 하고, 위에서도 보고 아래에서도 보는 것이다. 만약 조각품이 노천에 설치되어 있다면 반드시 서로 다른 여러 상태의 날씨 속에서 관찰하도록 하라. 로댕의 작품으로, 그것의 한 이형(異形)이 칼레 시청 광장에 서 있는 〈칼레의 시민〉은 그 청동 인물상이 비에 젖어 번쩍이는 빛을 반사할 때와 햇빛이 비치는 날씨에 둔하게 빛을 반사할 때와는 아주 판이한 모습을 보이게 된다.

 응용미술 작품의 경우, 그 대상물을 그것이 있어야 할 적절한 주위 환경 속에서 보는 것이 특히 중요하다. 이것은 문제의 소지를 안고 있다. 한 개의 의자나 일정 길이의 직물은 그것이 놓여 있는 배경과 그것의 주위에 놓여지는 물건들의 성격에 따라 보는 사람에게 전혀 다른 시각적 의미를 전달하게 된다. 비더마이어 의자는 그 자체로도 아름다운 물건일 수 있겠지만 그 설계가 가지고 있는 특별한 성격과 시각적 효과를 주는 방식은, 실내 전체가 비더마이어 식으로 꾸며진 곳이라는 역사적 맥락 속에 놓고 보았을 때에만 그 가치가 제대로 감상될 수 있다. 유감스럽게도 이것을 그런 맥락에 놓고 본다는 것은 가능성이 거의 없지만 우리는 한두 가지 방식으로 하나의 대상물과 그것이 놓여 있는 주위 상황을 서로 관계가 있는 쪽으로 만들어 나갈 수도 있다. 예를 들어 우리가 랄리크 꽃병을 그것이 사용되었던 동시대라는 배경에 놓고 관찰해 볼 수가 없다면, 그 꽃병이

속해 있었던 시대를 나타내는 아르누보(Art Nouveau; 19세기 말부터 20세기초에 걸친 프랑스와 벨기에의 미술공예 양식으로, 곡선미가 특징이다) 양식의 실내장식을 찾아보고 그것을 이 대상물과 견주면서 연구해 보는 것이다. 만약 그렇게도 할 수가 없는 경우라면, 상당한 도움이 될 수 있는 사진들과 그에 대한 설명들은 언제나 이용할 수 있다.

음성재생기를 이용한 안내(테이프에 녹음된 작품비평을 헤드폰으로 들려 주게 되어 있는)는 이제 대규모 전시회에서 뿐만 아니라 규모가 큰 미술관들이 영구 소장하고 있는 작품들에 대한 안내에서도 일반적인 것이 되고 있다. 미술사와 관련된 활동에 대하여 순수한 열정을 가지고 있는 사람들은 음성재생기를 통한 안내가 자신들이 무엇을 관람하고 싶어하는지도 모르고 있는 무지한 사람들에게나 어울리는 것이라고 멸시해 왔다. 그러나 예를 들면 테이트 미술관이나 런던 국립미술관에서 이용할 수 있는 음성재생기 안내(테이트 미술관의 테이프 안내와 국립미술관의 미술관 안내 사운드트랙)는 기본적인 것이지만 진정 유익한 점을 지니고 있기도 한데, 그것은 녹음되어 있는 비평의 내용이 지적이지만 우월감을 의식하면서 짐짓 겸손한 척하는 것이 결코 아니라는 점, 그리고 각국의 언어로 이용이 가능하며, 가장 중요한 것은 관람자들에게 그들이 면밀하게 조사해 보기를 원하는 개별적인 그림들을 선택할 수 있도록 허용하고 있다는 점이다. 국립미술관의 안내에는 박물관의 평면도와 몇 개의 선별된 그림들에 대한 소규모 개인적인 복제품에 대하여, 그것이 전시되어 있는 전시실의 호수와 수납 미술품 번호들까지 딸려 있다. 사운드트랙은 그림 옆에 붙어 있는 표에 나와 있는 사운드트랙의 번호를 두들기면 작동한다. 그 어떤 음성재생기 안내도 아주 적은 수의 선별된 작품에 대한 것들만이 포함된다는 사실을 잊지 않는 것이 중요하다.

몇몇 미술관들과 박물관들은 작품 전시에 대화식 기법을 채택하고 있다. 그러한 것들 중 하나가 런던에 있는 동화상박물관(Museum of the Moving Image; MOMI)으로, 여기서 제공하는 많은 전시물들은 관람객들이 선택한 특정 작품에 해당하는 번호를 눌러 조작할 수 있으며, 단추를 누르면 환등기가 돌아가고 관람객들은 다수의 범주들로 분류되어 있는 브리티시 텔레비전의 가장 흥미로운 부분들을 선택해 관람할 수 있게 된다. 이러한 방식의 전시는 가능한 한 단추를 많이 눌러 보려는 생각을 가지고 있는 어린이들이나 끌어모으는 장치가 될 수도 있다는 위험성을 가지고 있지만 이러한 방식으로 움직이는 매체를 통해 완전한 경험을 얻을 수 있게 되는데, 이 점은 비록 런던 동화상박물관에서 전시하고 있는 것이 정보를 주는 것이라기보다는 그저 눈을 즐겁게 하는 구경거리에 불과하다 할지라도 그러하다. 우리가 영화 발전의 역사를 이해할 수 있는 것은 실로 초기의 시각을 이용한 장난감의 연구와 실험에 참여하는 것을 통해서일 뿐이다. 중요한 그림들을 소장하고 있는 미술관들의 경우, 우리가 실제로 보기를 원할 수도 있는 작품들(꽃을 그린 모든 그림들이나 그리스도교 성인들의 모습을 그린 모든 그림들)을 대화식 컴퓨터 프로그램을 통해 검색해 보는 것이 이제는 흔히 가능한(국립미술관에서처럼) 일이 되고 있다.

설치미술──그리고 동시대 예술가들의 작품들 중에서 가장 논란이 되고 있는 작품들 일부가 이 범주에 속한다──은 관람객들에게 독특한 문제점을 제기한다. 이러한 종류의 예술작품이 지니고 있는 두드러진 특징들 가운데 한 가지는 바로 이것이 관람을 어렵게 한다는 점인데, 관람객들에게 제시되는 작품의 내용이 짧은 순간 동안만 지속되는 것이라는 점과, 관람객들이 전통적으로 지니고 있는, 어디에 서서 어떤 방식으로 관람을 해야 한다는 생각을 무너뜨리고 그러한 생각에 이의를 제기한다는 두 가지 의미 모두에 있어서 그러하다. 예를 들면 헬렌 채드윅의 〈블러드 하이픈〉(1988)은 런던의 우드브리지 성당에 설치되었었는데 여기서 채드윅은 두번째 공간이 머리 위에 떠 있는 것처럼 보이도록 하기 위해 설교단 위쪽에 그전부터 있던 이중 천장의 널빤지 하나를 뜯어냈던 것이다. 핏빛의 붉은 레이저 광선 빛줄기들이 어둠을 뚫고 이 예술가의 적혈구를 보여주고 있는 사진을 커다랗게 확대하여 붙인 화판을 밝게 비추었다. 현재 그 작품은 단지 사진 기록으로만 남아 있을 뿐이다. 사물을 반사시킬 수 있는 검정색 폐유(廢油)로 채워진 사람의 어깨 높이 정도인 두 개의 양조용 큰 통들과 그 사이에 걸쳐 놓은 철제 통로로 된 리처드 윌슨의 〈20:50〉(1987)은 사치사〔영국의 광고·홍보회사〕 소장품 가운데 설치되었었는데 이 작품은, 예컨대 르네상스 시대의 이탈리아 조각가 도나텔로의 조각상을 관람할 때 필요한 것과는 전혀 다른 일련의 결정 사항들을 관람객들로 하여금 내리도록 요구한다.

행위예술은 모든 매체들 가운데 가장 덧없는 것으로 사용된——재료가 되는 요소들을 실제로 파괴시킬 수밖에 없는 경우가 자주 있는—— '한 번으로 끝나 버리는' 사건 혹은 일련의 사건들과 연관되어 있다. 예를 들면 1974년 마리나 아브라모빅이 〈리듬 5〉(베오그라드에서 공연)를 공연했을 때 사용되었던 소품은 나무로 짠 거대한 다섯 개의 꼭지를 가진 별 모양의 구조물과 석유를 적신 대팻밥이었다. 이 구조물을 돌면서 아브라모빅은 구조물을 태워 버릴 불켜진 성냥개비를 던지고 나서 그녀의 길다란 머리칼을 잘라 그것을 한 묶음씩 별 모양 구조물의 꼭지에 떨어뜨리고는 그 구조물의 중심에 누웠던 것이다.

2

하나의 학문으로서의 미술사

나는 이제부터 나타날 수 있는 차이점이나 복잡성을 애써 감추지 않고 미술사라는 학문 안으로, 그리고 그 주변의 관련된 분야로 통할 수 있는 길들을 지적하고, 독자들에게 현재의 미술사학자들이 사용하고 있는 각기 다른 학문방법과 접근법에 대하여 소개해 볼 작정이다. 이 책에서 '미술사(Art History)'라는 말은 미술과 미술품의 역사를 면밀히 검토하는 학문을 지칭하는 데 사용되고 있다. 따라서 이 학문에서 연구하는 것은 미술의 역사(History of Art)이며, 미술사는 이것을 연구하는 일단의 방법들이다. 일이 복잡하게 되느라고, 자신들이 사용하는 언어의 엄밀성을 고집하는 사람들은 —— 우리가 사용하는 낱말이나 구절이 중립적인 의미를 가지는 것이 아니라 우리가 언급하는 사물들에 두고 있는 상대적 중요성이나 가치를 암시해 주는 것임을 알고 있기 때문에 —— 미술의 역사가 아닌 미술의 역사들(histories of art)이라고 말한다. 대문자가 소문자로 대치되고 단수가 복수로 바뀌는 것은, 이처럼 글을 쓰는 사람들이나 말을 하는 사람들이 자연도태의 과정과 닮은 뭔가에 의해서, 역사를 구성하고 있는 것은 의문의 여지가 없는, 그리고 보편적으로 받아들여지는 견해가 존재한다는 생각과 자신들과의 거리를 두는 것을 가능하게 해줄 수 있는 것이다. 누가 기록한 역사이며, 누구의 정의에 따른 예술이란 말인가? 이러한 점들은 에른스트 곰브리히 경의 《미술사》와 같은 고압적인 설명에 도전하기 위해 제기하는 것과 같은 종류의 물음이 되리라. 1950년에 초판이 발행된 곰브리히의 이 베스트셀러는 1995년 석판을 본뜬 바탕에 저자의 이름과 책제목을 새겨넣은 것처럼 보이도록 만든 표지 장정으로 다시 발행되었는데, 그것은 《구약성서》의 율법이 갖는 권위를 암시하는 효과를 낼 수 있도록 계산된 것이었다. 이러한 판매전략은 유일무이한 권위라는 생각을 이용하고 있는 것으로서, 이것이 바로 《상상력과 차이: 여성성, 여성해방론, 그리고 미술의 역사들》(그리젤다 폴록, 1988)과 같은 제목의 저술들을 통해 도전을 받는 개념인 것이다.

뒤에 오는 장들에서 우리는 어떻게 하면 우리가 알고자 하는 것이 무엇인지를 가장 쉽게 알아낼 수 있는지에 대해서 알아보고, 역사적 미술작품을 체계적으로 관람하는 방법에 대해 조사해 보고, 최선의 것을 얻어낼 수 있도록 우리의 독서를 조직화하는 방법 등에 대해 알아보기로 하겠다. 우선 교육제도가 무엇을 제공하는지 살펴보아야 하는데, 그 이유는 미술과목의 정규강좌를 들을 것인지, 스스로 혹은 조직화된 집단 속에서 미술사를 연구하는 쪽을 택할 것인지를 망설이고 있는 사람들에게는 이 전체 학과목은 혼동을 일으킬 수 있는 것이기 때문이다. 우선 '순수예술(fine art)'이라는 용어가 과거에는 흔히 그림·음악·연극·조각, 그리고 다른 예술양식들을 전반적으로 지칭하는 데 사용되어 왔다. 이러한 의미에서 보면 순수예술이란, 일반적으로 실용적이거나 기계적인 예술양식들로부터 구분되는 것들로서, 오늘날 영국에서 시행하고 있는 교육적 맥락에서 순수예술이란 대개 다른 목적이 없이 그림 그 자체만을 위해 그리는 행위를 의미한다. 미국의 대부분 대학교에서는 미술사를 미술학과의 아틀리에를 무대로 하는 학습과정(미술 실기)과 병행하여 가르친다. 역사적인 몇 가지 이유들로 인하여 영국에서는 그 상황이 다르다. 일부 대학교에서는 동일한 학과나 동일한 편성 단위(대학원을 포함하고 있는 전문학부 혹은 학부) 내에서 실용미술이나 미술사로 학위를 받을 수도 있고, 그러한 교육기관들에서 미술사와 미술 실기를 결합한 정규 강좌를 듣는 것도 가능하다. 하지만 이러한 것은 비교적 흔치 않은 경우이며, 학생들 대부분은 본질적으로 역사적·이론적인 쪽에 관련된 정규 강좌(물론 그 초점이 현대적이고 동시대적인 쪽에 맞추어져 있는 것일 수 있지만)를 택하거나, 아니면 대개 1년간의 기초과정이 끝난 다음 미술 실기의 한 분야에 대한 정규 강좌를 택하거나 둘 중 한 가지를 할 수 있다. 일부 정규 강좌에서는 전통적으로 미술사가 그림과 조각·건축에 대한 분야를 다루는 것이라는 생각에 디자인사(史)를 결합하고 있고, 많은 교육기관들에서는 미술사라는 한 분야에 대한 학위뿐만 아니라 다른 학문 분야와 공동으로 학위를 얻을 수 있도록 마련해 놓고 있다. (미술사와 현대언어학을 합친 과정은 아주 흔한 예가 되지만 아울러 이용할 수 있는 것은, 맨체스터대학교에서는 고대 세계의 미술과 고고학 과정을 개설하고 있고, 한편으로 노섬브리아대학교에서는 미술사와 병행하여 수강할 수 있는 현대 디자인 및 영화의 역사과정을 예로 들 수 있다.) 일부 교육기관들은 어떤 한 회원국가의 학생들이 개별적으로 다른 회원국가의 대학교에서 강의를 들을 수 있도록 한다는 유럽 연합학생교환계획('소크라테스'라 불리는)에 참가하고 있다. 어떤 한 강좌를 수강하려고 생각하고 있을 때는 그 교육기관 내부의 전체적인 규정에 대해서 뿐만 아니라 그 강좌에 대한 특징 설명에 대해서도 아주 면밀히 살펴보는 것이 중요하다.

'시각문화'라는 용어는 상당한 범위에 걸치는 시대나 작품의 연구를 포함하는 것으로 사용될 수가 있다. 많은 대학교들이 '문화유산과 역사,' 혹은 '사진의 역사적·이론적 연구'(더비대학교)와 같은 과목에 대한 학습 단위를 제공하고 있지만 만약 우리가 대부분의 시간을 미술사를 연구하는 쪽에 할애하고 싶다면, 우리가 지원하고자 하는 교육기관이 우리가 이루고자 하는 목표에 충분할 만큼의 학습 단위를 제공하고 있는지를 확인할 필요가 있다. 규모가 작은 한 학과에서는 특정 시대에 속한 한 영역을 집중적으로 파고드는 정규과정을 제공할(예를 들면 랭커스터대학교에서는 '20세기의 미술사와 문화'라는 과정을 개설하고 있다) 수도 있는 반면, 규모가 큰 학과에서는 시간적으로 상당한 범위에 걸치는 기간에 대한 것뿐만 아니라 또한 몇 가지 다른 등급의 정규과정을 개설하고 있을 수도 있다. 미국에서 높은 등급으로 평가되는 대학교에서는 아시아 및 극동 지역에 관한 전문가들은 드물지 않게 찾아볼 수 있지만 건축사학자는 없을 수도 있는데, 영국에서의 상황은 그와 반대이다. 중국 미술에 대한 연구를 하겠다고 마음을 정했다면 어디에서 그러한 전공과 맞아떨어지는 강좌를 개설하고 있는지 확인할 수 있도록 여러 대학교의 학교 안내책자를 주도면밀하게 검토하라. 어떤 대학교는 미술사학과가 아예 없는데 그 점은 이 말을 하고 있는 이 순간에도 여전한 것으로서, 그런 대학교는 엑서터대학교·사우스뱅크대학교·킹스칼리지·런던대학교·사우샘프턴대학교·스털링대학교 등이다.

훌륭한 연구자, 혹은 뛰어난 학자임을 나타내 주는 것은 반드시 당신이 알고 있는 내용을 학부 학생들에게 잘 전달해 준다는 것만을 의미하는 것은 아니어서, 미술사학과(다른 분야의 학과들과 마찬가지로)가 얼마나 수준이 높은가 하는 점은, 그 학과에 속한 교수들의 창의성과 학식에 의해 결정되는 것이다. 정부의 요청으로 3년마다 대학교들이 행한 연구와 그 연구를 해낸 개개의 학과별 등급 평가의 결과는 교수되는 내용의 품질 평가와 마찬가지로 대중들이 알 수 있도록 공개된다. 이들 교육기관들은 뛰어난 학생들을 유치하기 위해 치열한 경쟁을 벌인다. 만약 우리가 입학시험을 치를 예정이라면, 우리는 잘 알려진 것처럼 시장에서 선택을 하는 소비자와 같은 느낌을 가질 수는 없다 하더라도, 이것이 정확한 우리의 모습인 것이며, 이것이 우리의 전생애에 영향을 줄 수 있는 구매 행위이기 때문에 우리는 열심히 공부하여 제대로 구매 행위가 될 수 있도록 해야 할 필요가 있는 것이다.

미술사는 또한 (비록 많지는 않지만) 공립학교나, 그래머스쿨〔한국의 고교 3년에 해당〕성격의 전문학교, 성인 교육 전문학교, 기술 전문학교 등에서도 가르친다. 이것은 또한 21세 이상의 사람들을 대상으로 '대학 교육 혜택'을 주기 위한 프로그램의 일부로서 몇몇 교육시설에서도 이용할 수 있다. 만약 당신이 도심에 쉽사리 접근할 수 있는 곳에 살고 있다면, 당신이 계속해서 학위를 받을 계획이 아니라 하더라도 미술사 'A' 등급(시험의 이름 때문에 그렇게 불리게 된) 과정에 등록할 수도 있다. 다른 단체들 또한 미술사 강좌를 개설하고 있는데, 노동자 교육연합, 여러 대학교 부설의 평생 교육시설, 박물관의 교육 담당 부서, 그리고 장식 및 순수미술학회 전국연합 등과 같은 단체들은 모두 미술사학과 관련된 주제에 대한 강좌를 개설해 놓고 있다. 런던에서는 코톨드 미술연구소와 건축협회, 그리고 크리스티스 앤드 소더비 경매회사 등에서 모두 대학원과정의 수업뿐만 아니라 단기과정의 강좌도 운영하고 있다. 이러한 단체들에서 요구하는 수강료는 마치 이들 단체에서 개설해 놓은 강좌의 등급만큼이나 단체에 따라 엄청난 차이를 보이고 있으므로, 개설해 놓은 강좌가 당신이 원하는 것인지를 조심스럽게 점검해 볼 필요가 있다. 다른 학문 분야에서 이미 학위를 받은(혹은 그에 상당한 경력을 지닌) 사람들은 이러한 대학원 학위과정이 그들에게 미술사학부 학위과정 첫해에 배우게 되는 것보다 더 높은 수준에서 미술사의 입문과정을 공부하게 하기 때문에, 그들을 이 새로운 학문으로 '전향' 하도록 만들고 있음을 깨닫게 되는 경우가 흔히 있다. 그러한 강좌들 가운데 가장 인기를 끄는 것들 중 하나이며, 이 학문에 대한 깊이 있는 연구로 끌어들이는 훌륭한 도입장치 역할을 하고 있는 것은 런던대학교의 버크벡 칼리지에서 시간제로 운영하고 있는 학위과정이다. 옥스퍼드대학교·골드스미스칼리지·워릭대학교, 그리고 센트럴 잉글랜드 대학교 등에서 1년짜리 대학원 학위과정 강좌를 이용할 수 있다. (기존에 수강한 강좌에서 석사 학위를 받고, 예를 들면 박물관에 소장되어 있는 미술품을 연구하는 대학원 강좌를 개설해 놓은 학부가 많으므로 그것 또한 주의해서 선택해야 한다.)

미술사학자들은 흔히 "그림도 잘 그리십니까?"라는 질문을 받게 되는 경우가 많다. 스스로도 그림을 잘 그릴 수 있는 사람만이 지난 시대의 미술품에 대해 진정으로 권위가 있는 의견을 내놓을 수 있다는 견해가 타당성을 지니는 것이기도 하지만, 한편으로 미술사학자들이 가지고 있는 보다 지배적인 견해는 이 학문은 그 자체로도 창조적인 행위여서, 미술사학자이면서 화가이기도 한 사람들은 그 어느쪽에도 전적으로 헌신할 수가 없다는 것이다. 화가들이 언제나 선배 예술가들의 작품을 연구하고 그 작품을 창조적으로 이용해 왔다는 것(의식적이었든 무의식적이었든간에)은 명백한 사실이다. 화가들이 선배 예술가들의 작품을 이용해 온 방식에 대한 견해는, 모든 어린이들이 라파엘로나 미켈란젤로와 같은 '위대한 화가들'의 이름을 알고 있어야 한다는 주장으로, 교육 문제나 국가적인 교과과정을 둘러싸고 벌어지는 논쟁을 격화시켜 왔다. 실로 이러한 정전(正典)에 이름이 오르내리는 예술가들은 단지 그러한 정전이 오랜 세월을 두고 누적되는 과정을 통해 형성되었다는 사실로 인해 다른 예술가들에게 '영향'을 미쳐 온 예술가들인 경우가 흔하다. 비록 우리가 마치 세계 7대 불가사의에 대해 배우는 빅토리아조의 학동들이 그러했던 것처럼, 부르고뉴 왕국의 훌륭한 성당들 이름을 암송하게 만들어서라도 학동들을 가르칠 수 있으리라고 생각하지만, 문제가 되는 것은 중세에는 이름난 위대한 예술가들이 없었다는 점이다.

 한층 더 중요한 것은, 이러한 종류의 체계화는 역사를 조야(粗野)하게 단순화시키며, 역사적 과정(historical process)에 대해 질문해야 하는 곳에서 그 대답을 이름들로 대치하도록 만든

[도판 6] 〈마르스와 비너스〉, 산드로 보티첼리, 런던 국립미술관 보존위원회의 제공으로 여기에 전재된 것.

56 미술사학 입문

다는 것이다. 더욱이 영향력을 행사해 온 것이 언제나 정전에 올라 있는 예술가들이었던 것만은 아니었다는 점이다. 19세기 파리에서 보들레르에 대한 예술비평으로 주목을 받으면서 가장 두각을 나타냈던 예술가이며, 대단한 보들레르 찬양자이기도 했던 콩스탕탱 기라는 사람은 오늘날까지 알려진 그의 작품이 거의 없는 사람이다. 존 플랙스먼의 그저 평범하기만 한·판화작품(정전에 오를 만한 것이 못 됨이 분명한)은 어쩌면 1800년대 유럽 전역에서 고대나 현대의 그 어떤 예술작품보다도 더 회화의 주제를 휘저어 놓는 것이었다. 오늘날 런던 국립미술관을 찾는 관람객들이 그 국적에 관계 없이 그토록 찬탄해 마지않는 보티첼리의 작품〔도판 6〕은 수세기 동안 '잊혀진' 채 있다가 19세기 말에 이르러서야 겨우 '재발견' 된 것으로, 언제나 존재한다는 작품의 질이나 영구불변의 가치에 대한 생각이 터무니없는 것임을 암시하고 있는 것이다.

예술가들이 선배 예술가들에 대해 가지고 있는 관계 —— 실제와 역사 사이의 접촉 —— 는 절대 단순한 문제가 아니어서 상호과정이라는 측면에서 이해되어야 할 필요가 있는 것이다. 우리가 프랜시스 베이컨의 그림에 표현되어 있는 교황의 유명한 초상화〔도판 7〕를 볼 때면, 이것은 우리가 베이컨에 대해 생각하는 방식에 대해서 뿐만 아니라 라파엘로가 그린 〈교황 율리우스 2세〉에 대해 생각하는 방식에 대해서도 영향을 주게 된다. 예술가들이 과거의 제재(題材)나 주제를 사용하는 것은 늘 어느 일정 수준에서는 문화나 그림이 주게 될 영향에 대한 하나의 질문인 것이다. 폴라 레고의 훌륭한 작품 〈국립미술관 이야기〉〔도판 8〕(국립미술관측에서 특별히 의뢰해서 만든 연작으로, 현재는

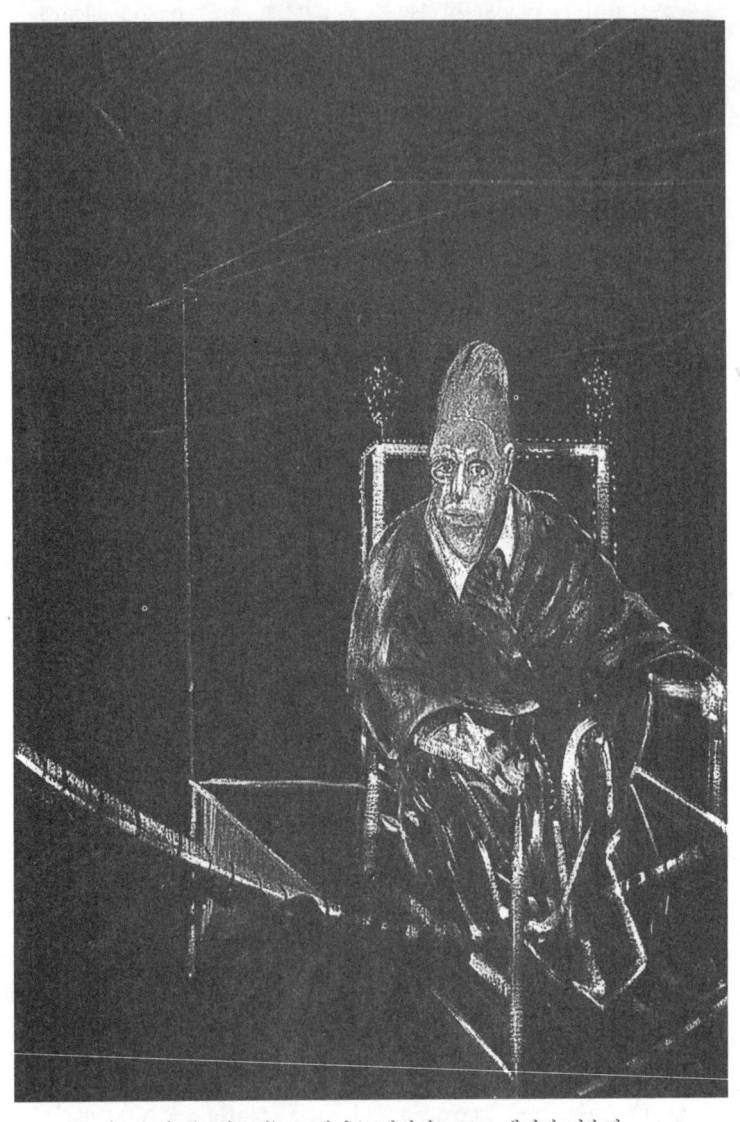

〔도판 7〕〈교황 1세〉, 프랜시스 베이컨, 1951, 애버딘 미술관.

[도판 8a] 〈크리벨리의 정원〉, 폴라 레고, 런던 국립미술관 보존위원회의 제공으로 여기에 전재된 것.

하나의 학문으로서의 미술사 59

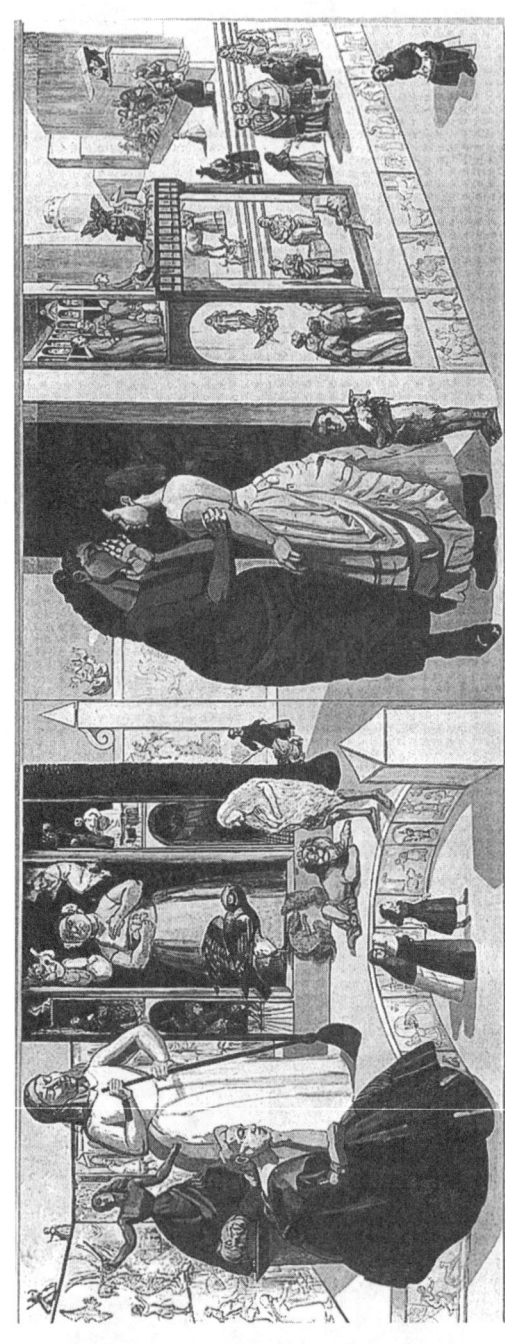

[도판 8b] 〈크리벨리의 정원〉, 폴라 레고, 런던 국립미술관 보존위원회의 제공으로 여기에 전재된 것.

국립미술관의 레스토랑에 걸려 있는)는, 작품 활동중인 화가가 의식적으로 역사학자의 입장을 채택하게 될 때 발생하는 풍자적인 개작·논평·기념·혼합 등의 복잡한 맞물림을 분명히 드러내 보이고 있다.

이러한 논의에서 제기되는 문제들은 분명 오늘날 미술학도들에게 타당성을 지니는 것들이다. 놀라울 것도 없이 이러한 문제에 대한 논쟁은 미술을 연구하는 사람들이 과거의 예술작품에 대해 '배울' 수 있는 것인지, 아니면 도움 없이 자신들의 창조적인 노력에 그 공을 돌릴 만한 것을 발견해 내야 하는지에 집중되고 있다. 하지만 실기훈련을 쌓고 있는 미술학도들에게 미술사를 가르치는 일은 올바른 일일 수도 있고 그른 일일 수도 있지만 한 가지 도움의 손길에, 즉 그 안에서 예술작품과의 조우(遭遇)를 체계화할 수 있는 하나의 학문, 곧 학생들이 접할 기회가 없었을 수도 있는 자료의 제공이라는 가정에 그 근거를 두고 있는 것으로, 전체적으로는 내용을 보강해 주는 것이며, 그것이 세라믹스가 되었건 그래픽 디자인이 되었건간에 학생들의 개별적인 미술 실기의 영역에 특별히 집중될 수도 있는 것이다.

미술사의 기원은 다양한 곳에서 찾을 수 있다. 어떤 사람들은 그것이 독일과 영국에서 전국적으로 소장품들을 수집하는 책임을 지고 있던 사람들이 목록을 만들고, 그들이 사들인(혹은 군사력을 이용한 정복을 통해 얻게 된) 작품에 대한 역사를 쓰기 시작한 때인 19세기에 속한 것이라고 주장할 수도 있다. 다른 사람들은 그 연대를 그보다 훨씬 이전인 바사리의 〈예술가들의 전기〉가 나온 르네상스 시대로 잡거나, 혹은 고대 예술가들에 대한 플리니우스의 기술을 근거로 삼아 그보다도 훨씬 더 이전인 로마 시대로 잡을 수도 있다. 그 자체적인 방법론을 지닌 하나의 지적인 전문직으로서의 미술사는 19세기 말에서 20세기초 독일과 오스트리아에서 시작된다. 금세기초 중부 유럽으로부터 생겨난 난민들의 이동이 가져온 결과들 중 하나는 미술사와 관련된 뛰어난 개인들 혹은 도서관들을 영국과 미국에 소개하게 된 것이었다. 영국으로 이주한 이들 중 가장 유명한 학자는 니클라우스 페브스너 경으로서 각 주별로 정리된 그의 총서 《잉글랜드의 건축물들》은 현재 이용할 수 있는 가장 풍부한 자료를 갖춘 건축학적 조사서로 남아 있다. 런던대학교 워버그 도서관의 장서는 유대계 망명자인 애비 워버그의 유품이었다.

디자인사는 한층 더 근래에 시작된 것이다. 이것은 규모는 작지만 점차 그 양이 증가하고 있는 문헌들과, 예를 들면 《디자인 역사학회지》와 《신변용품들》지 같은 자체의 정기 간행물들을 가진, 그 자체로서 하나의 학문이다. 이것은 사회·경제적 역사, 인류학, 그리고 미술사라는 맥락에서 생겨나게 되는 물질문화(예컨대 심미적이면서 동시에 실용적·기능적인, 혹은 심미적이라기보다는 실용적·기능적인 것이 될 수 있는 인공물들)에 대한 연구와 부분적으로 중복된다. 미술사와 디자인사 사이에는 많은 교차점이 존재하지만, 디자인사는 미술사에서 다루는 대상물과는 다소 다른 범위의 것을 포함하고 있다. 이 두 개 분야가 1851년 크리스털팰리스〔런던 하이드 공원에 있었던 전시관으로, 1936년 화재로 소실됨〕에서 열렸던 대전람회의 편성·배열·전시품 목록 등의 관심사를 공유하고 있긴 하지만, 한편으로 디자인사는 만들어진 대상물의 외형과 형식뿐만 아니라 유통경제학·시

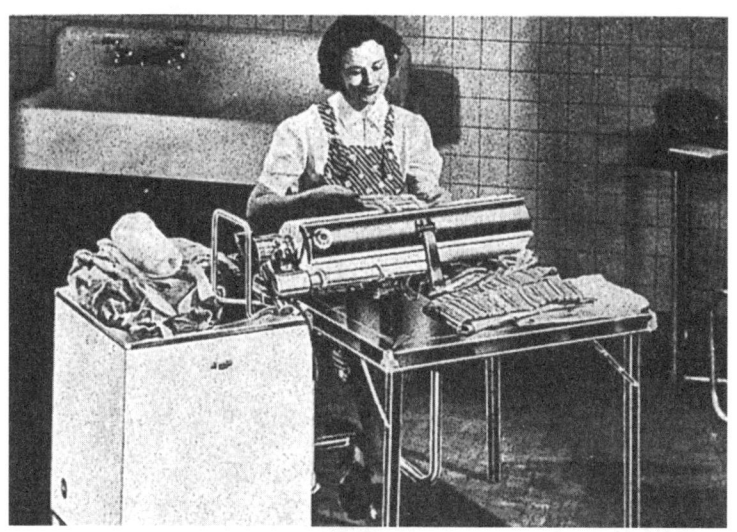

〔도판 9〕 1939년 배스퍼드 사에서 펴낸, L. B.와 A. C. 호스의 《주부가 해야 하는 101가지 일들》에 실린 1930년대의 주방.

장심리, 그리고 총체적인 방식에 있어서 의미 있는 방식으로 환경이 형성되고 구성되는 것으로까지 눈을 돌림으로써 훨씬 더 넓은 방식으로 소비자 문화에 역점을 두어 다루고 있다.

 미술사는 어떤 단일한 부류에 속한 대상물들만을 관심의 대상으로 삼는 것이 아니다. 비록 전통적으로 교육기관에서 가르치는 미술사에서는 르네상스 시대의 저술가들인 알베르티와 바사리에까지 거슬러 올라가는, 회화·조각·건축이라는 세 분야에만 관심을 집중해 왔지만 우리가 이미 확인해 온 바와 같이 가구나 도자기에서 건축물이나 그림에 이르기까지, 사진이나 서적의 삽화에서 직물과 찻주전자에 이르기까지 '인간이 만든' 모든 구조물과 기물들이 미술사학자의 분야에 속하는 것이다. 이와 비슷하게 유일하게 미술사라고 여길 수 있는 한 가지가 존재하는 것은 아니어서 학자들, 혹은 몇몇 집단의 학자들이 관심사와 그 관심을 가진 사람들에 의해 제기되는 의문점에 대해 연구할 수 있는 방법들을 발전시키지만 그것들은 흔히 맹렬한 반대 의견에 부딪치곤 한다. 음악이나 문학·정치학·농업 등과 같은 인간이 만들어 낸 다른 형식의 그 어떤 것과 마찬가지로, 시각에 호소하는 작품들에 대한 문서화와 분석, 그리고 평가는 아주 다양한 요소들을 포함하는 것일 수가 있는 것이다.

예를 들어 학문체계 안에서 상품으로 검토되는 특정한 대상물——회화도 포함되는——을 연구하는 문화사나 혹은 정보전달학에 관한 한 가지 견해를 그 전제로 삼고 있는 학문 연구의 한 가지 형태가 존재한다. 여기서 중요한 것은, 이 가설과 그것이 작용하는 방식에 대해 단순히 그것이 체계화되어 있는 방식이란 측면에 대해서 뿐만 아니라 그것이 발생시키게 되는 상징적 가치라는 측면에 대해서까지도 이해해야 한다는 것이다. 그러한 분석은 근본적으로 권력·통제, 그리고 경제학과 관련되어 있는 것이다. 이처럼 예를 들면 미술품의 경매는 한 가지 연구 목표가 될 수 있는데, 그것은 경매에서 팔리는 개별적인 품목들에 대한 것이 아니라, 서구 사회에 있어서의 거래나 가치의 교환에 대해 우리가 무엇을 배울 수 있는가 하는 점에 대해서이다. 경매에서 돈이 지불되지만, 그 돈으로 구입한 것에는 경제적·금전적 가치 저 너머로까지 확장되어 정치·경제라는 영역 안에서의 가치와 상징적 의미가 담겨지게 된다. 어째서 사람들은 옛날 물건들을 사들이는가? 뮤지컬 작곡자로서 백만장자가 된 앤드루 로이드 웨버가 다른 나라로 수출될 운명에 놓여 있었던 18세기 화가 카날레토(카날레토라는 이름은 그의 생질이자 제자이기도 했던 벨로토가 자신의 초기 작품에 서명을 할 때 자신의 이름 뒤에 덧붙이기도 했던 까닭에 한때 제자의 작품이 스승의 것으로 오인된 적도 있었다. 하지만 베니스 주재 영국 영사와 친교를 가지고 있었으며, 영국으로 건너가 런던 풍경을 작품으로 남긴 사람은 제자가 아닌 스승 카날레토였다)의 런던 풍경에 대한 그림을 '구해 내게 되었을' 때, 그는 정확히 자신의 돈을 주고 무엇을 얻었으며, 그 구매는 누구 이름으로 이루어졌던가? 그것을 사는 사람은 그것을 얻는 행위로써 어떤 지위를 제공받게 되는가? 어떤 규칙을 따라야 하는가? 어떤 의식적 관행이 실천에 옮겨지는가? 그리고 예술품을 얻는 행위를 통해 어떤 사회적·계급적 경계선이 교차하게 되는가? 백만장자이자 미국 신문업계의 거물인 포브스가 파베르제의 '부활절 달걀'을 수집하는 것은, 이러한 종류의 연구에 있어서 20세기초 유명한 상트페테르부르크의 금세공인들이 만든 사치스러운 물건은, 전세계적으로 가장 위대한 세습 군주들인 러시아의 차르와 연관되어 있다는 사실에서 의미가 축적되는 것으로 이해할 수도 있는 것이다. 12세기 중반 파리 생드니 수도원의 쉬제 대수도원장은 자신이 관리하고 있는 수도원 성당에 아낌없이 써댄 엄청난 경비 지출에 대한 자세한 기록을 남기고 있다. 이 기록(과 성직자들이 사치스러움을 과시하는 것에 반대했던 성 베르나르가 그에게 보낸 편지를) 봉건주의적인 천주교 사회에서 눈에 띄는 소비와 금욕주의에 대한 의견 교환이란 쪽으로 읽는다는 해석이 가능하다.

한편 이 학문의 전통적인 관심사를 지속시키는 것은, (점차 박물관 안으로 집중되고 있는) 작품이나 인공물에 대해서 뿐만 아니라 그 작품이 스스로 내놓고 있는 대답에 대해서도 최우선의 중요성을 두고 있는 사람들인 미술사학자들이다. 이들 미술사학자들은 회화나 다른 예술작품들이 관람자로서의 우리에게 직접 '말하고 있다'라는 가정과, 우리가 그 작품을 대할 때는 관람하는 주체로서의 우리 자신들의 역사적·사회적 입장에 의해 간섭을 받지 않는다는 가정하에서 연구한다. 순수하게 시각적인 특징들(형태·빛깔·구성·화풍)에 반응한다는 것은 함축된 가설로서, 우리는 그 예술가의 본질적인 천재성으로, 그리고 그렇게 함으로써 어떤 화가나 유파, 혹은 한 시대 전체의 요약된 특징들('경향')로의 이해로 접근할 수도 있는 것이다. 이러한 종류의 미술사가 지배하는 것은 단지 명백하게 전통적인 맥락에서만은 아니다. 여기 그림과 영화에 관한 어떤 책에서 인용한 글을 예로 들어 보자.

칼로의 극적인 작품 내용은 토막토막 끊긴 일화라기보다는 잘라진 것을 이어붙였다는 느낌을 전혀 주지 않는 이야기 형식이다. 드라마는 정리된 형태를 갖춘 한 벌의 어구들이 아닌, 역동적인 흐름으로 읽혀지는 것이다. '홍해의 열림'과 '십자가를 지기'는 줄거리에서 필요로 하는 그 어떤 요건 이상으로 눈부시게 파노라마적인 완전무결성을 지니고 있으며, 화가에게 안정된 색채일람표가 필요 없는 것이 되게 한다. 그의 방식은 비록 전혀 다르긴 하지만, 브뢰헬의 방식과 관련이 있는데, 관련이 있다는 말은 이 두 화가들은 동적인 장면과 동적인 시각에 대한 감각을 공유하고 있으며 둘 다 영화를 예시해 준다는 점에서이며, 다르다는 것은 거기에 사용된 상이한 목표와 수단으로 인해 그 둘은 각기 다른 영화양식의 시조가 된다는 점에서이다.

(A. 홀런더, 《활동사진》, 케임브리지, 매사추세츠: 하버드대학교 출판국, 1991, p.113.)

이러한 종류의 글에서 작품에 대한 기술은 동어반복적인 것이 되는데, 그 까닭은 그러한 기술이 20세기적인 시각에서 이해된 다른 예술작품을 참고로 하는 설명에 의지하고 있기 때문이다. 이처럼 단절됨이 없이 이어지는 지시관계의 사슬로 함께 연결되어 있는 문화적인 대상물들을 벗어나 존재하는 그 어떤 것도 언급할 수가 없는 것이다.

작품의 질이라는 문제는 보편적으로 —— 그리고 시간을 초월하여 작용하는 —— 모든 사람들이 동의한 가치의 척도가 존재한다는 가설 위에서 행해지고 있는, 이러한 종류의 미술사적 관행(이것은 세잔의 작품 중에서 '좋은 것인가,' 혹은 '덜 좋은 것인가'와 같은)에서 엄청난 중요성을 지니게 된다. 비록 그 대상물의 역사를 추적하여 그것이 진품임을 확증하는 것도 여전히 필요한 일이긴 하지만, 미학적인 경험은 중요한 출발점이 된다. 그것은 한 점의 그림, 청동제의 작은 상(像) 한 개, 한 점의 소묘, 또는 그밖의 다른 종류의 인공물일 수도 있는 것이다. 이러한 종류의 연구라는 것이 본질적으로는 예술작품에 기초한 것이기 때문에, 이러한 예에서 예술품의 경매는 개별적인 품목들의 분석 수단을 제공해 주는 것일 수가 있다. 이것은 하나의 현상 그 자체로는 관심의 대상이 되지 못한다. 그리하여 이러한 특정 방식으로 연구를 하는 미술사학자는 '소실된' 것으로 여겨져 왔거나, 몇 세대 동안 일반 관객들이 볼 수 있는 장소에서 자취를 감추어 버렸던 작품을 찾아낼 수 있게 되는 것이다. 예컨대 그렇게 해서 찾아낸 것이 루벤스의 그림 한 점이라고 가정한다면, 조각맞추기 퍼즐에서 사라져 버렸던 한 조각처럼, 그것을 루벤스가 일생 동안 그려낸 작품(미술사학자들이라면 아마도 그것을 일생 동안 그려낸 작품이란 말 대신에 'oeuvre'〔일생의 작품〕 혹은 '주작품'이라고 불렀겠지만)들이 보여 주고 있는 양식의 어딘가에 끼워넣는다는 것이 가능하게 될 것이다. 그 빈 공간을 채워넣는 것은 그것의 주위를 둘러싸고 있는 조각들의 모습을 바꾸어 놓거나, 아니면 전에는 전혀 문제가 없는 것으로 여겨졌던 조각들에 대하여 의문을 제기하게 만들 수도 있다.

예술작품에 근거한 미술사는 기능(실제적인 용도이건 아니면 상징적인 목적을 가진 것이건)에 대해 고려해 보는 것을 미리 배제할 필요는 없지만, 실제로는 그렇게 하고 있다. 더욱이 이것은 인문과학에 있어서 기존의 이론들에 대해 다시 생각해 봐야 한다는 거대한 흐름에 부응하여 1970년대말에 전개되어 온 것으로 '신미술사(New Art History)'라고 흔히 불려지는 접근방식과 대조·구분되는 경향이 있다. 작품들에 대한 사실을 알아내는 일단의 사람들(흔히 박물관들을 근거지로 삼아 거기서 살다시피 하는 사람들)과 이러한 작업에 의지하여 작품 해석을 생산해 내는 일단의 사람들이 존재한다는 생각은 지난 30년간 충분히 도전을 받아 온 것이다. '사실들'에 대한 개념화와 한 작품에 대해 어떤 물음을 제기할 것인가에 대한 결정 또한 해석이 뒤따라야 하는 문제라고 주장되어 왔다. 이론적인 객관성에 대한 생각은, 그림을 읽어낸다(이 용어가 중요한 의미를 지니는 것은 이것이 그림의 관람자가 해석에서 하나의 역할을 맡게 되며, 어떤 형식의 표현 수단도 '읽혀'야 하는 텍스트로 여겨질 수 있다는 사실을 인정하는 것이기 때문이다)는 것은 어느 정도까지는 그 읽기를 행하는 개인의 성격이나 환경에 의해 결정되는 복합적인 의미들을 포함하고 있다는 것을 이제는 인정하고 있는 다수의 미술사학자들에 의해 잊혀져 왔다. 한 남자와 한 여자가 산책을 하고 있는 동안 해골 모양을 하고 있는 죽음의 신이 나무 뒤에 서서 그들을 엿보고 있는 장면을 보여 주고 있는, 〈산책〉이라는 제목이 붙은 뒤러의 판화에 대한 분석에서 결론 부분의 한 단락을 여기서 예로 들어 보자.[도판 10]

그것을 음미하면 할수록 점점 더 복잡하고 정교해지는 어떤 이미지는 우리로 하여금 그 의미나 내용을 깔끔하게 요약하지 못하도록 막는다. 이것은 주로 의미의 형성이란 것이 대부분 개별적인 관람자에 의해 제공되는 것이기 때문인데——그것은 정체가 무엇인지를 밝히고 암호처럼 해독해 내야 하는 이미지에는 존재하지 않는다——뒤러가 사랑과 죽음이란 주제를 이런 방식으로 다루고 있다는 것은 분명 의미심장한 일로서, 이러한 이미지 해독에 있어서 지시체계의 다양성, 의미의 복잡성, 자기 지시적인 면 등은 사랑과 죽음이란 주제에 특히 타당성을 지니는 것이며, 이것들은 깊은 정신적 의미에 있어서 서로 밀접한 관계를 지니는 것이어서 서로간에, 그리고 인간에게 가장 근본적인 신화라는 면에 있어서의 인간과도 연결되어 있다.

〔도판 10〕 〈산책〉, 알브레흐트 뒤러, 판화, 국립미술관, 워싱턴 DC.

(M. A. 미도, 〈법규를 준수하는 보행자와 알브레흐트 뒤러의 〈산책〉, 《미술사》, 15, 2호, 1992년 6월.)

  서로 다른 미술사적 작업들간에는 부분적으로 겹치고 서로 밀접한 관계를 지니는 행위들이 많으며, 내가 이미 든 예들은 단지 서로 다른 개입방식들이 존재한다는 것을 암시하려는 것일 뿐이다. 서로 다른 영역들 사이에 걸쳐 진행되는 논의는 그 자체가 시각적 의사소통 수단을 다루는 방식에 대해 정의를 내리고, 다시 정의를 내리려는 시도의 일부인 것이다. 전통적으로 미술사학자들이 작품의 질에 대해 갖고 있는 관심, 즉 어떤 작품은 다른 것들보다 우수하다는 잠재적인 믿음은 여전히 논의의 대상인 것이다. 액션 맨 인형보다 베르니니의 조각작품이, 그것을 보는 사람에게 일정한 범위의 감동과 흥미를 통해 기쁨을 줄 수 있는 가능성을 더 많이 가지고 있다고 주장할 사람은 아마도 거의 없을 것이다. 하지만 그것은 1960년대에 어린 시절과 남성적인 면이라는 점에 대한 미국적 사고방식의 형성에 있어서, 그 인형의 역할이 베르니니가 17세기 로마의 바베리니 가문과 갖고 있었던 관계를 조사해 보는 것보다 그 가치가 덜 하다는 뜻은 아닌 것이다. 이보다 더 어려운 문제는 어두움과 밝음을 이용한 계산적 효과와 인간의 육체가 사회적인 소비를 위해 어떤 방식으로 표현되고 있는지에 대해 사람들이 예상하고 있는 개념에 도전하고 있는 로버트 매플톱의 사진은 뛰어난 작품인 반면, 도색잡지에 나오는 인기 있는 미인의 사진은 그렇지가 못한 것 아니냐는 주장이다. 문제는 이것이다. 즉 어떤 작품이 뛰어난 것인지 아닌지는 누가 결정하는 것이며, 그러한 판

[도판 11] 프랑스 오툉에 있는 대성당 서쪽 정문 위쪽의 장식. 그리스도의 양발 아래쪽에 '지젤베르튀 作'이라고 새겨져 있다. 사진: 코톨드 미술연구소, 콘웨이 도서관.

단이 근거하고 있는 기준은 무엇이며, 그러한 판단이 무슨 소용이 있는가 하는 점이다.

일반적인 수준에서 진품인지를 확인하는 것이 미술사를 영문학처럼 비교될 수 있는 다른 학문과 구별지어 주는 문제인 것이다. 확실히 어떤 시들은, 특히 고대의 작품일 경우 작가가 밝혀져 있지 않지만 전반적으로 볼 때 대개 우리는 누가 어떤 작품을 썼는지에 대해 알고 있는데, 시각예술 작품의 경우에는 그 정도라고도 말할 수 없다. 12세기경 지젤베르튀가 프랑스 오툉에 있는 대성당의 거대한 정문 아래에, 즉 거기에 만들어진 훌륭한 조각작품 아래에 자신의 이름을 써넣은 것[도판 11]은 정말 보기 드문 일로서 미술사에서 하나의 전환점이 되는 행위였던 것이다. 서구 문화에서 예술가의 정체성은 점점 더 관심을 불러일으키는 문제가 되었고, 그러한 까닭에 더더욱 그 서명은 거의 마술적이라 할 수 있는 힘을 지닌 것이 되어 왔는데, 이것은 그 예술가가 한 사람의 인간이라는 사실을 보증해 주는 것으로 이해할 수 있고, 말할 것도 없이 이것은 시장 가치를 보증해 주는 결정적인 표시인 것이다.

작업장에서 공동으로 일하는 관행(르네상스 시대부터 19세기에 이르기까지 서양의 예술가들은 한 사람의 대가를 중심으로 집단적으로 작품을 만들었다)으로 인해, 흔히 어떤 예술가가 어떤 작품을 만들어 냈는지를 구분한다는 것은 힘든 경우가 많았다. 화가나 조각가들의 지위가 보다 격상되고, 그들이 점차 기술을 가진 장인으로서보다는 특별한 재능을 가지고 있어 존경을 받는 사회 성원으로 여겨지게 된 이후의 시대에도 많은 예술가들은 자신들의 작품에 서명을 남기지 않는 쪽을 택해 왔던 것이다. 데이비드 호크니는 이 세상에 하나밖에 없는 대상물로서의 예술작품의 독창성과 진품이라는 생각에 도전하고자 팩시밀리 그림을 제작해 왔다. 떳떳하지 못한 이유들로 인해서 뿐만 아니라 정당한 이유들로 인해서도 후대 사람들은 예술작품에 그것을 만든 예술가들의 이름을 써넣어 왔는데, 이것은 미술품을 연구하는 학자들이나 그것들을 거래하는 상인들에게 똑같이 올바른 판단을 내리지 못하게 방해할 수도 있는 것이다. 예술작품에 그것을 제작한 예술가를 잘못 붙여 놓는 경우도 많이 있어 왔는데, 예를 들자면 17세기 이탈리아의 화가인 아르테메시아 젠틸레스키의 작품들 중 일부는 아주 최근까지도 그녀의 아버지 작품으로 여겨졌던 것들이다.

영문학을 공부하는 학생들이 어떤 단계에 이르게 되면, 인쇄과정에서 생겨난 실수, 시작품들의 원고나 교정쇄에서 한 줄의 시구에 나타난 변동, 여러 세대를 거치면서 편집자들이 낸 수정 부분, 불완전한 문헌들을 서로 꿰어맞추기 등과 같은 서지학적 문제에 부딪치게 되리라는 것은 분명한 사실이다. 셰익스피어의 희곡작품 중 어느것이 '원본'인지에 관해서는 학자들 사이에서도 별반 확신을 하지 못하고 있다. 하지만 이러한 문제를 잡고 씨름하는 것은 고도로 전문화된 과정이며, 그래머스쿨 최초 학년이나 학부 학생들을 대상으로 하는 수준의 대부분 영어 수업은 읽고 즐기고 토론할 수 있도록 작가가 알려져 있으며, 앞으로도 변화가 없을 문학작품을 대부분 가르치고 있다. 그러나 진품임을 확인하는 문제는 미술사학자에게는 큰 중요성을 지니는 것이어서 문학 연구와는 거의 관련 없는 방식의 연구를 필요로 하게 된다.

전통적으로 시각예술 작품이 지니고 있는 특징들 중 하나가 그것이 지니고 있는 유일성인 까닭에, 미술사학자들은 때로 그것을 해석하는 것만큼이나 그것이 속한 시대를 밝혀내고 그것의 진품 여부를 밝혀내는 데에 집착했던 것이다. 과학기술이 중요한 역할을 해내는 것은 주로 그림이나 조각작품과 관련해서이다. 적외선 사진을 통한 그림의 조사나, 연륜(年輪) 연대학이라고 알려진 방법으로 나무 나이테의 수를 헤아려 목판이 얼마나 오래 된 것인지를 평가하는 방법, 그외의 여러 가지 과학적 처리방식들이 작품을 감정하고, 정확한 연대를 정하기 위한 연구에 사용되었다. 내가 앞에서 리처드 윌슨이나 데이비드 호크니와 관련된 부분에서 지적한 것처럼, 현대 미술은 흔히 이러한 가설들에 도전하는 데 열중하고 있다. 다른 한편으로 시간·부패, 그리고 (예술적이라는 것과는 반대인) 꾸밈없는 것에 대한 관념은, 독일의 예술가인 요제프 보이스가 원래부터 존재하는 물질적 변화의 가능성을 유리용기 안에 밀봉된 동물의 시체들과 다른 자연적인 소재들을 써서 함께 통합시켜 온 설치미술작품이나, 다미앵 허스트가 유리판을 댄 강철제 상자 안에 든 포름알데히드 용액 속에서 상어가 떠다니게 한 유명한(혹은 악명 높은 것일 수도 있는) 작품인 〈산 자의 마음속에서의 죽음의 물질적 불가능성〉(1991)이라는 설치미술작품(사치사 소장품)에서 탐구하고 있는 바로 그 주제들인 것이다.

따라서 많은 시각예술 작품들에서 분명한 것으로 드러나 보이는 유일무이성은 미술사를 인접해 있거나, 상호 의존적인 다른 학문들과 따로 떼어 놓게 만드는 요인으로 여겨져 온 경우가 흔히 있었던 것이다. 영문학을 연구하는 학생이 사뮈엘 베케트의 희곡작품을 처음 읽고 나서 전율에 가까운 흥미를 느끼고는 베케트의 다른 작품을 찾아 읽으려 할 정도로 감동을 받을 수도 있는 것과 마찬가지로, 미술사를 전공하는 학생도 티치아노〔1488?-1576, 베네치아의 화가로, 적갈색이나 금빛이 도는 적색을 자신의 그림에 즐겨 쓴 것으로 유명하며, titian이라고 보통명사로 쓰면 그러한 화려한 색깔들을 가리키는 말이다〕의 〈바코스와 아리아드네〉를 보고는 마음이 움직여 이 화가의 다른 작품들을 찾아나서게 될 수도 있는 것이다. 영문학 전공의 학생은 《고도를 기다리며》의 연극 공연을 당장에, 그리고 손쉽게 가서 볼 수 없을지는 모르지만 이 희곡작품이나 베케트의 다른 작품은 제대로 된 어느 서점에서건 당장 값싸게 구해서 볼 수 있게 될 것이다. 만약 우리가 관심을 갖고 있는 부분이 화포에 칠해진 물감이라면 작품을 사진으로 찍어 놓는 것은 기껏해야 아주 부적절한 대체물이 될 뿐인 것이다. 티치아노의 다른 작품들은 전세계 이곳저곳에 흩어져 소장되어 있기가 쉬운 것이다. 국가적 혹은 개인적으로 소장되어 있는 예술작품들의 소실이나 훼손──화재·절도 혹은 악의를 가진 파괴 행위 그 어느것이 되었건──은 결국 슬프게도 진품인 예술작품을 대체할 수 있는 것은 아무것도 없게 될 때도 있다는 것을 일깨워 주는 것이다. 베케트의 《고도를 기다리며》는 그곳이 중동 지역이 되었건 중부 유럽이 되었건, 복제품(때로는 그것에 대한 기록이라 할 수 있는 것조차도 거의 남아 있지 않은)이 하나도 남아 있지 않도록 예술품들을 완전히 파괴해 버릴 수 있는, 무력을 사용한 분쟁이 일어나는 경우만 아니라면 결코 소실되는 일이 없을 것이다.

판화나 레코드, 그리고 어떤 형태로든 인쇄가 된 것들──정상적으로라면 한 개 이상의 복제품이 있는 것들──은 또한 미술사적 연구에 있어서 원본으로 간주될 수 있는 것들이다. 실제로 개개의 인화된 사진이나 판화가 새겨진 목판의 상태는 비록 이미지는 같다고 할지라도 나머지 다른 모든 것과는 미세한 물리적 차이를 지니게 마련이다. 더욱이 미술사학자가 예술작품의 복제에 참여하는 것은 합법적이고 가치가 있는 일이며, 여기서 작품 숫자를 증가시키고 그것을 전파시킨다는 바로 그 사실이 최대의 관심거리가 될 수 있는 것이다. 베네딕트 타스켄의 복제품이 어떤 방식으로 판매되는가? 누가 '반 고흐의 〈해바라기〉'를 사며, 어떤 목적에서인가? 어째서 어떤 그림들은 거듭해서 복제가 되는가? 이러한 물음의 역사적 중요성은 엄청난 것이며, 이러한 점은 박물관이나 미술관들에서 소위 '하루살이' (ephemera; 엽서나 포스터·버스표 등과 같이 아주 짧은 기간 동안만 사용할 목적으로 만들어진 것으로서 사람들이 수집의 대상으로 삼기도 하는 것들)라고 불리는 특정 범주의 것들을 조심스럽게 수집해 놓는 것에도 잘 반영되어 있다. 대영박물관은 18세기에서 현재에 이르기까지 사용되었던 업무용 명함이라는 독특한 소장품들을 지니고 있는 한편, 빅토리아 앤드 앨버트 박물관은 1990년대에 만들어져 논란의 대상이 되기도 했던 베네통사의 것까지 포함하는 흥미로운 포스터들을 소장하고 있다. 서섹스 대학교 도서관은 1968년 파리에서 학생 시위가 있었을 때 우연히 거기에 가 있게 되어, 이러한 자연발생적이고 단기간에 걸쳐 존재하고 버려지는 의사소통 행위용 자료가 지니는 역사적 의의를 인식하고 있었던 누군가에 의해 파리 시내의 거리에서 수집된 시위용 벽보나 전단과 같은 하루살이를 소장하고 있다. 말할 것도 없이 비록 이전 시대의 것으로 오늘날까지 남아 있는 것은 훨씬 적지만, 그러한 물품에 대한 관심은 19세기 인쇄 기술의 대변혁 이후에 만들어진 인쇄물에만 국한되어 있는 것은 아니다.

  현재에도 그리고 과거에도 언제나 예술가들과 대중들은 예술작품을 '진품'보다는 복사 혹은 복제품을 통해 더 자주 대해 왔다. 고대 세계에 널리 알려져 있었고, 그 이후 이것을 통해 이 철학자가 누구인지를 알 수 있게 해주었던 소크라테스의 '초상'은 그가 죽은 지 수백 년이 지난 후 원본을 보고 다시 그린 것이다. 르네상스 시대의 이탈리아 예술은 맨 처음 주로 판화를 통해서 북쪽 지역의 화가와 장인들에게 알려졌다. 사진 기술과 비용이 적게 드는 인쇄술이 발달한 이후로, 우리는 사진으로 복제된 것을 자주 보고 익숙해진 이후에 그 진품을 대하게 되는 경우가 일상적인 것이 되었다. 그렇다면 미술사학자들에게는 대량 복제를 통한 똑같은 그림의 확산, 그것의 변형과 변질이 진품에 대해 관심을 기울이는 것만큼이나 중요하다. 우리는 18세기에서 오늘날까지 바티칸에 있는 메디치 가의 '비너스'와 유럽과 북미 지역의 정원에서 찾아볼 수 있는, 그것을 복제한 수많은 조각품들 중 어느것이 더 '진짜'인지에 대해 의문을 제기해 볼 수도 있는 것이다. 하나의 매체로서의 영화 연구는 그것을 관람한다는 경험이 세계 어느곳에서든 똑같은 것이 되어 왔고, 또 똑같은 것이 될 것이라는 점을 불가피하게 포함하게 된다. 서술과 화면의 분석은 우리가 그 영화를 도쿄에서 봤는지 아니면 툴루즈에서 봤는지에 따라 달라지는 것은 아니겠지만, 말할 것도 없이 그것은 어떤 행사에서 영화가 상영되었는지에 따라, 그리고 관객의 일부가 된다는 집단적인 경험에 의해서도 영향을 받을 수 있는 것이다.

  예술작품과 문화적 대상물들에 관해 이용할 수 있는 자료는 끊임없이 새로운 정보로 갱신되고, 바뀌며, 재고되고 있다. 어떤 예술가에 대한 작품의 귀속이란 문제는 가장 최근의 것이 반드시 정확한 것이란 법은 없는 것이며, 처음으로 미술사학자의 길에 들어선 사람이 전문가를 대상으로 하는 미술사 정기 간행물들에 실린 '최근 발견된'이라거나, '새로 발견된 작품의 귀속 문제' 운운하는 기사들을 충분히 인식하고 있으리라는 것은 지나친 기대가 될 것이다. 학문적인 글이라는 것은 모두 누적되는 것이며, 우리가 사실들(연대와 표현 수단이나 후원자에 대한 정보, 제재와 기능, 위치에 대한 정의)이라고 일컫는 것들은 의미가 없는 것이 아니라는 점은 초심자나 정평이 나 있는 학자나 마찬가지로 누구나 인지할 수 있는 것이다. 그것들은 의사소통 행위(책이나 기사, 혹은 강연) 속에 포장되어 있으며, 따라서 어떤 주장의 일부가 된다. 이러한 주장들이 어떻게 계속 변화하는지, 그리고 어떤 관심과 투자에 의해 그것들이 지탱되는지에 대한 것을 사료편찬학이라고 일컫는다. 이 말은 문자 그대로 미술사의 역사란 뜻이다. 우리가 어떻게 해서 그것을 알게 되었는지에 대한 것 또한 우리가 우리 시대에서 어떤 위치에 있느냐에 따라 결정되는 것이다.

최근 시각예술에서나 문학에서의 인간의 신체에 대한 역사적·은유적 개념화에 대한 연구는 커다란 관심사가 되어 왔다. (그 예로서 K. 애들러와 M. 포인턴이 엮은 케임브리지대학교 출판국의 1993년판 《표상화된 인간 신체: 르네상스 이후의 인간 신체와 시각문화》와, N. 캠펜이 엮은 케임브리지대학교 출판국의 1996년판 《고대미술에 있어서의 성적인 면》을 볼 것.) 이러한 연구들은 언제나 변함없는 것으로 여겨지는 성적으로 고정된 생물학적 신체라는 개념에 도전한다. 그러한 연구들은 과거에 — 그리고 현재에도 — 사람들은 개별적이나 집단적으로 인간 신체의 내부 혹은 외부를 그려 왔으며, 인간의 신체는 일관성 있게 작동하는 것(상이한 작은 부분들로 이루어지긴 했어도)이며, 국가나 혁명과 같은 이념적인 개념을 표상하고 있는 어떤 것이라는 생각들을 형성시켜 왔다. 이러한 일이 생겨나게 된 것은 구조주의(학자들에게 다양한 연대기상의 기간에서 공통적으로 나타나는 요소들과 주제들을 찾아보라고 격려하는)라고 불리는 1960년대의 지적 경향의 결과로, 그리고 부분적으로는 인문과학과 생물학에서 남녀 성별이 문화적 결정인자로서 갖게 되는 역할에 대한 학자들의 관심이 점차 증가해 온 결과에 의해서이다. 인간의 성은 생물학적인 것이지만 우리가 어떻게 남성과 여성의 차이를 이해하고 그것을 글이나 말로 분명하게 표현할 것인가 하는 점은 남녀 성별에 관한 문제인 것이다. 이러한 학문적인 관심의 변화에 기여하게 된 또 하나의 요인은 의심할 여지없이 포스트모더니즘이라고 알려진 현상인데, 이것은 20세기 말에 들어서서 확증된 의미체계의 상실을 인정하며, 인간 주체의 중심이 되는 것의 붕괴에 대해 관심을 가지고 있다. 요점은 학문적이고 이론적인 연구 분야가 그냥 전개되는 것이 아니라 언제나 현재의 어떤 집단적(비록 의식되지 않는 것일지라도) 관심사의 한 결과라는 점이다.

  그렇다면 미술사학자들은 그들의 접근방식이나 방법론이 무엇이건간에 자료가 제시되고 출판되는 방식에 대해 비판적인 시각을 가지게 된다. 그것들이 전달해 주는 자료라는 측면에서 시대에 뒤떨어진 것이 될 수도 있는 저작물도 사료편찬학으로서는 여전히 흥미를 주는 것이 될 수도 있는 것이다. 르네상스 시대의 이탈리아에 관한 크로와 카발카셀레의 방대한 책은 완성된 것으로 여겨질 수도 있지만, 이것은 예술작품들과 그것들에 대한 문서로 기록된 역사적 사실에 대해 이용할 수 있는 정보가 완벽하지 못했던 시절에 씌어진 것이며, 따라서 우리가 이것을 예술비평에 있어서 하나의 이정표가 되는 것으로 감탄을 할 수는 있을지언정 거기에 기록된 사실은 그리 의지할 만한 것이 되지는 못한다. 이와 비슷하게 우리는 세잔에 대한 로저 프라이의 저술을 그가 아름다운 문장을 써내고 있으며, 세잔의 소묘나 그림에 대해 그가 보여 주고 있는 놀라운 통찰력 때문에 읽게 될 수도 있는 것이다. 동시에 우리는 그의 책이 1927년에 씌어진 것이라는 사실에 비추어, 프라이가 만약 자신이 저술을 하고 있을 당시 알려지지 않았던 세잔의 그림이나 소묘들에 대해 그가 알고 있었다면, 그리고 예를 들어 세잔과 17세기의 프랑스 화가 푸생과의 관계에 대하여 진행된 최근의 논의에서 득이 될 만한 점을 얻어낼 수 있었다면 그가 어떤 방식으로 견해를 바꾸었을 것인지에 대해 우리 자신에게 반문해 볼 필요가 있다.

다른 맥락에서 미술사학자들은 크로와 카발카셀레, 그리고 로저 프라이의 저서들을 열심히 읽고 있을 수도 있는 반면, 동시에 이들 미술품 감식가이자 저술가들의 연구방법에 대해 더 많이 알아낼 수 있지 않을까 하는 희망에서, 그들의 후손들이 어디에 살고 있는지를 밝혀내거나, 원고나 일기·편지들까지도 읽으려 들 수 있는 것이다. 미술사의 한 분야는 취향에 있어서, 그리고 미술사라는 것이 어떤 방식을 통해 과거에 대한 일련의 연속된 개념화——즉 연결된 생각들과 해석들——로 구성되어 있는지에 대해 관심을 가지기도 한다. 이러한 초기의 미술사학자들이 어떤 방식으로 연구를 했으며, 어떤 연구방법론을 개진해 왔는지, 그리고 어떤 근거로 그들이 판단을 내렸는가 하는 점은, 따라서 우리가 어떤 종류의 그림에 대해 현재와 같은 방식으로 생각하게 되었는가를 의식하게 하는 점에서 미술사학자들에게 큰 관심거리가 되는 것이다.

사료편찬학자는 텍스트를 특정한 예술가들의 삶과 작품이 우리에게 말해 주고 있는 것을 보기 위해서가 아니라, 그 텍스트 저자의 논의를 진행시키는 근거가 되는 역사적·이론적 전제를 인식하고 분석하기 위해 텍스트를 보는 것이다. 사료편찬학은 예술가의 저술을 그들 예술의 연장으로서, 혹은 강의용 자료에서 흔히 예술이론이라고 언급되는 그들이 살았던 시대의 예술(예를 들면 조슈아 레이놀즈 경의 《담화》나 디드로의 살롱 비평과 같은)로서 갖게 되는 종류 이상의 관심사이다. 예술이론과는 달리 사료편찬학에서는 학문 분야가 구성되게 된 근저에 깔려 있는 원칙을 고찰하여, 어떤 주어진 대부분의 자료를 뒷받침할 수 있게 정리되어 있는 것과 같은 종류의 주장들에 대해 우리가 보다 식별력을 갖도록 하는 데 도움을 주고, 어떤 종류의 미술사가 저술되고 있으며 그 이유는 무엇인지에 대해 이해할 수 있도록 한다. 오늘날 미술사에 대한 설명이 근거하고 있는 가설들 중 대부분은 내가 주장해 온 것처럼 18세기, 혹은 그보다 앞선 시대에 저술되고 출판된 유명한 텍스트들에서 유래한 것이다. 그것들은 거의 예외 없이 그리스와 로마에서 그 기원을 찾아볼 수 있는 것으로 이해되고 있는 서구의 전통에 근거하고 있으며, 따라서 중국이나 일본·라틴아메리카·인도·아시아 대륙·오세아니아, 혹은 아프리카 지역의 미술들의 근거가 되는—— 아주 차이가 많이 나는—— 전제들은 배제하고 있다.

이러한 문제들에 관한 인식이 점차 증가하면서 이제까지 지배적인 것으로 여겨져 왔던, 시대를 구분하는 범주와 예술양식에 대한 정의에 대하여 재고하는 쪽으로 천천히 그 결과가 나타나고 있다. 마찬가지로, 문화적인 경계선을 교차하여 사상과 어떤 특정 방식(양식)으로 보이도록 예술품을 제작하는 방식이 전달되는 것에 대해서도 주의가 기울여지고 있다. 문화적인 혼성성—— 즉 상이한 문화에서 나온 부분들이 융합되어 어떤 새로운 것으로 만들어지는—— 은 미술사학자들과 인류학자들로 하여금 연구의 틀을 발견해 내는 것을 가능케 해왔는데, 그 예를 들자면 어떤 방식으로 서구의 문화적 인공물들이 아프리카의 부족사회에 미친 영향이, 굳이 타락한 것으로 여겨질 필요까지는 없지만 코카콜라 캔이 다른 문화적 맥락 속에 흡수되어 다시 창조될 수도 있는가 하는 것과 같은 측면에서 이해될 수 있는 예술 형식의 탄생이란 결과를 낳게 되는가 하는 점과 같은 것이다. 마찬가지로 서구 제국들이 그들이 식민지로 삼은 지역의 예술에 대해 가해 온—— 비난받아 마땅하며 파괴적이기까지 한—— 경시하는 태도를 시정하려는 많은 노력들을 기울여 왔는데, 예를 들면 오스트레일리아의 학문의 중심이 되는 지역에서 원주민들의 미술 연구에 헌신하고 있는 것이 그것이다.

예술작품의 발견과 진품의 확인이 전통적인 미술사에서 그토록 중요한 역할을 해왔고, 미술사에 관한 저술을 남긴 초기의 미술사학자들은 자신들이 속했던 시대의 예술품들이 그 이전 시대의 것들보다 더 뛰어난 것임을 증명하려고 했던 까닭에, 한 예술가가 다음 세대의 예술가들에게 어떤 주제나 양식을 물려주었는가 하는 점과 함께, 미술사학자들을 발전과 '진보'라는 것에 집착하게 만드는 경향이 있어 왔다. 이처럼 과거 예술의 대부분은 한 예술가가, 말하자면 선배 예술가의 등에 올라탄 것이라는 측면으로 볼 수 있는 것이었다. 과거의 예술(혹은 오늘날의 예술에 대한 견해로도 들어맞는 것일)을 A는 B로 이어지고, B는 C로 이어지는(즉 치마부에는 조토로, 그리고 조토는 마사초로 이어지는 것처럼) 거대한 사슬로 보는 이러한 견해는 어떤 면에서는 예술이 '개선'되어지는 것이라는 의미를 함축하는 것이다. 또한 이러한 쉽사리 인지가 가능한 종류의 발전에 기여하지 못하는 예술가들이 있으며, 따라서 그들은 제외되었다. 보티첼리는 르네상스 시대의 미술사학자 바사리가 고안한 발전 원칙에 들어맞지 않는 화가였기 때문에 결과적으로 그의 작품은 소홀히 다루어졌고, 앞서 지적한 대로 19세기에 들어서 '재발견될' 때까지 수세대에 걸쳐 거의 전적으로 알려지지 않은 채로 있게 되었던 것이다.

미술사는 위대하며 인정된 과거의 대가들(주로 남성들인)에게 그 관심을 집중해 왔다. 혁신적이고 뛰어난 대작들을 다량으로 생산해 낸 미켈란젤로나 들라크루아와 같은 화가들에 대해 우리가 가능한 한 많은 것을 알 수 있도록 해주는 데는 분명 그것이 쓸모가 있는 일이며 실로 꼭 필요하기까지 한 것이지만, 이와 같이 대가를 통한 접근방식은 그 예술가를 동료 예술가들로부터 고립시키는 것과 마찬가지로, 그 혹은 그녀가 그 안에서 살아 왔고 작품을 생산했던 사상·믿음·사건과 환경이라는 맥락으로부터 고립시키는 경향이 있다. 어떤 경우에 있어서는 한 개인을 다루느라 한 무리 예술가들의 정체성이 모호해지게 될 수도 있는 것이다. 이처럼 예술가를 그 또는 그녀의 시대와 관련짓는 전체적인 조망은 작품에 대한 상세한 문헌을 얻는 데 치르는 대가인 셈이다. 그러한 접근법은 또한 인간으로서의 그 예술가와 우리가 관찰하고 있는 작품 사이에 어떤 종류의 단순한 연결고리를 가지고 있다고 상정하게 된다.

복잡하며 단지 부분적으로밖에 이해되지 못하고 있는 어떤 인간 주체와 또 다른 인간 주체의 상상력에 의한 행위에 의해 촉발되는 경험 사이의 관계에 있어서, 언어·인지·무의식·잠재의식의 변천 형태 중에서 어떤 요소가 작용하고 있는가에 관해 1970년대에 토론이 진행된 적이 있다. 이 토론에서는 언어학·철학·인류학·영화·문학 등의 분야에서 이미 존재하고 있는 논의를 이용했다. 비록 여기에는 여러 가지 상이한 요소들이 포함되는 것이지만 이러한 종류의 문제에 관한 고찰에는 '비평이론'이라는 총괄적인 이름이 붙는다. 이론은 인지된 형식의 시각적 경험과 집단적 양식의 역사적 설명에 대한 이유와 방법에 대한 설명을 찾으려는 것이다. 비록 이론적인 미술사 연구를 진행하고 있는 사람들은, 미술사라는 것이 외견상 전혀 문제될 것이 없는 사실들의 집합체로 남아 있다고 여기고 있는 아주 보수적인 유산보호 압력단체에 의해, 여전히 너무도 자주 비난의 대상이 되고는 있지만, 그것은 현재 미술사나 미술작품의 역사에 관한 본격적인 저술의 대부분에 내재되어 있는 것이다. 간단한 예를 하나 들어 보면, 아시시에 있는 조토의 프레스코화는 성 프란체스코의 생애를 근거로 한 것이다. 이것에 대한 역사적 설명은 프란체스코 수도회의 권위와 글을 읽을 줄 모르는 청중들이 설교단에서 듣게 되는 설교에 상응하는 시각적 등가물을 주어야 할 필요성과 관계가 있다는 정도가 될 것이다. 조토를 연구하고 있는 미술사학자는, 이 예술가가 선으로 구획을 나눈 방식과 어떤 주제를 선택했으며, 또 어떤 색채를 사용했는가에 대해 말할 수도 있다. 그러나 이론에 관심이 있는 미술사학자라면 그 그림으로 표현되는 이야기의 내용 자체에 대한 질문들을 할 것인데, 이야기를 풀어 나가는 과정에서 어떤 일이 생기는가와, 어떻게 일련의 사상들에 대한 의견교환에 있어서 이야기되지 않은 것이 이야기된 것만큼 힘을 지니게 되는가, 어떻게 독자들이나 관람자들이 이야기를 구성하고 있는 일련의 부분적인 단서들로부터 그림 전체를 의미가 통하는 것으로 만드는가, 그리고 어떻게 상이한 시대에 속하는 서양에서의 인간 주체는 이야기를 하고자 원하는가, 이야기의 시작과 중간에서 끝 사이의 구조적 관계는 무엇일까, 그리고 각기 다른 이야기들은 다른 이야기들과 어떤 공통적인 점을 가지고 있는가 하는 것 등이 그것이다.

무엇이 역사를 구성하는가에 관해 이와 유사한 토론이 있었던 적이 있는데, 그러한 토론들은 부수적인 학문 분야에서의 논의를 되풀이하거나 그것으로부터 정보를 얻게 된 것들이다. 이미 발생한 것으로 알려진 것들에 대해서 뿐만 아니라, 욕망과 염원에 대한 증거도 주목을 받고 있다. 1960년대의 마르크스주의적 역사분석은 미술사 연구를 실행하는 데 있어서 변화를 일어나게 하는 커다란 중요성을 지니는 것이었다. 마르크스의 저술을 한 줄도 읽지 않았거나, 자신들을 마르크스주의자로 여기지 않을 것이 분명한 많은 미술사학자들은 부지불식간에 자본주의 사회에서의 계급·노동, 그리고 경제 구조를 —— 그것이 르네상스 시대이건 혹은 오늘날이건 —— 예술품 생산의 결정인자로서 고려의 대상에 넣어 왔던 것이다. 한편 대중적 전통인 '저급한' 예술 형식과 매스컴이 미술사학자들의 주목을 받고 있는데, 사진 뉴스와 비디오 아트, 청년문화와 벽에 그려진 낙서 등이 지난 10여 년에 걸쳐 학자들이 연구해 온 주제들이다. (예로서 1995년 템스 앤드 허드슨 간행, M. 쿠퍼와 H. 챌팬트의 《지하철 미술》을 볼 것.) 다른 한편으로 자신들이 살고 있는 시대의 예술작품의 수용과 시각적 이미지가 어떻게 주어진 사회 안에서의 의미 형성 —— 여기서 의미란 외견상 주제로 여겨질 수 있는 것, 혹은 이미지가 나타내 주고 있는 이야기와 관계가 있을 수도 있고 그렇지 않을 수도 있는 —— 에 근거를 제공하는가 하는 문제에 관한 연구에 보다 많은 주의가 기울여졌다. 미술사회사(이러한 종류의 연구가 흔히 그렇게 불리는 것처럼)에서 16세기 베네치아의 화가들이나, 18세기 프랑스 화가들이 그린〔도판 12〕페트샹페트르(fête champêtre), 즉 품격이 높은 소풍 장면은 상류 계급의 사랑과 쾌락을 그린 전원적 목가일 수도 있지만, 어떤 수준에서는 그러한 장면을 생산해 내도록 만든 그 사회 안에서의 여성과 남성 사이의, 서로 다른 계급간의 세력관계를 나타내며, 따라서 그 세력관계를 강화하는 것으로 이해될 수도 있는 것이다. 거기 나타난 시골 풍경은 중립적인 것이 아니라 함축적으로 그것의 상대적인 등가물인 도시와 궁정의 존재가 빠져 있다는 의미를 나타내고 있는 것이다. 1990년대 초반에 동유럽 국가들의 정권이 마르크스주의로 조직화된 국가체제를 믿을 수 없는 것으로 치부해 버리는 것이, 이 시대의 가장 위대한 역사학 분야 사상가들 중의 한 사람인 마르크스의 이론적 저술에서 학자들이 이끌어 내온 영감의 가치를 떨어뜨리는 것은 아니다.

여성해방론적 미술사학은 이제까지 소홀히 다루어졌거나 알려지지 않았던 여성 예술가들을 드러내 보여 주고, 이 시대에 있어서 여성들의 예술 활동에 대한 토론을 고무시켜 왔다. 여성들이 작품을 전시하는 시간이나 공간에서 공정한 몫을 차지하는가? 여성 예술가들은 비평가들로부터 진지한 대우를 받고 있는가? 인간의 경험 영역 중에서 남과 여 어느쪽에든 고유한 것이라 할 수 있는 게 있으며, 예술품의 생산과 전시에 대하여 남녀를 구분하는 분리주의적 입장의 접근법을 정당화시킬 수 있는 어떤 것이 있는가? 메리 커샛을 그녀의 친구 에드가 드가의 부속물로 보는 견해나, 아르테메시아 젠틸레스키를 단순히 그녀의 아버지인 오라치오 젠틸레스키의 한쪽 팔꿈으로 여기는 것 따위는 이제 더 이상 가능한 것이 못 된다. 또한 진품 목록에 들어 있는 불후의, 그리고 친숙한 이정표로 여길 수 있는 광고나 회화에서 여성과 남성의 이미지에 대한 분석은 여성해방론적 논의에 의해 혁명적이라 할 수 있는 변화를 겪어 왔다. 마찬가지로, 전통적으로 여성들의 분야였던 꽃그림과 같은 장르와 도자기나 자수와 같은 매체가——이제는 그것들을 다른 예술품 생산 형식과 관련된 위치에 놓일 수 있도록 만드는——보다 지속적인 관심과 비평적·역사적 평가를 받고 있다. 여성

[도판 12] 〈연주회〉, J.-A. 와토, 런던 월리스 컬렉션 보존위원회의 허락을 받아 여기에 전재된 것.

해방론적 미술사학자들은 미술사학이라는 전체적인 구조물들이 내세우고 있는 가설들과 방법론・연구 대상물들에 도전해야 하는데, 이러한 모든 것들은 가부장적 사회 안에서 형성된 것들이기 때문이다.

여성해방론적 미술사학이 단지 여성 예술가들이나 여성들을 나타낸 이미지들에만 관심을 갖고 있다는 생각은 그것을 잘못 이해하고 있는 것이다. 여성해방론적 미술사학은 성별을, 문화가 형성되는 데 있어서 그것을 구체화시키고 규정지어 주는 범주로서 검토해 보기 위해 여성학 연구(서로 다른 학문 분야들간의 통합 연구로서 여러 인문학 분야들을 서로 결합시켜 주는 것)에서 나온 결과들을 이용해 왔다. 예를 들면 건축사를 연구하는 학자는 가옥의 각기 다른 부분들이 계급과 지위에 따라 구분되는 것과 마찬가지로── 하인들은 아래층에, 주인 가족들은 위층에 거처하는 것처럼 ──구분된 성별 고유의 기능에 따라 ──여성들의 거처, 남성들의 공간처럼── 어떤 방식으로 배치되었는가 하는 점에 대해 질문을 해볼 수 있는 것이다. 여기서 성별 구분은 사회적 공간이라는 문제를 체계화시키는 결정 인자로 이해될 수 있다. 이와 같은 질문들은 권력에 대한 고려를 포함하는 것이며, 따라서 성별 구분에 대한 분석은 인종 문제에 관한 논의를 수반하거나, 또는 그러한 논의에 의해 정보를 얻게 된다. 두 가지 경우 모두 예술작품을 소비하는 사회에 의해 확실한 것으로 이해되는 어떤 것을 확립시키는 역할을 하는 차이의 범주──어떤 한 집단에 권력을 갖게 해주는 한편, 다른 집단을 종속적인 관계에 있는 것으로 규정지어 주는 두드러진 특징들── 이다. 문화적 형식들──회화・조각・가구 등의── 은 어떤 특정 맥락에서 그것들이 이용될 수 있게 만들어 주는 일련의 연상작용이나 이미지를 통해 생물학적인 것이 아닌 사회적으로 생산되고 재생산되는 그러한 차이점들을 입증해 낼 수 있게 된다. 그리하여 르네상스 시대의 카소니(cassoni), 즉 결혼 예물 상자에 대한 연구는 신부의 지참금을 넣는 그릇인 가구의 표면(도판 13)에 장식되어 있는 폭력적 장면의 그림을 결혼의 사회적 관계에 관한 르네상스 시대의 법률적·가정사적 요구조건과 연관지어 검토해 왔다.

건축사학자들은 건물의 양식이 어떻게 변화하는지, 건물의 외양과 그 기능 사이에는 어떤 관계가 존재하는지, 건물의 조각품이나 그밖의 다른 장식적인 장치들은 어떤 역할을 하고 있는지, 초기의 도면이 최종적으로 완성된 건물이 되기까지는 어떻게 바뀌어 갔는지, 건물이 그 주변 환경과는 어떤 관계를 가지고 있는지, 누가 무슨 이유로 그것을 지었는지, 누가 그 건축비용을 지불했는지, 누가 그 건물을 사용했는지, 3차원적인 예술작품으로서의 그 건물은 어떤 느낌을 주는 것인지, 그리고 이와 비슷한 유형의 의문 사항에 관해 관심을 가지고 있다. 건축사학자들의 관심 대상은 옥스퍼드셔에 있는 블렌하임과 같은 장대한 바로크식 왕궁이나, 혹은 하나의 성당에서 랭커셔나 요크셔의 면화농장 인부들, 혹은 광부들 특유의 주택에 이르는 범위가 될 수 있다. 대개의 건축사학자들은 미술사학자에서 출발하지만 디자인사와 마찬가지로 미술사학이란 학문 분야는 곧 그 자체의 기술적 어휘와 자체의 방법론을 갖춘, 매우 전문적인 분야가 된

[도판 13] 〈낭스타조 데글리 오네스티 이야기 중에서 연회 장면〉, 다베드 기를란다요, 지참금을 넣는 상자에 그려진 패널화, 존 G. 존슨 컬렉션, 필라델피아 미술관.

다. 실로 건축사의 접근방식은 미술사적 접근방식들만큼이나 다양한 것이며, 건축물이 강력한 느낌을 불러일으킬 수 있는 역량은, 최근 몇 년 동안 영국의 왕세자가 과거의 건축과 오늘날 이용되고 있는 건축방식 사이의 관계에 대해 특별한 관심을 가져 온 점에서도 충분히 입증된 바 있다. 그럼에도 불구하고 건축사학과 미술사학 사이의 연계는 굳건한 것이며, 전반적으로 볼 때 얻어낼 수 있는 것이 많다. 비록 먼 과거에도 그랬지만 근래에 들어서도 마찬가지로 모든 도회지나 작은 마을에서 훌륭한 건축물들이 철거되는 것은, 개발자의 가차없는 '진보'라는 것을 제때 멈추게 할 수 있도록 우리 주위에 있는 것에 대해 주목하고 이해할 수 없었음을 나타내 주는 우울한 증거이긴 하지만, 결국 건축물이라는 것은 우리의 환경에서 가장 보편적으로 경험될 수 있는 부분이다. 또한 건축가들이 화가나 조각가이기도 한 경우가 많았기 때문에, 비슷한 예로서 미켈란젤로의 회화나 조각을 연구하는 데 있어서 그의 건축가로서의 활동을 빠뜨리고 지나치는 것은 현명치 못한 일이다. 더욱이 건축물에 대한 디자인이나 설계, 그리고 환경에 대한 개발은 또한 온갖 분야의 역사학자들에게 널리 밀접한 관계를 갖고 있는 것들이기도 한 권력·정치·정부·후원, 그리고 생활방식 등에 대한 고려를 필요로 한다.

건축과 조경·장식미술(그 건축물의 여러 방에 걸려 있는 그림들까지도)이 결합된 대저택이나 계획적인 공공 건물은 흔히 단일한 철학적·정치적·미학적 관점의 총체적 표현으로 여겨져 왔다.

예를 들면 지금은 런던 근교에 있는 치직 저택과 같은 곳은 건축사학자와 미술사학자를 끌어들인다. 이 저택에 있는 그림이나 조각·실내장식의 상세한 부분들은 그 각각이 미술사학자들에 의해 연구되어야 할 주제가 될 수 있는 것이며, 저택의 구조는 건축사학자의 주의를 끌게 하는 주제가 될 수 있는 것이다. 조경술(造景術)은 18세기 학도들의 특별한 관심사가 되는 주제인 까닭에, 치직 저택의 정원은 그 자체로서 하나의 시각예술 작품으로 여겨지게 되는 것이다. 만약 우리가 대저택에 관한 연구에 이렇듯 큰 시각을 가지고 접근한다면, 알렉산더 포프가 자신의 후원자이며 그 저택의 건축자이자 소유자였던 벌링턴 백작에게 쓴 서한체 시 〈재산 사용에 대해〉에서 표현하고 있는 것처럼 '부분이 부분에 화답하여…… 어느덧 전체로 되어가는 것'을 보게 될 기회가 있는 것이다.

한편 저택과 별채, 그리고 정원이 딸린 사유지는 과거 다른 시대에 다른 소유자들에 의한 다양한 건축과 수집 행위의 결과물로 여겨질 수도 있는 것이다. 만약 그렇다 하더라도 무엇이 언제 생겨났는지를 우리가 확인하고자 한다면 거기에는 약간 다른 접근방법이 필요하게 될 것이다. 하지만 그 저택과 거기에 딸린 모든 것을 총체적인 것으로 연구해야 한다는 점은 여전히 남아 있다. 우리가 어떤 사유지에 복합적인 건물들이 들어서는 것을 지켜볼 때, 그것이 어떤 사람의 일생 동안의 일이건, 아니면 여러 세대에 걸쳐 일어난 일이건 우리는 후원에 대한 문제들, 즉 어떤 예술가들·건축가들·정원사들이 선택되었는지, 그들이 무엇을 만들었는지, 그들이 얼마의 보수를 받았는지, 그들에게 지불된 돈의 출처는 어디인지 등에 관해서 생각해 보게 된다. 이용할 수 있는 모든 정보들을 이어붙이고, 이것을 소비와 생산이론에 비추어 분석해 봄으로써 '취향'이라는 이름으로 통용되는 파악하기 힘든 역사적인 한 측면에 대한 설명을 확실한 것으로 만들어 볼 수도 있는 것이다.

예컨대 1960년대의 신도시 개발이나 1950년대의 전원도시에 대한 연구에, 그리고 신학적인 사고의 변화나 건축술의 발달, 정부와 지배적인 정책의 변천에 따라 그 외양이 끊임없이 변화를 겪게 되는 교회 건축물의 연구에 마찬가지의 원칙을 적용하게 된다. 그러한 예로서 나폴리의 게수 누오보 교회를 들어 보면, 그것은 1584년에서 1601년 사이에 한 르네상스 시대 왕궁의 정면에 세워졌는데, 그 안에는 흥미로운 정치적·신학적·사회적 역사를 지니고 있는 귀중한 프레스코 그림들이나 교회와 관련된 예술품들이 풍부하게 간직되어 있다. 이러한 모든 것에 대한 가치를 충분히 인식하기 위해서는 그러한 건축물이 마치 살아 있는 유기체처럼 연구되어져야만 한다. 신도시의 경우에는 고용과 여가시간을 보내는 유형, 도시의 용도, 도시의 오래 된 정도, 소유권, 사회적 가동성과 같은 모든 것들이 고려되어야 할 필요가 있다.

미술사학자와 사회사학자가 가장 빈번하게 서로 영향을 미치게 되는 곳은 취향과 후원자 문제에 관한 연구에서이다. 미술사학자에게 있어 가장 어려운 과제들 중 하나는 특정 시대에 특정 주제와 양식, 그리고 예술가들이 인기를 누리게 되는 이유를 설명해 내는 것이다. 이러한 이유를 설명해 내기 위해서는 믿을 만한 사실적 자료들(흔히 그 성격상 경제적인)과 상상력을 동원한 의사소통 행위들을 해석해 내는 능력, 이 두 가지 모두가 필요하다. 우리는 실제로 역사학자와 미술사학자 사이에 금을 긋는 것은 임시방편일 뿐이라고 주장해 볼 수도 있다. 하지만 만약 역사학자가 힘들고 재미 없는 일을 해내야 하는 사람이 아니라면, 미술사라는 학문 분야를 학술적으로 존중되는 것으로 만들기 위해서는 역사학자에게 의지해야 하는 미학자인 미술사학자도 마찬가지로 그러한 사람이 아닌 것이다. 미술사학자들은 자기 자신들만의 연구를 해야 할 필요가 있으며, 그 두 학문 분야는 서로에게 도움을 주어 완전하게 하는 것인 반면, 그 두 학문 분야는 상호 의존적인 것은 아니다. 역사학자들은 미술사에서 다루는 예술 행위, 이미지 조형의 관습, 의사소통, 이념 등으로부터 많은 것을 배울 수 있으며, 동시에 미술사는 역사를 단지 예술의 배경쯤으로 여기는 것 이상의 할 일이 있는 것이다.

우리가 보게 되겠지만 비록 이것이 그 자체의 문제를 야기한다 치더라도 우리가 논의해 왔던 예술 행위들(또는 예술작품들)이 역사학자에겐 증거로 사용될 수 있는 것이다. 하지만 우리가 바로 이 장이 시작되는 부분에서 알게 된 것처럼 미술사학자들이 단지 예술품의 가치를 알아내고 음미하는 역할에만 머물러 있을 수 없는 일이어서, 그들은 예술작품이 지니고 있는 의미를 역사적 맥락에서 풀어내고 평가할 위치에 있어야만 하는 것이다. 그들 나름대로 역사에 대한 연구를 하는 것을 통해서만 미술사학자들은 하나의 그림이 그려졌을 당시에 그것을 본 사람들이나, 혹은 그것을 의뢰한 후원자에게 어떻게 보였을 것인지를 이해할 수 있게 되는 것이다.

취향이나 유행을 연구하는 역사학자 또한 몇 가지 매개체를 연구해야 한다는 문제점을 안고 있다. 현재 국립미술관들의 벽에 걸려 있는 그토록 많은 그림(유럽에서의 전쟁이나 혁명, 그리고 경제적 곤란 덕분인)을 그리도록 의뢰할 재력이 있었던, 과거의 가장 위대했던 개인 자격의 후원자들은 단지 화가들에게만이 아니라 장인들·음악가들, 그리고 시인들에게도 자선 행위를 베풀고 작품 의뢰를 했던 것이다. 물론 후원자 개개인들에 대한 논의에서 우리는 그 자선 행위의 개념에 대해, 그것을 그저 주어진 것으로 받아들이는 것이 아니라 붙잡고 씨름해야 한다. 공적인 단체에 큰 기부를 함으로써 문화유산을 늘리는 데만 관심을 가지고 있는 사심 없는 예술품 수집가에 대한 생각은 서구에 있었던 신화적 사건들에서 두드러져 보이는 부분이다. 예술품 수집가들에 의한 기부 행위들은 그들이 역사 속에서 한자리를 차지하는 것을 보장해 주는 일이다. 자신이 소장하고 있던 엄청난 양에 달하는 유럽의 그림과 장식미술 작품을 뉴욕의 메트로폴리탄 미술관에 남겨 준 로버트 레만은, 천재성을 지닌 예술가에게 동료이자 그에 필적할 만한 인물이며 도움을 주는 협력자로 추켜세우게 만드는 터무니없는 용어들로 그려졌다. 그가 소장하고 있던 작품들(그 자체의 작품 목록을 갖고 있으며, 그의 이름을 딴 건물에 전시되어 있는)을 보러 오는 사람들은 다음과 같은 소개를 받는다.

이제 당신이 관람하게 될 것들은, 교양이 높고 상상력이 풍부한 한 남자가 아름다움과 의미를 지닌 세상을 실현하고자 하는 예술가의 충동과 창조력, 그리고 어떤 경우에 있어서는 절망에 대한 반응의 극치이며 그 산물이기도 한 것입니다. 그 무엇보다도 로버트 레만은 우선 어떤 방식으로 표현된 것이건 작품의 질과 미적인 측면을 아꼈습니다. 그의 자애로움과 더불어 그러한 작품에 대한 그의 끊임없는 탐색으로 이러한 작품들이 수집될 수 있었고, 그를 훌륭한 인물이 될 수 있게 한 것입니다.

(조지 사보, 《로버트 레만 소장품 안내서》, 뉴욕 메트로폴리탄 미술관, 1975년판 서문.)

로버트 레만이 한 것과 같은 선물들은 실로 고결한 행위이며, 과거의 시각적 문화의 예술작품들을 구입하거나 소유할 수 없는 일반인들이 그것들을 대할 수 있는 기회를 제공하는 데 공헌한다. 동시에 전문적인 미술사학자로서 우리들은 작품의 질과 미적인 측면을 아끼는 그러한 사람들의 행동을 지지해 주는 것이기도 한 재정적인 투자가 가지고 있는 힘 ― 그리고 한 나라가 다른 국가의 부분들을 소유하는 것의 강력한 필요성 ― 을 우리들 자신이 깨닫고 있어야만 하는 것이다. 더욱이 우리는 예술작품들이 동쪽과 서쪽(동양과 서양, 그리고 이전의 공산주의 진영과 서구의 시장경제 체제 모두를 의미하는 것으로서의) 사이가 되었건, 혹은 소위 선진국들과 저개발 국가들 사이가 되었건 국가적·문화적 경계선을 건너 움직이는 것의 함축된 의미를 깨달을 필요가 있는 것이다.

이제껏 우리는 취향의 역사가 마치 합스부르크 왕가와 같은 귀족인 후원자들이나 레만처럼 거대한 부를 소유하고 있는 사람들과 유일하게 관계가 있는 것처럼 이야기해 왔다. 우리가 언급한 것처럼 대중문화는 또한 미술사학자 고유의 연구 영역이기도 하다. 이것은 우리가 비용이 값싸게 먹히는 복제방식(석판

인쇄 기술과 같은)의 발전과정을 살펴볼 때나, 19세기에 정기적인 공개 전시회가 시작되고 난 후의 예술작품에 대한 사람들의 반응에 대해서, 혹은 1930년대 독일에서 포스터가 화가들에게 그토록 중요한 표현 수단이 된 점에 대해서 검토해 볼 때나, 어떻게 해서 유행이나 의상이 기록되기 시작한 이래 그 자체로서 창조적인 면을 필요로 하는 영역이 되었을 뿐만 아니라 소위 '고급스러운 예술'이라는 장르에서 활동하는 예술가들에게까지 영감을 주는 것이 되어 왔는가를 살펴볼 때 분명하게 드러난다. 우리는 게인즈버러 시대에 유행했던 복장에 대한 관심이나, 유행을 좇는 의상에 대한 만 레이의 몰두를 열거해 볼 수도 있을 것이다.

우리가 미술사라고 부를 수 있는 단일한 계열의 물음은 존재하지 않는다. 이것은 아주 분명하게 드러날 것이다. 실로 우리가 '예술이란 무엇인가?'라는 기본적인 물음을 회피해 왔다고 독자는 당연히 느낄 수도 있다. 이 책의 목적 중 일부도 믿을 수 없을 정도로 단순한 그러한 물음에 대한 유일한 대답은 존재하지 않는다는 것을 예시해 보기 위한 것이다. 일단 우리가 '예술이란 무엇인가?'라는 문제를 풀기 위해 전념한다면, 우리는 미술사학자라기보다는 철학자가 되게끔 되어 있다는 것이 사실이다. 철학, 특히 미학을 다루는 철학 분야는 미술사라는 학문에 기여해 왔다. 그러나 미술사학자의 역할은 언제나 예술작품을 시간의 흐름 밖으로 불러내어 어떤 것이라고 규정짓는다거나, 혹은 그것을 다른 모든 것과 분리되어 존재하는 천재의 작품으로서 '감상'하는 것이었다라기보다는 동시대의 예술작품은 말할 것도 없고, 그것을 사회·역사적 맥락과 연관시켜 예술작품의 의도나 가치를 분명하게 밝혀내야 하는 것이었다. 과거와 현재를 막론하고 누군가가 예술작품이라고 여기는 것은 그 어떤 것이라도 예술작품으로서 다루어져야 한다.

어떤 것이 본격적인 계열의 물음인가 하는 문제는 여전히 이론(異論)이 분분한 채로 남아 있다. 만일 디자인사학자들이 형태나 포장방식이 특이한 조리용 믹서나 맥주 캔의 변천에 대해 논의하고 있다면, 미술사학자들이 다루어야 하는 지식의 범위는 어디까지가 되어야 하는가? 미술사학자들은 자신들이 다루어야 하는 지식의 범위를 건축 분야로 제한해야 하는가? 이 경우 수도원에서 냉각탑에 이르기까지 모든 것이 포함되며, 거기에 딸려 있는 화가(畵架)에 얹어 그린 그림과 조각·프레스코화·태피스트리나 도자기 같은 장식미술품들까지도 포함되어야 하는데도 그래야 할 것인가? 아니면 그들은 자신들의 전문지식을 다른 종류의 시각적 의사소통의 수단들, 즉 광고·영화·트레치코프(Tretchikov), 그리고 대량 생산된 미술품·의복, 나아가서 스포츠 행사들처럼 우리의 시각적 경험에서 보다 일시적인 것, 또는 우리가 주위에서 날마다 보게 되는 도시 풍경처럼 개인 혹은 집단의 힘으로 제어할 수가 없는 그러한 것들에 대해 사용해야 하는가? 이 장의 앞부분에서 이미 간단하게 언급했던 것처럼 그에 대한 대답의 일부는 예술작품의 질이 문제가 되는 쟁점인가 아닌가에 있다. 그러나 예컨대 연구의 대상이 잘 알려져 있는 프랑스의 회화작품(예를 들면 어떤 방식을 통해서든, 소위 말하는 시간의 시험을 견뎌낸 그러한 작품)이라는 점에 미술사학자들이 동의한다 하더라도 그들은 여전히 이러한 그림들을 추리적인(우리에게 어떤 사물에 대해 말해 주거나 뜻을 전달해 주는) 것으로 봐야 할 것인지, 아니면 감각적인(느낌을 표현하고 구체적인 형상을 전해 주는) 것으로 봐야 할 것인지에 대해서는 의견의 일치를 볼 수 없을 수도 있는 것이다. 이러한 모든 점에 있어서 가장 중요한 것은, 미술사학자들은 그들이 논의하고자 하는 것이 어떤 것이 되었건 그것이 무엇인지에 대해서와, 어떤 방식으로 그것을 다룰 것인지에 대해서 알고 있으며, 그것에 대해 의견교환을 할 준비가 되어 있어야 한다는 것이다.

20세기 후반 동안 미술사학이 하나의 학문 분야로 발전했음을 분명하게 보여 주는 한 가지는, 미술사학자가 논의하고 해석해 내야 할 제재의 범위가 자꾸만 넓어져 가고 있다는 점이다. 또 다른 한 가지는, 이러한 제재를 미술사학자들이나 사회학·심리학·사학·인류학과 같은 다른 학문 분야를 전공하는 사람들이 어떻게 이용해야만 하는가 하는 점에 대해서 활발한 토론이 진행되고 있다는 점이다. 어떤 부족이 사용하는 가면은 훌륭하게 만들어진 작품으로서, 그것이 주는 미적 영향은 이것을 벽에 걸어 전시할 필요가 있게 만든 것인가, 아니면 복잡한 문화의 일부분으로서 제례의식의 관례나 신앙의 유형을 보여 주는 증거인가? 인류학자들은 그들의 연구가 기본적으로 문자를 읽고 쓸 줄 모르는 문화들을 다루어야 한다는 성격을 갖고 있기 때문에 대개는 언어를 사용하지 않는 의사소통의 형식들을 중시하게 된다. 하지만 사회과학과 같은 다른 영역에서는 정확히 그 반대인 경우가 흔한데, 이들 분야에서는 (놀랍게도) 시각적 텍스트들을—— 문자로 기록된 문서들의 경우라면 결코 그렇게 취급하지 않을 것인—— 인상주의적이고 탈역사적인 방식으로 취급하는 경우가 흔하기 때문이다.

화해시키는 역할을 하는 에른스트 곰브리히 경과 같은 학자들의 값진 기여를 통해 우리는 심리학자들로부터 우리가 지각이라고 부르는 것을 형성하게 되는 과정을 좀더 이해하는 방식을 배워 왔는데, 이는 달리 말하면 우리는 어떤 방식으로 사물을 보며, 우리가 보고 배우고 알게 되는 것이 회화 이미지의 형성에서 어떤 역할을 하는가 하는 점이다. 심리학·고고학·화학의 도움으로 우리는 지난 오랜 세월 동안 사람들이 그림을 통해 의사소통을 하려는 시도에 있어서 색깔이 어떤 의미를 지니는가에 대해 약간 더 많은 것을 알기 시작하였다. 인구통계사학자들(인구 증가와 평균 수명의 변화 유형, 연령과 성별에 따른 인구 분포 등을 연구한다)은 미술사학자들이 중세문화에 대한 그들 지식의 기반을 보다 단단하게 갖추는 것을 가능하도록 해 왔다. 예컨대 우리는 오래 전의 시대에는 부모들이 그들의 자식들에게 어떤 태도를 가지고 있었는지를 알기 위해 인구통계학에 대해 알고 있을 필요가 있는 것이다. 그리고 우리는 왕조의 초상화들, 혹은 그들의 부인이나 아이들의 모습을 표현하는 형식을 이해하기 위해서 이러한 태도들에 대해 알 필요가 있는 것이다. 법률사학자들은 순수미술과 장식미술 두 가지 모두에 대한 것을 밝혀 줄 수 있는 재산에 관한 정보(토지이건, 혹은 가재도구이건)의 원천을 미술사학자들에게 제공할 수 있다. 미술사학의 폭과 아울러 인문학 분야 학문들의 상호 의존관계를 입증해 보여 주는 데 도움이 될 수 있는 것들은 이외에도 더 있다.

일부 미술사학자들은 예술작품들이 지니고 있는 의미와, 그것들을 '읽어내는' 방식에서 보다 깊이 있는 이해에 도달하려는 시도로 프로이트의 학설과 후기 프로이트적 학설의 정신분석학적 기법에 의지해 왔다. 그런 한편으로 오래 전에 죽은 예술가가, 말하자면 정신분석학자의 긴의자에 누워 이야기를 털어 놓을 수 있게 부활할 수 있다거나, 예술작품 자체들이 믿을 만한 전기적 자료의 뒷받침을 받아 명백한 의미뿐만 아니라 감춰진 의미도 갖고 있는 것을 인지해 낼 수 있다고 상상하는 것에는 분명 여러 가지 위험한 점들이 존재한다. 참수의 장면들(예를 들면 세례 요한의)은 이처럼 프로이트식의 개인 기록〔혈통·병력에 관한 기록, 정신병 치료용 자료〕을 이용하여 거세(去勢)의 서사로 해석될 수도 있다. 여성들의 모습을 표현한 것은 성적 충동 유발의 이론에 따라 분석될 수도 있다.

그러한 방법은 역사를 관통하는 것이라고 비평가들이 반대할 수도 있는데, 그것은 19세기말 빈에서 고안된 한 이론을 상이한 시간과 장소에서 생산하여, 마찬가지로 제3의 시간과 장소에 있는 학자에 의해 해석된 한무리의 작품에 적용하는 것이기 때문이다. 이 방법은 또한 사회가 아닌 개인을 다룬다. 이 방법의 지지자들은, 이것이 이용하고 있는 것은 프로이트의 이론(그가 환자들을 치료했던 방법이 아니라)이고, 이 이론은 법칙(표현·서사·신화·환상 등의 법칙)에 따라 구성된 것으로서의 문화적 경험에 접근하는 가장 풍부한 방법들 중 하나를 제공하며, 따라서 학자들로 하여금 표현된 어떤 것에 대해 논평하는 것은 그것 자체에 대해 논평하는 것이라는 생각을 뛰어넘어 나아가는 것을 가능케 해준다고 주장한다. 독수리로 표현된 모양이 실제 독수리와 같은 것은 아니니까. 이것은 또한 학자들이 ─ 모든 것은 분명하고 증거가 있는 것이어서 이미 명백하지 않은 의미라는 것은 존재하지 않는다고 주장하는——문화에 대한 상식에 근거한 접근방식의 테두리 밖으로 옮겨가는 것을 허락해 주는 것이다. 이러한 이념의 거부는, 언어학이나 문학에서와는 대조적으로, 특히 미술사학에서 완강하게 지속되어 온 것이다.

프로이트와 라캉이 (프로이트를 재해석하는 데서) 둘 다 여성을 혐오하는 성향을 가진 것으로 비난을 받아 온 반면, 그들의 저술은 여성해방론적 성향의 미술사학자들에 의해 널리 이용되어 왔다는 점은, 한편으로는 이러한 저자들과 그들의 저술에 대한 일반적인 견해 사이를 구분할 필요가 있다는 것과, 다른 한편으로는 그러한 이용이 특정 주제로 만들어질 수도 있음을 강조하고 있는 것이다. 프로이트의 경우, 남녀간의 성적 차이에 대한 그의 끈질긴 주장은 가부장적 사회에 있어서의 시각적 표현 형식을 설명하고자 하는 미술사학자들에게 주요한 동기가 되어 왔던 것이다. 라캉의 경우, 문화를 통한 남녀 성의 정체성 해석에 대한 그의 주장은, 그러한 해석에서의 환상의 역할과 함께 특별히 영감을 주는 것임을 증명해 보였다.

심리학자들은 즉각적이고 강력한 반응을 일으키도록 하는 데는 문자로 쓰여진——혹은 구두의——설명보다 시각적 이미지가 지니고 있는 우세한 힘을 증명해 보이는 데 도움을 주어 왔다. 이것은 왜 시각예술(특히 회화)이 언제나 중요한 선전 가치를 지녀 왔는지에 대한 설명에 어느 정도 근접하고 있다. 선전수단으로서의 예술은 미술사학자의 영역인 것만큼이나 사회역사학자의 영역이 되어 왔지만, 이 두 분야 사이의 협력은 훨씬 더 많은 결과를 얻어내는 것이 될 수 있다. 어떤 지배자의 초상

화가 그 신하들에게는 하나의 선전용품으로 의도된 것일 수 있지만, 화가의 입장에서 본다면 그것은 여전히 상상력을 이용한 활동의 결과인 것이다. 역사적 사실을 무시하는 미술사학자는 위험을 무릅쓰는 셈인 것이다. 고야의 작품인 〈1808년 5월 3일의 한 일화: 마드리드에서의 폭도 처형〉이란 그림은, 그 그림을 그리도록 하는 자극이 되었으며, 그림의 제목에서도 언급된 역사적 사건이란 맥락에서 해석할 것을 요구하고 있다. 고야가 직접 그 사건을 목격했는가(그랬을 가능성은 거의 없다), 그렇지 않은가 하는 점은 그가 표현해 낸 것이 무슨 일이 일어났는가, 혹은 일어날 수 있었는가 하는 일반적인 문화적 지각에 대한 반응을 구성하게 하는 방식들보다는 훨씬 덜 중요한 것이다.

그림으로 되어 있는 문서들은 아주 매력적인 것이어서, 그것들은 너무도 쉽게 역사학자의 텍스트에 활기를 띠도록 만드는 것 같다. 그러나 역사학자가 어떤 일정 시대에 속하는 그림에서 사람들이 어떤 삶을 살았으며, 사람들이 어떤 복장을 하고 있었는가 하는 점과 같은 세부 사항에 대한 믿을 만한 기록을 제공받을 수 있다고 여긴다면 그것은 얼마나 위험한 일인가! 예를 들면 18세기에 게인즈버러는 17세기의 장식적인 화풍인 '반 데이크' 양식의 의상을 입고 앉아 있는 다수의 모델들을 그렸다. 그는 모델들이 그냥 자신들의 옷을 입고 자세를 취해 주는 쪽을 더 선호했지만, 사람들은 이처럼 그의 모델들이 유행을 따르는 것 같은 복장을 하고 자세를 취해 줄 수 있도록 그의 작업실에 그런 옷들을 잔뜩 갖추어 놓고 있는 것으로 생각했다. 17세기의 네덜란드 초상화에는 때로 가족들 중 살아 있는 사람과 마찬가지로 이미 죽은 사람까지 그려넣는 경우가 있었다. 같은 시대의 풍속화들은 흔히 그 당시 사람들의 생활방식에 대한 충실한 기록으로 여겨졌다. 그러나 이제 우리는 얀 스텐의 〈남녀 아이들을 위한 학교〉(스코틀랜드 국립미술관)는 그림의 각 부분에서 각 인간들의 사악함과 덕성스러움을 표현하고 있는, 인생이란 학교에 대한 알레고리라는 것을 알고 있다. 이 그림의 장면은 어쩌면 17세기 네덜란드의 학교 교실과 어느 정도 닮은 모습을 보여 주고 있는 것일 수도 있지만, 화가의 의도가 자신이 관찰한 것을 그대로 반영하는 것이 아니라 인생에 대한 논평인 까닭에 이것이 그 당시 학교 교실의 풍경을 나타내 주고 있다고 여기는 데는 위험이 따를 수 있다. 우리가 사실 그대로를 보도하는 기사로 여길 수 있는 것에조차도 관례가 작용하고 있다. 사진술과 그리고 사실주의 미술에서 사실성을 나타내는 효과라는 것은 주의 깊게 제작된 구성의 결과인 것이다. 그러한 예로서 《런던 화보 뉴스》처럼 사실 기록임을 자처하고 있는 정기 간행물에서도 실상은 오늘날의 상황이 요구하고 있는 대로 폭도들이나 왕의 행렬을, 표준이 되는 도시적 배경을 통해 소개하면서 똑같은 판화를 사용하고 또 재사용하고 있었음이 입증되어 왔다.

회화는 역사학자가 찾고 있는 것과 같은 종류의 사실적 정보를 제공해 줄 수 있다. 더비의 조셉 라이트는 그의 〈공기 펌프 실험〉〔도판 14〕이라는 그림에서 18세기의 공기 펌프를 아주 상세히 묘사하고 있다. 하지만 이와 같은 그림의 내용을 역사적 증거로 사용하는 데 있어 우리는 묘사되어 있는 그 사건의 일부가 되는 역사적·이념적 상황뿐만 아니라 그밖의 모든 알려진 그림이나 언어를 통한 기록을 점검하고 그 화가가 작업을 하고 있었던 지적인, 그리고 상상의 세계에 대한 분위기에 대해 가능한 한 확실하게 이해하면서 신중하고 조심스러워야 한다.

이 동일한 그림이 외견상 기술하고 있는 것처럼 보이는 내용과는 별도로, 작품 속의 심층 구조를 밝혀내려는 구조주의와 관련된 방식을 사용하는 미술사학자에 의해 분석될 수도 있다. 그렇게 해서 이미지를 구성하는 요소들은 기호가 되며, 그것들은 외견상 그림의 주제가 되는 것과는 독립적인, 혹은 모순되기까지 한 의미를 지니는 것이 된다. 이 특별한 작품에는 10명의 인물이 등장하지만 여기 묘사된 인물들의 대부분은 최소한 한쪽 눈이 음영 속에 들어가 있다. 어쩌면 손들이나 구형의 용기와 관련지을 수 있는 이러한 특징들에 대한 논의는, 이 그림(이것의 주제는 과학과 역사)을 눈이 보이지 않는 것과 시력에 대한 담론으로 유도하는 것이 될 수 있다. 언어를 근거로 하는 예술 형태와 관련지어 볼 때 미술사학보다 기호학(기호를 연구하는 학문)은 보다 더 발전된 단계에 있는 것이지만, 그럼에도 불구하고 이것은 직접적·간접적으로 회화 연구에 영향을 미쳐 온 이론이자 실기이며, 영화나 매체 연구에서 널리 마주칠 수 있는 것이다.

미술사학과 문학사 사이에도 또한 여러 가지 밀접한 관계가 존재한다. 화가들과 작가들·음악가들 사이에 존재했던 것으로 알려진 우정(세잔과 졸라, 레이놀즈와 존슨, 티치아노와 아리오스토, 들라크루아와 쇼팽)은 미술사학자들이 각 학문 분야가 어떤 것들을 제공할 수 있는지에 대해 날카롭게 인식하고 있었다는 것을 보증하는 것으로 여겨져야 한다. 또한 그의 작품이 하나의 전체로서 여겨져야 한다고 요구되는 윌리엄 블레이크 같은 시인 겸 화가, 혹은 화가 겸 시인도 존재한다. 문학의 주제였던 것을 다루고 있는 회화에 대한 연구 및 그러한 것과 관련된 책의 삽화 같은 분야는, 특히 만약 다양한 그림 해석을 통해 어떤 문학 텍스트의 내용을 추적하고 있는 것이라면 미술사학자에게 매우 가치가 있는 것이 될 수 있다. 그러한 예로서──이탈리아 르네상스 시대 아리오스토의 이야기에 근거를 둔──그림으로 표현된 이야기체의 사시(史詩), 혹은 19세기 영국에서 맬러리의 《아서의 죽음》 이야기에서 유래한 그림들의 내용을 밝혀내 보는 것은 흥미로운 일이 될 것이다. 하지만 "어떻게 화가가 문학에서는 시간적 순서로 표현되어 있는 이야기를 정적인 매체인 그림으로 옮겨 놓을 수 있을 것인가?"와 같은 물음을 조사하는 데는 이론적인 근거를 필요로 한다. 그림과 시의 상대적인 권능은 고대부터 논의되어 온 것이며, 《말·이미지·표현》과 《본보기》 같은 학술적인 정기 간행물들은 이처럼 지속되는 관심의 증거인 것이다. 각기 다른 매체들──즉 언어학이나 선·색채 같은──이 가지고 있는 특징과 한계점에 관한 분명한 이해와, 회화나 문학의 기능에 대한 인식이 이러한 종류의 연구에서 본질적인 것이다.

읽기는 감상과 마찬가지로 역사적인 위치를 차지하고 있는 것이다. 미술사학자들은 그림에 도입된 글들(삽화가 곁들여진 중세의 원고들, 혹은 신문 조각이 이미지의 일부가 되어 있는 브라크나 피카소의 콜라주)과 문어와 반대되는 구어 사이의 관계에 대해 의문을 제기한다. 문어와 구어, 문어와 이미지 표현 사이의

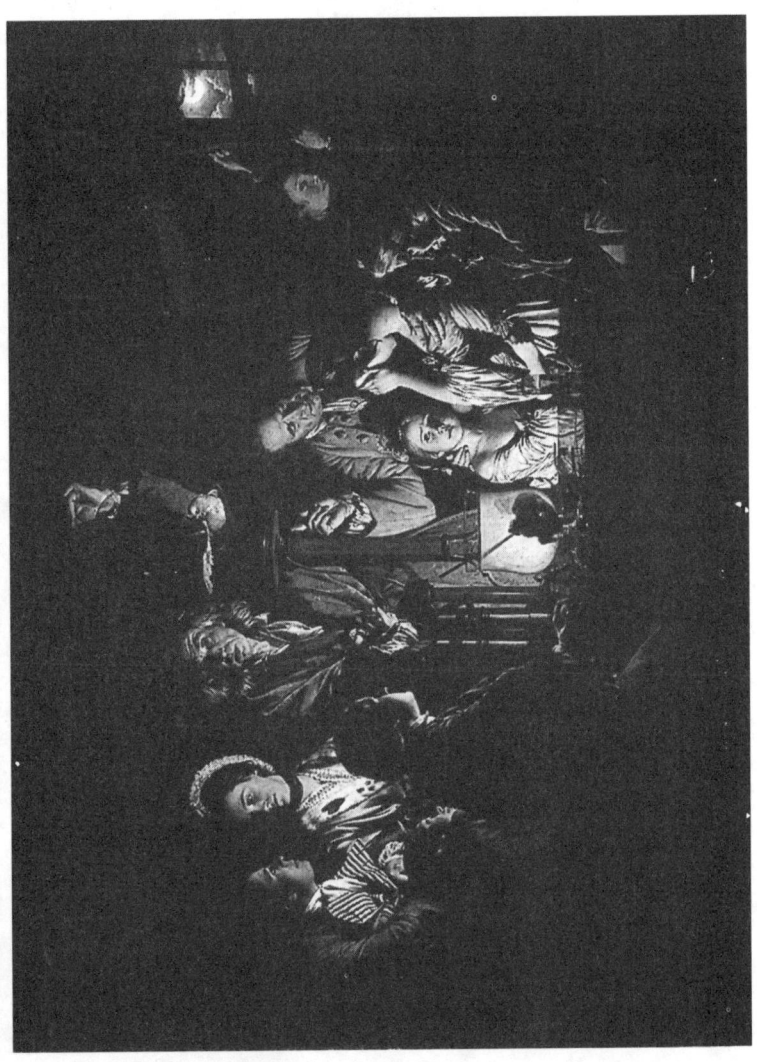

〔도판 14〕〈공기 펌프 실험〉, 더비의 조셉 라이트, 런던 국립미술관 보존위원회의 제공으로 여기에 전재된 것.

순환, 연상작용, 차이, 그리고 보충적인 특징들은 주어진 시간의 그 어떤 순간에 있어서도 일련의 복잡한 역사적 조건들에 의지하고 있다. 이러한 관계들을 회복하는 데는 주어진 어떤 이미지의 의미에 대한 근본적인 재평가로 이어질 수도 있는 것이다.

이 장에서 내가 언급한 것으로 보건대, 미술사학자에겐 연구를 위한 유일한 통로라든가 유일한 예술작품은 존재하지 않는다는 것이 분명해질 것이다. 연구에서 여러 가지 기교가 많이 요구되는 대신 지적인 보상도 그만큼 많아지게 되는 것이다. 다른 어떤 학문 분야(이 말이 적절하다)에서와 마찬가지로 미술사학에서도 책임과 헌신, 그리고 엄청난 양의 연구, 즉 감상하고, 읽고, 질문하고, 탐색하는 노력을 요구한다. 일단 시작하면 당신은 좀처럼 그만두고 싶어하지 않게 된다. 다음에 이어지는 장들은 미술사학의 길로 들어서기 위해 출발한 사람들에게 도움을 주기 위한 것이다.

3

미술사학자들의 연구방법

　미술사학자는 예술품들의 구성과 형식, 그리고 그것들이 제작되었을 당시에 가지고 있었던 실제적이고 상징적인 두 가지 기능 모두를 탐색하고 분석하는 일에 종사하는 사람이다. 그렇다면 학문 연구의 세계에서 미술사학자들은 실제로 어떤 일을 하는가? 이 장의 마지막 부분에서 당신은 미술사학과에서 우등학위를 받고 졸업하는 학생들이 전통적으로 이용할 수 있었던 종류의, 경력을 쌓을 기회들에 대한 논의를 해보게 될 것이다. 비록 이러한 기회들은 그 수도 많고 다양하지만 미술사학과에서 학위를 받는 것은 미술관이나 미술품 박물관이라는 전문직업의 세계로 들어가는 것에 여전히 최대의 필요조건이 되고 있는 것이다. 하나의 전문직으로서 미술사학자들은 자신들을 박물관이나 미술관에서 일하는 사람들과, 그 과목을 가르치는 두 부류의 집단으로 분류하려 드는 경향이 있다. 이러한 분류는 ── 만약 너무 글자 그대로 받아들여진다면 ── 적절치 못한 것이며, 오해의 소지를 안고 있는 것이다. 박물관에서 일하는 사람들은 자신들이 관리하고 있는 예술작품들에 대한 보호와 책임에 대한 것뿐만 아니라 사회봉사를 해나가는 것에 대해서도 이해하고 있어야 한다는 것이 반드시 필요하다. 하지만 그들은 또한 자신들이 수집한 것에 대해 연구하고 목록을 만들어야 하며, 전시회를 준비하고 질문에 대답해 주며, 대개는 가르치는 것을 직업으로 삼고 있는 미술사학자들의 직장 생활과는 거리가 있는 부분인 다른 활동들(즉 그들이 미술관의 교육 부서와 유대관계를 갖고 있지 않다면)을 통해 사회봉사를 해나가야 할 책임이 있는 것이다.

미술관에서 일하게 될 전문가들을 양성하기 위한 적절한 훈련이란 논쟁의 소지가 많은 문제로서, 최근 몇 년 동안에는 역사적 지식이나 역사적 증거가 가지고 있는 변증법적(논쟁에 중점을 두고 있는) 성격에 대한 감각을 요구하는 사람들과는 반대로 이 전문직이 가지고 있는 사업적 경영의 측면을 강조해 왔다. 최근 설립된 것으로 미술관장의 직책과 미술관의 관리 분야에서 '산업적 표준'을 감독하기 위해 세워진 미술관 합동의 훈련기관은 이제 학부 졸업생들을 위한 직업 강좌로서 인증서를 제공하고 있다. 그러한 강좌들에 대한 정보는 박물관협회(런던 이스트 센트럴 1, 클러컨웰 이면도로 42번지), 혹은 규모 있는 공공 도서관에서 찾아볼 수 있는 CRAC 대학교육 강좌 요람에서 얻을 수 있다. 교육과 훈련의 그러한 여러 가지 측면들과 함께 미술관 직원으로서의 훈련은 정부가 감독하는 간섭의 대상이 되어 왔고, 그 결과 일부 교육기관들은 학생들에게 졸업장이나 학사 학위와 함께 HNVQs(국가고등직업자격시험)를 치르도록 요구하고 있다. 작품에 '직접 손을 댈 수 있게' 하는 접근방식을 제공하거나, 비즈니스 연구나 경영에 중점을 두거나, 혹은 학생들의 지적 범위를 계발시키고자 하거나 하는 정도는 강좌에 따라 다르다. 이것은 빠르게 확산되는 분야가 되어 왔으며,

학생들은 제공되는 교육 프로그램과 교육 및 감독 규정 모두를 꼼꼼하게 검토하라는 조언을 듣게 된다. 미술관과 박물관에서의 훈련이라는 이러한 급변하는 상황은 20세기 후반의 영국에서 쟁탈전이 일어나고 있는 영역으로서의 '유산'이 지니는 중요성을 반영하는 것으로, 몇몇 이익 집단들은 국가의 지난날과 관련이 있는 역사적 자료들이나 국가적인 소장품들을 기본적으로 시장성이 있는 자원으로 여기고 있으며, 또 다른 집단들은 이러한 역사적 증거물들의 상호 관련성에 대해 철학적이고 장기적인 안목을 취하고 있는 것이다. 지방 당국들의 관할 아래 박물관이나 미술관들은 이제 회의 시설, 스포츠 행사, 그 지역의 공원들, 그리고 그밖의 다른 오락 시설들과 함께 그것들을 맡고 있는 부서에서 관리하고 있는 경우가 흔하다. 박물관에 소장되어 있는 내용물들(대개 다른 것으로 대신 바꾸어 놓을 수 없으며, 수집이나 소장되는 장소, 그리고 보존과 관련된 일관성 있는 형식의 일부가 너무도 쉽게 파괴되는)은 나무나 덤불숲, 혹은 수영장 시설과 같은 것이 아니라는 사실이 언제나 충분히 이해되고 있지는 못하다.

이 과목을 가르치는 일에 종사하는 사람들도 마찬가지로 당연히 의사소통의 문제들에 대해서, 이용 학생들이 점점 더 증가하는 것에 대해서 교과 내용, 도서관 시설, 장비, 신기술, 경력을 쌓을 수 있는 일자리, 시험 절차 등에 관해 생각하고 있을 수도 있는 것이다. 그들이 어디에 있건 그들은 강의를 듣는 학생들의 수가 증가하면서 분명 강의의 품질을 유지하기 위해 노력하게 될 것이다. 박물관에서 일하는 미술사학자란 사람들은 단지 소장되어 있는 작품들과 그것들의 상태에 대해서만 (재미 없는) 관심을 가지고 있으며, 대학교에서 가르치는 미술사학자들은 단지 (기괴하기 짝이 없는) 관념에만 관심을 가지고 있다는 가정(신문·잡지의 기자들에 의해 조장된 것인)이 언제나 존재한다. 이러한 이야기들은 미술사학이 가지고 있는 특징에 대한 시대에 뒤진 묘사이며, 미술사학이라는 세계에 있어서의 그 어떤 본격적인 행사나 서적의 출간은 박물관이나 교육기관 소속으로서 창조적이고 건설적으로 의견을 주고받을 수 있는 능력을 갖춘 일정 범위의 전문가들을 끌어들이게 될 것이다. 대학교에 몸담고 있는 미술사학자들은 강의나 연구를 위해 박물관이나 미술관 시설을 이용하고, 박물관측은 학계의 전문 의견을 타인, 또는 다른 박물관 소장품을 임대하여 개최하는 전시회를 계획하거나 소장하고 있는 작품에 대한 지식을 늘리기 위해 그들의 보존위원회를 이용(그러한 일이 드물다는 것은 분명하지만)할 수 있는 것이다. 박물관의 관장들로부터 대학교 학생들이 강의를 들을 수 있는 허가를 받도록 주선하는 것은 드물지 않게 일어나는 일이다.

미술사학을 공부하는 학생들은 그들이 받는 수업에서 적어도 일부를, 감독자가 지켜보는 가운데 혹은 그렇지 않은 상태에서 당연히 미술관이나 박물관에서 하는 것으로 예상할 수 있다. 전시된 그림을 앞에 두고 그 앞에서 적은 인원의 학급이 수업을 하는 것에 대한 규정조건은 언제나 이용할 수 있다. (사전에 요청을 해놓는다는 것을 전제로.) 테이트 미술관과 같은 일부 미술관들은 그림에 대해 연구하는 동안 학생들이 앉아 있을 수 있도록 등받이 없는 의자까지 제공하며, 일부 다른 미술관에서는 교과 내용에서 초급 단계가 진행될 무렵 특별행사 일정을 잡거나 전시회를 계획하기도 한다. 미술사학자들은 인기를 끄는 사람으로서의 성공의 결과를 거두어들이고, 미술관들은 그림들을 꼼꼼하게 살펴보려는 관람객들로 자꾸만 더 붐비게 되기 때문에 참을성과 아량은 이러한 종류의 현장학습에서 불가결한 조건이다. 런던 국립미술관은 이것이 지나친 인기를 끄는 결과로 인해 학교에서 단체로 나오는 현장학습자들을 제한하는 일부 규정을 마련하지 않을 수 없었다. 보티첼리의 〈마르스와 비너스〉〔도판 6〕를 관람하기 위해 그 앞에 사람들이 줄을 서 있다거나, 쇠라의 〈아니에르에서의 물놀이〉에 나타나 있는 점묘화파의 붓자국 효과를 알아볼 수가 없게 된다면 그 누구에게도 득이 될 게 없는 것이다.

어떤 교육기관들은 박물관의 한 부서와 특별한 관계를 맺어 강좌를 개설하며(예를 들면 캠버웰 예술학교는 학생들이 대영박물관의 판화 및 소묘 부서에서 공부를 할 수 있게 하는, 판화 제작의 역사에 대한 학사 학위과정을 운영하고 있다), 다른 교육기관들(글래스고·이스트 앵글리아·맨체스터대학교와 같은)은 수업에 이용할 수 있는 작품들을 소장하고 있는 자체 미술관들을 가지고 있다. 경력을 쌓고 매주 일정 시간 박물관에서 일해 보는 경험을 갖기 위해 여름방학의 일부를 할애하고자 하는 학생들을 위해 여러 박물관이나 미술관에서는 제한되어 있긴 하지만 그럴 만한 가치가 있는 가능성을 지닌 자원봉사의 일자리를 제공한다. 여러분이 이런 일을 하고자 한다면 그 첫번째 단계가 어떤 부서이건 여러분이 들어가서 일하고 싶은 생각이 있는 부서의 관리자에게 편지를 보내는 것이다. 미술사학자협회의 학생부에서는 박물관이나 미술관에서의 이러한 '과도기적' 자리에 대한 정보를 제공하기도 한다. (런던 이스트 센트럴 1N 6BP, 클러컨웰, 카우 크로스 가, 카우 크로스 이면도로, 미술사학자협회, 사무관. 전화: 0171-490 3211; 팩스: 0171-490 3277.)

예술작품의 역사에 관한 저술은 모든 미술사학자들이 공통적으로 가지고 있는 책임이다. 회화나 다른 예술작품에 대한 연구와 문서화 작업은——예술에 대한 사상이나 그것의 기능에 대한 연구, 전시회나 혁명, 혹은 기술의 발견, 그리고 관람객들의 반응에 대한 조사, 예술적 창의성 등과 같은 굵직굵직한 사건들에 대한 조사에서와 마찬가지로——미술사학자들을 미술관으로, 도서관으로, 문서보관소로, 그리고 과거와 현재의 사회에 대한 정보를 보관하고 있는 온갖 장소로 향하게 만든다. 이 작업은 또한 미술사학자들을 예술가의 작업실, 영화나 텔레비전 스튜디오, 혹은 공장이나 상점을 찾게 만들 수도 있다. 특별 전시회를 위한 것이든, 또는 영구 소장품을 위한 것이든 안내책자를 만드는 일은 예술사적 연구나 저술 또는 교육이 기초하고 있는 근거를 제공한다는 주장이 통설이다. 어떤 미술사학자들은 문서 조사보다는 해석이나 지식의 수용에 온갖 노력을 다 기울이는 수도 있지만, 어떤 작품에 대해 감정하고 그것에 대해 글을 쓰는 일(비록 그 목적이 소위 사실 기록에 있는 것이라 할지라도)도 그 자체로 이미 해석 행위인 것이다. 경험적인 연구라는 하부 구조와 이론과 해석이라는 상부 구조가 있다는 생각은 사실에 대한 허위 입증이며, 예술작품과 그것이 발생시키는 의미들 사이의 난해하고도 복잡한 관계를 인식하지 못하게 하는 쪽의 결과를 가져오게도 할 수 있다.

다른 학문 분야에서의 전문가, 즉 다른 직종이나 협회와는 완전히 독립적으로 의문을 제기하고 그에 대한 답을 찾는 사람, 혹은 그 중에서도 가장 중요한 작품 활동을 하고 있는 화가 또한 미술사적 행위에 종사하는 것일 수도 있는 것이다. 건축사학자가 만약 인간의 손으로 만들어진 주위 환경을 단순히 그것을 바라보는 하나의 대상물, 혹은 일련의 대상물로서보다 하나의 총체적인 것으로 보고, 그것이 어디에 자리잡고 있으며, 누가 그것을 사용하며, 미래에는 그것이 무엇으로 될 것인지에 대해 생각해 볼 작정이라면 건축기사 혹은 벽돌공, 혹은 용접공으로부터 각기 다른 자재들의 특성에 대해 배워둘 필요가 있다. 이와 비슷하게, 미술사학자도 고려의 대상이 되어야 할 안료의 역사가 존재함을 염두에 두면서, 언급되고 있는 작품이 고대의 예술작품이건 동시대에 제작된 것이건 화가에게 색채와 소재에 대해 물어보아야만 하는 것이다. 오래 된 회화작품에 사용된 안료를 분석하는 것은 고도의 전문적인 행위로서 실험실이라는 환경에서 행해져야 하며, 화학에 대한 상당한 지식을 요구하는 것이지만, 미술사학자들은 일반적으로 그 예술작품이 제작된 실제과정에 대해 모른 척하고 여유를 부릴 수는 없는 일이다.

때로 유일한 해결책은 작품의 재료를 가지고 확실하게 시험해 보는 것이다. 문제가 되는 것이 만약 어째서 폴리스티렌으로 만든 조각작품은 즉각 알아볼 수 있는 특징을 지녔는가 하는 점이라면, 그 재료를 가지고 시험삼아 작품을 만들어 볼 필요가 있다. 이와 비슷하게, 하나의 매체로서의 수채물감이 지니고 있는 질감을 감상하는 데는 실제로 그것으로 그림을 그려 보는 것보다 더 좋은 방법은 없다. 이러한 계획들에 있어서의 미술사학자의 목적은 화가가 추구하고 있는 목적과는 다르게 마련인

데, 그 이유는 미술사학자의 일차적 관심은 예술품을 창조해 내는 것이 아니라 미술작품을 만든 재료가 어떤 반응을 보이는지 관찰하는 데 있기 때문이다.

화가에게서 배우는 원칙은 작품의 재료뿐만 아니라 어떤 경우에는 작품의 주제에 대해서까지도 적용된다. 예를 들면 회화에서 화가가 겪게 되는 특정 문제점들(시각적인 것이든 실제적인 것이든간에)은 겸손하게 그녀 또는 그 자신이 화가의 입장이 되어 생각해 볼 준비가 되어 있는 미술사학자들에 의해 가장 잘 이해될 때가 있을 수도 있다. 논의되고 있는 주제가 렘브란트나 보나르의 어린이에 대한 묘사라고 한다면 미술사학자는 얼마 동안 실제로 어린이들을 그려 보려고 시도해 보는 것이 도움이 될 터인데, 그 이유는 그렇게 해보아야 어린이들은 잠들었을 때를 제외하면 1분 이상 조용히 멈추어 있지 않는다는 사실(잠들어 있는 어린이들을 그린 화가들이 얼마나 많은지를 보라!)과, 어린이들의 몸은 머리와 비교했을 때 그 비례가 어른의 그것과 매우 다르다는 사실을 인정하는 것이 가능해진다. 우리는 그러한 사실을 책에서 읽은 적이 있기 때문에 이것이 사실이라는 것을 알고 있을 뿐이다. 어린이를 그려 보려는 시도를 통해서만 우리는 그것을 깨닫게 되는 것이다.

만약 우리가 샤르댕이나 마티스의 정물화에 흥미를 가지고 있다면 정물화를 그릴 수 있게 몇 가지 대상물들을 따로 떼어 놓거나 모아 놓고 나서, 그것의 주위를 한 바퀴 돌면서 그것을 꼼꼼하게 관찰하여 얼마나 많은 방식으로 볼 수 있는지, 혹은 거기 놓인 대상물들에 대해 우리가 가지고 있는 지식을 얼마나 그림으로 표현할 수 있을 것인지에 대해 면밀하게 생각해 보는 것도 대단히 그럴 만한 가치가 있는 일이다. 어린이에게 모아 놓은 몇 가지 대상들에 대한 정물화를 그려 보라고 시키면, 아이는 대상물 하나하나를 따로 떼어 관찰하고 그것들을 독립된 것으로 그려 놓는다. 우리는 우리 자신이 이보다는 더 낫게 그릴 수 있으리라고 생각할 수도 있겠지만, 모아 놓은 서로 상이한 몇 가지 대상물들의 기능·형태·크기·색채·질감 등의 관계를 보고 이해한다는 것은 놀라울 정도로 어려운 일이다.

비슷하게, 풍경화에 대해서 생각해 볼 때에도 앉아서 보이는 하나의 풍경을 선으로 묘사하거나 채색하여 그려 보려고 시도해 보는 것은 도움이 되는 훈련이다. 요소들을 하나의 구성물로 조직해 내는 데서 생겨나는 문제는, 무슨 일인지 알고 싶어하는 행인들이나 호기심을 보이는 가축들과 날씨, 우리가 묘사하려는 목가적 풍경의 전원에 어울리지 않는 전신주들 따위가 주는 어려움과 함께 금방 분명해진다. 그러한 훈련을 통해 우리가 배우는 것은 모든 형식의 표현이 갖는 조립된 것——즉 인공적인 것이라는 성격——은 우리가 '사실주의적'이니 '자연주의적'이라고 이름 붙이는 경향이 있는 것과는 전혀 어울리지 않는다는 점이다.

이 책의 처음 몇 장들에서 밝혀졌지만 미술사학자들에게는 정해진 방식이라는 것이 존재하지 않는다. 다른 학문 분야들에 있어서와 마찬가지로 미술사학자가 연구하는 방식은, 채택된 방식뿐만 아니라 다루려는 소재와 제기된 의문점의 성격에 의해 크게 좌우된다. 우리가 할 수 있는 일은 미술사학자들이 가장 공통적으로 사용하는 방편을 설명하고, 우리가 미술사학이라고 알고 있게 된 것을 우리에게 전해 주기 위해 걷게 될 연구라는

예술품에 대한 질문표

출발점

- 누가 그렸는가?
  - 어디에 소장되어 있는가?
    - 어떻게 해서 거기에 소장되게 되었는가?
    - 언제 거기에 소장되게 되었는가?
    - 누가 그것을 사들였는가?
    - 그 까닭은 무엇인가?
    - 비용은 얼마나 들었는가?
  - 관객은 어떤 사람들이었는가?
    - 현재의 관객은 어떤 사람들인가?
  - 어떤 방식으로 표현되고 있는가?
  - 과거에는 어떤 의미였는가?
  - 현재는 어떤 의미인가?
- 무엇을 그린 작품인가?
  - 누구를 위해 만든 작품인가?
    - 작품의 재료는 무엇인가?
    - 작품의 상태는 어떠한가?
    - 이것이 유일한 작품인가?
    - 작품 안에서 어떤 상황이 진행되고 있는가?

128 미술사학 입문

길의 여정을 지적해 보는 것이다. 비록 질문들이 위치해야 할 정확한 순서는 아예 결정되지 않은 것으로 남아 있어야 할 필요가 있는 것이긴 하지만, 이러한 논의를 하는 데는 한 가지 도식(과 일련의 질문들)이 우리에게 도움이 될 수 있다. 분명히 말하면, 내가 논의하고 있는 예술작품이란 것은 회화이지만 그것은 또한 한 점의 조각작품이 될 수도 있고, 동양의 꽃병이 될 수도 있는 것이며, 몇 가지의 대상물이 될 수도 있는 것이고, 혹은 스톤헨지나 〈자유의 여신상〉처럼 자연물과 인공물의 조합이 될 수도 있는 것이다. 아니면 실제로 이것은 국립박물관의 설립이나, 어느 해에 해당하는 예술평의회의 정책과 같은 하나의 행사가 될 수도 있는 것이다. 분명 도식에서 제기된 것과 같은 종류의 물음들은 논의되고 있는 대상물이나 행사의 종류에 따라 다양하게 나타나게 될 것이다. 내 물음들은 우리가 중세 이후의 서양 회화를 다루고 있다는 가정에 기초한 것으로서 도식적 성격의 이러한 훈련은 물론 서로 다른 종류의 물음들 사이에 존재하는 복잡한 관계들을 은폐하고 있지만 내가 이것을 시도한 것은 한 가지 종류의 물음이 어떻게 또 다른 종류의 물음으로 이어지는가를 보여 주려 했던 것이다.

물질적 대상으로서의 회화

미술사학자가 자신에게 맨 처음 제기하는 물음들 중의 하나는 '내가 무엇을 보고 있는가?' 하는 것이다. 이것은 분명한 사실을 진술하고 있는 것으로 여겨질 수도 있지만, 화려한 35밀리

미터짜리 코다크롬 컬러 슬라이드나 반짝이는 흑백사진이 진품 예술이 아니라는 사실을 놀라울 정도로 쉽게 잊는 것이다. 분명 정상적으로라면 인도의 세밀화(細密畵)나 반 고흐의 작품을 집으로는 들고 갈 수 없는 것이어서 현대적인 복제 기술을 이용해야만 하지만, 우리는 이러한 자료들을 사용하는 데에 내재된 위험성을 분명히 자각하고 있어야만 한다.

대부분의 미술사학자들은 사진을 사용하는데, 그 점은 작품의 진품을 넘겨받을 수 있을 때조차도 그러하다. 비교라는 목적에 사진은 꼭 필요한 것이다. 우리는 우리가 가지고 있는 그림의 사진을 동일한 화가가 그린 다른 작품과, 혹은 다른 화가들이 그린 비슷한 작품들과 비교해 보고자 할 수도 있는 일인데, 그렇게 할 수 있는 유일한 방법은 우연히 그 작가의 알려진 모든 작품들과, 또 그것들과 비교될 수 있는 다른 작품들이 잔뜩 걸려 있는 대규모 전시회를 이용할 수 있게 된 경우가 아니라면 (하지만 그럴 수 있는 경우에조차도 누군가가 그 화가에 대한 자신의 특정한 견해를 입증해 보이기 위해 그 그림들을 선택했다는 사실을 기억하라. 이 경우만 그런 것이 아닐 것이다), 우리가 가지고 있는 사진으로 된 작품을 들고 가서 그 목적하는 그림과 나란히 들고 보는 것이다. 아니면 우리는 시각적 연관성에 대한 탐색에서 그것들을 도서관에 있는 서적의 삽화와 나란히 놓아 보기를 원하게 될 수도 있다. 미술사학자들이 소실되었거나 훼손된 예술작품의 모습을 재구성하기 위해 애쓰고 있는 스스로를 발견하는 것은 때때로 일어나는 일이다. 이럴 경우에 사진이나 판화, 혹은 그밖의 다른 종류의 복제품들은 진행중인 연구에 특별하며 중요한 연관성을 지니게 된다.

기술을 중시하고 있는 20세기에 예술작품에 대한 정의는 엄청나게 복잡한 일이다. 우리는 더 이상 '진품'이니 '복제품'이니 하는 단순한 용어들을 말할 수 없게 되는데, 그 까닭은 많은 화가들 스스로가 그들의 작품에 바로 그러한 복제 기술을 이용하고 있기 때문이다. 이러한 이유와 다른 몇 가지 이유들로 해서 일부 학자들은 전적으로 '예술작품'이라는 용어의 사용을 피하고 있기도 하다.

예술작품을 만들 때 사용되는 소재는 전색제〔medium; 물감을 화포에 붙어 있도록 해주는 재료. 예를 들면 유화에서는 기름이, 템페라화에서는 달걀 흰자나 고무액이 그것이다〕라고 불린다. 그림의 전색제가 무엇인지를 결정하는 것은 매우 단순한 문제처럼 여겨질 수 있다. 그러나 실상 기술에 대한 물음은 매우 복잡한 것이 될 수도 있는 것이다. 보존과 복원에 관심이 있는 사람들은 소재에 대해서와, 그것들이 특정 조건에서 어떻게 반응하는가에 대한 매우 상세한 지식을 필요로 한다. 나무에 칠을 한 중세의 제단 뒤편의 위쪽 장식이 습기나 열에 노출되면 어떻게 되는가, 그리고 잡다한 전색제들로 이루어진(예를 들면 플라스틱, 낡은 헝겊, 철사로 된 망, 아크릴 물감 등과 같은) 오늘날의 예술작품은 시간이 지나면서 어떻게 되는가 하는 점은 전문적인 복원 기술자들이 가지고 있는 의문점들인 것이다. 그러나 개개의 미술사학자나 학생·교사, 그리고 연구자들도 예술작품의 전색제를 인식할 수 있어야만 한다. 이러한 점은 물감의 유형(예를 들면 유화·수채화 그림물감·구아슈·아크릴 등과 같은)뿐만 아니라 그것이 어디에 칠해졌는지에 대해서도 알 수 있어야 하는 것을 포함한다. 보다 진보된 분야에서 연구하는 전문적인 미술사학자는 경우에 따라서는 화학에 대한 지식과 라틴어나 이탈리아어로 된 기술(技術) 논문을 읽어낼 수 있는 능력, 그리고 훌륭한 현미경과 적외선 사진촬영 장비를 이용할 수 있는 능력을 필요로 하기도 한다.

그림의 전색제에 대해 생각하는 것과 동시에 미술사학자는 그것의 상태를 점검해야만 될 것이다. 그림이나 다른 예술작품들은 사고나 관리 소홀, 덧칠, 악의는 없는 것이었지만 무지막지한 청소 등으로 인해 상당한 손상을 입어 온 경우가 흔했다. 그림이 처음 그려졌을 때 그것이 어떻게 보였을 것인지를 결정하려 하는 것은 판단력과 통찰력을 필요로 한다. 문제가 되고 있는 그림이 미완성인 채로 남아 있는 상태라면, 그것을 그린 화가의 다른 작품으로서 문제되는 그 그림과 밀접한 관련성을 지닌 것으로 여겨지는 다른 그림을 고려해 보고 합리적인 고찰에 근거한 결론을 내리는 것이 필요할 수도 있다.

사진은 길버트와 조지의 그림에 사용된 엄청나게 큰 화포에서부터 가장 작은 17세기 세밀화에 이르기까지 모든 것이 똑같은 크기인 것과 같은 인상을 만들어 내게 되는 경향이 있다. 따라서 미술사학자는 고려중인 작품의 치수를 기록해 두는 것이 반드시 필요하다. 만약 관심의 대상이 되고 있는 그림이 액자에 표구가 된 것이라면 그 액자는 그림이 그려졌을 당시의 것일 수도 있으며, 그림이나 그것을 그린 화가에 대해 우리가 뭔가를 알 수 있게 해주는 것일 수도 있다. 액자가 무시되어서는 안 되지만 그러한 그림들에 대해 기록된 치수가 액자까지도 포함하는 것인지 그렇지 않은 것인지를, 그리고 그림 부분에 대한 치수인지 화포 전체에 대한 치수인지를 분명히 해야만 한다.

액자에 대해서 말하자면, 그것은 화가가 그림이 나타내 주고 있는 내용을 반영하고 보충해 줄 수 있게 하기 위해 설계하고 제작한 것일 경우도 있다. 라파엘 전파(前派)의 화가인 윌리엄 홀먼 헌트는 자신의 그림 대다수를 그림을 보는 사람이 그림의 의미를 이해하는 데 도움이 될 수 있는 문구나 상징적인 문양이 담겨져 있는 액자에 표구하도록 조처했다. 액자에 표구를 하지 않은 오늘날의 그림들을 다룰 때조차도 어느 위치에서, 그리고 어떤 방식으로 그림의 표면이 한정되어 있는지를 발견할 수 있게 경계선과 가장자리를 정말 면밀하게 조사해 보는 것이 필요하다. 미술관들이나 판매하는 작품들의 목록에서 우리는 흔히 '누구의 작품인'이라든가, '어느 유파의'라는 말들이 화가의 이름 앞에 나와 있는 것을 대하게 된다. "이 그림은 누가 그렸는가?"와 "그것은 언제 그려졌는가?" 같은 물음에 대답을 준비하는 것은 아마도 미술사학자의 가장 오래 되고 가장 전통적인 작업이다. 한때 미술사학자들은 오로지 그림의 양식을 근거로 작품을 특정 작가의 것으로 귀속시켰었다. 예를 들면 루벤스의 알려진 모든 다른 그림에 등장하는 인물들은 모두 확대된 것처럼 커다란 발가락을 지니고 있다는 이유로 해서 어떤 한 점의 소묘는 루벤스의 것일 리가 없다거나, 혹은 어떤 한 점의 그림은 나무들이 틴토레토의 알려진 다른 모든 그림들과 같은 양식으로 그려져 있기 때문에 이 화가의 작품임에 틀림없다거나 하는 식으로 말할 수도 있었던 것이다.

오늘날은 미술사학에 인문사회과학의 모든 기술적인 분야들을 보다 널리 응용하고 역사적인 측면을 점점 더 중시하게 되면서 순수하게 미술품의 양식에 대해서만 연구하는 것은 이전

보다는 덜 두드러진 것이 되어가는 추세이다. 누구나 보고 인식하는 것을 배워야 하지만, 과거에는 보고 알게 되는 것을 신비함을 숭배하는 분위기로 감싸 놓는 경향이 있어 왔다. 보는 것뿐만 아니라 이해하는 것 또한 중요한 것이다. 내 친구 중 하나는 언젠가 미술품 감식전문가를 증기기관이 어떻게 작동하는지, 누가 기관사이고 누가 승객들인지, 혹은 그 기차가 어디서 출발하여 어디로 향하는지조차도 모르고 있는 노련한 열차 애호가에 비유했던 적이 있다.

표현양식에 의한 분석은 그림을 보는 사람이 그 그림에 대한 보다 폭넓은 이해를 할 수 없도록 눈을 가려 놓는 것이 될 수도 있으며, 결과적으로 어떤 한 화가의 작품 안에서 표현과 의미의 다양성과 복잡성을 인식하지 못하게 하는 것이 될 수 있다. 그럼에도 불구하고 우리는 여전히, 오랜 세월을 한 화가의 작품 제작방식과 다른 화가의 그것 사이에 존재하는 특유의, 그리고 미세한 차이에 익숙해지는 데 보냈으며, 눈으로 보기만 해도 그 작품이 어떤 화가의 것이란 것을 알 수 있는 능력을 갖춘 사람인 미술품 감식전문가의 직관적인 능력을 인정할 준비가 되어 있어야 한다. 적잖은 수의 예술작품들이 적절한 순간에 행사된 미술품 감식전문가의 기술로 인해 망각 속으로 사라지는 것으로부터, 그리고 쓰레기를 태우는 화톳불로부터도 구출되어 왔으니까.

우리가 가지고 있는 그림을 누가 그린 것이라고 말할 수 있게 되었다고 가정한다면, 그 다음 물음은 '언제 그려진 것인가?' 하는 점에 대해서일 것이다. 만약 그 화가의 작업실이나 작업일지가 현재까지 존재하고 있거나, 아니면 그 그림이 화가의 생전에 전시된 적이 있다면, 우리는 꽤 분명하게 그것이 언제 그려졌는지를 말할 수 있게 될지도 모른다. 그렇지 못하다면 우리는 출간되었거나 원고 상태인 전기나 서한, 혹은 비평문에서 얻어낼 수 있는 그 화가의 인생과 관련된 어떤 사실이든지 그것들에 의지해야만 한다. 우리가 가지고 있는 그림을 그 화가가 그린 모든 알려진, 그리고 연대가 밝혀진 그림들(그림의 표현양식과 주제·기법들을 고려해서)과 비교하는 것 또한 언제 그것이 그려졌는지를 결정하는 데 도움을 줄 수 있다.

우리가 가지고 있는 그림은 제작자가 밝혀져 있지 않거나, 한 개인이 아닌 일군의 화가들과 연관되어 있는 것일 수도 있다. 이러한 경우에는 '어디서 그려진 것인가?'라는 물음이 '언제 그려진 것인가?' 하는 물음만큼이나 중요한 것이다. 그 그림이 어떤 특정 시점에 특정 장소에서 그려졌다는 것을 밝혀낼 수 있고('로마에서 1790년에,' 혹은 '뮌헨에서 1930년에'처럼 적혀 있을 수도 있다), 그밖의 주제와 양식·기법에 대한 모든 증거가 그 특정 장소에서 특정 시점에 작품 활동을 했던 어떤 유명한 화가의 것임을 가르쳐 주는 것이라면, 그것은 우리가 그 작품이 '누구에 의해 그려진' 것이라는 명패를 사용해도 될 정도로 강력한 주장이 될 수 있는 것이다.

하나의 기록문서처럼, 그림은 그 화가의 전체적인 발달과정에 대한 정보를 제공해 줄 뿐만 아니라 그 그림이 그려졌던 시대에 관해서도 알 수 있게 해준다. 하나의 예술작품에 대한 비평문들은 그것이 가지고 있는 역사의 일부이며, 따라서 우리는 그림이 그려졌을 당시 그 그림을 본 사람들이 그것을 어떻게 받아들였는지, 그리고 그 이후로 죽 사람들은 그 그림에 대해 어떻게 생각해 왔는지에 대해 알고 싶어한다. 화가의 후원자들, 비평가들, 다른 화가들, 화가의 친구들이나 친척들이 어떤 생각을 가지고 있었는지, 우리가 참고로 할 수 있는 의견의 범위가 넓으면 넓을수록 더 좋다. 어쩌면 그 그림은 그러한 기록이 거의 전해지지 않고 있는 시대에 그려진 것일 수도 있다. 그럼에도 불구하고 그것이 그려질 당시의 상황과 사회적 환경을 재구성함으로써 그 그림은 하나의 기록문서로서 값을 매길 수 없을 만큼의 가치와 흥미의 대상이 될 수 있으며, 무엇보다도 중요한 것은, 그러한 행위를 통해 우리는 어떤 방식으로 믿음이나 태도가 단순히 그림에 반영되어 있기만 하는 것이 아니라, 이미지들 속에서 조합되고 흩뿌려져 있게 되는지를 이해하기 시작할 수 있다는 점이다.

텍스트로서의 그림과 그것의 소비

내가 여기서 그림을 텍스트라고 부르는 것은 그림이 한 편의 글과 같다고 생각되어서가 아니라 그것이 가지고 있는, 어떤 것은 자명하고(이것은 집, 혹은 말(馬)의 이미지이다), 어떤 것은 일련의 연상을 이끌어 내는 것에 의해서만 찾아낼 수 있는(루벤스가 자신의 당당한 저택을 보여 주고 있는 〈헷스틴이 보이는 풍경〉에서처럼, 오두막보다는 대저택이 집과 권력의 관련성을 암시해 줄 수 있는 것이 될 수 있다)〔도판 15〕 의미들에 관해서 질문을 하고 의문을 가져볼 수 있는 대상이라는 것을 가리키기 위해서이다. 더욱이 그림을 텍스트라고 부름으로써 우리는 모

[도판 15] 〈헷스틴이 보이는 풍경〉, P. P. 루벤스, 런던 국립미술관 보존위원회가 제공으로 여기에 전재된 것.

미술사학자들의 연구방법 129

든 것이 외견상 드러나 보이는 표시에 의해 설명될 수는 없다는 것, 즉 그림이 지니고 있는 의미는 어디서, 어떤 방식으로, 그리고 누구에 의해 소비되는지에 의해 결정되는 것을 가리키고 있는 것이다. 논증을 위해서 루벤스의 그림을 한 무리의 유럽 연합 농부들, 애리조나의 사막지대로 이민 온 한 벨기에인, 역사에 관심을 가지고 있는 생태학자, 그리고 원근법에 대한 수학전문가가 봤다고 치자. 이들은 각기 이 그림에서 일련의 다른 의미들을 인지하게 될 것이다. 이 그림이 현재 걸려 있는 런던 국립미술관에 전시되어 있는 것이 아니라 시카고의 도심에 있는 가난한 빈민가에, 혹은 리히텐슈타인에 있는 한 백만장자의 성채에, 아니면 순회 전시의 일부로서 멕시코시티에 전시되어 있다고 상상해 보라. 어떤 전시실에 다른 그림은 하나도 없이 이 그림만 달랑 전시되어 있다거나, 루벤스의 다른 풍경화들이 죽 전시되어 있는 가운데 걸려 있다거나, 아니면 화가들이 자신들의 집을 그린 여러 그림들을 특색으로 하는 전시회 소장품의 일부로서 걸려 있다고 상상해 보라.

우리는 여기서 회화적 이미지를 다루고 있는데, 말하자면 그것은 우리 주위의 세계에서 우리가 인식하게 되는 것을 표현하고 있는 것이다. 따라서 우리의 분석은 그림의 다양한 부분들이 이러한 이미지들을 통해 전달하고자 하는 것들에 중점을 두게 된다. 만약 그 그림이 표상적이 아닌 것, 즉 추상적인 것이라면 우리는 그것을 서로간에 관련을 짓고 있으며 보는 사람에게 물질적이건 비물질적이건 일련의 연상작용을 일으키는 형태와 형식에 관련지어서 뿐만 아니라, 안료와 색채가 주는 시각적·감각적 자극을 주는 특성이란 측면에서 그것을 논의하게 될 것이다. 하나의 상징적인 이미지는——따라서 우리가 인식하는 어떤 것, 혹은 그것에 대한 관념을 가지고 있는 어떤 것과 일치하는——화가에 의해 표현된 기호인 것이다. 한 무리의 이미지들—— 말하자면 집·가로수·아이·개와 같은——은 나란히, 혹은 다른 것과 결합되어 놓여 있게 되면 하나의 독창적인 시각 언어를 구성하게 된다. 그림에 대한 논의는 이것을 그림의 외부에 존재하는 지시체계로부터 구별되는 시계로서 주목할 수도 있다. 이미지는 눈에 보여진 세계를 반영한다기보다는 표현한다는 사실을 지적하기 위해 묘사된 사물, 혹은 사물들은 그 이미지의 '지시 대상'이라고 지칭될 수도 있다. 이처럼 그림을 텍스트처럼 논의하는 것은 그러한 기호들이 전달하고 있는 관념, 혹은 관념들을 보다 완전하게 이해하기 위해 그것들을 분석하는 한 가지 방법인 것이다. 그것들이 어떻게, 그리고 왜 그러한 기능을 하게 되는지를 이해하는 것은 주어진 그 어떤 의미를 찾아내는 것만큼이나 중요한 일이다. 다른 말로 하자면, 그림을 하나의 텍스트로서 검토하는 것은 어떤 수준에서는 관념이 어떤 방식으로 암호로 변화하는지에 대한 연구인 것이다. 또 다른 상호 연관된 수준에서 이것은 어떤 방식으로 이러한 암호들이 각기 다른 상황·장소·시대에 속한 이미지의 소비자들에 의해 '읽혀지게' 되는지에 대한 연구이다.

17세기 네덜란드의 회화는 우리가 17세기 네덜란드라는 국가 안으로 들어가 볼 수 있게 허락하고 있는, 분명하고 정확해 보이는 길을 가지고 있다는 점 때문에 오랜 세월 동안 사람들이 즐겨왔으며, 사람들에게 찬탄의 대상이 되어 왔다. 그러한 그림들은 그림으로 그려진 이야기들이라고 여겨질 수도 있는 것이다. 편지를 읽고 있는 아름다운 옆모습의 소녀, 그것은 누구의 모습인가? 평화로운 모습의 중년 여성이 뒤쪽의 주방에서 설거지를 하고 있는 동안, 창문을 통해 우리는 포장된 통로를 따라 서늘한 실내라는 유혹적인 조망, 혹은 우리를 그림의 세계로 끌어들이는 통풍이 잘 되는 뜰을 보게 된다. 동시에 우리는 화가가 묘사하고 있는 세계에 대해 별다른 의식적인 자각 없이도 옷깃의 주름이나, 질그릇의 거친 질감과 병치되어 있는 매끄러운 타일의 반짝임, 혹은 화가가 자신의 그림 여러 곳에 빨강과 노랑의 다양한 음영을 사용하고 있는 방식 등을 응시하며 생각에 빠져드는 우리 자신을 발견하게 된다. 이러한 특성들은 그 그림이 풀어 나가고 있는 '이야기'와 절대로 별개의 것이 아니다. 실로 그 '이야기'는 그것들을 통해 말해지는 것이지만, 굳이 그것의 의미를 의식적으로 참조하지 않고 이미지가 형성되는 것을 감상하는 것이 그 이야기를 깊이 있는 것으로 만들게 되는 때도 있다. 그러한 방식으로 우리는 산만함을 줄이고 주의를 집중할 수 있는 것이다.

그러나 텍스트로서의 그림이 가지고 있는 마찬가지로 중요한 또 하나의 측면이 존재한다. 이것은 그림이 그려졌을 당시 그것을 보는 관객들에게 어떤 것을 의미하고 있었는지, 즉 후대의 사람들인 일반인들이나 학자들의 그 이미지 해독에 의해 가로막히고 모호한 것이 되어 왔을 수도 있는 의미들에 대해 관심을 가지는 것이다. 그림은 풀어내야 하는 수수께끼가 아니며, 적절한 방식의 질문을 활용한다면 언제나 이용할 수 있는 증거로 인해 어떤 의미에서는 아무것도 '감추고' 있지 않은 것이다. 하지만 우리는 텍스트나 그것을 이해하는 방식의 중요성을 누군가가 나서서 지적해 주기 전까지는 알아내거나 자각하지 못할 수도 있는 것이다.

우리가 앞서 들었던 것에서 계속 이어지는 예로서, 우리가 이미 언급했던 네덜란드 회화의 대부분은 17세기 네덜란드의 일상생활을 단순히 그대로 반영하는 것 훨씬 이상이라는 점이 이제는 자각되고 있다. 그 점은 그럴 수도 있고, 그렇지 못할 수도 있는데, 그러한 점까지도 설득력을 지니는 것이 되기에 앞서 아주 엄격한 비교가 이루어져야 하는 것이지만, 그 까닭은 17세기 네덜란드의 실내장식들이 실제로 어떤 모양이었는지에 대한 사진 기록이나 믿을 만한 문서상의 증거가 별반 없기 때문이다. 하지만 어떤 경우에도, 만약 우리가 이들 그림들 중 몇 가지에 나타나고 있는 이미지들을 동시대의 문학작품에서 나타나고 있는 대상물들, 혹은 한무리의 대상물들과 비교해 본다면 우리는 그것들이 아주 특별한 의미를 지니고 있다는 것을 알게 된다.

거울은 화가가 실제로 거기 있는 것을 보았기 때문에 방안에 있는 것으로 묘사될 수도 있다. 만약 화가가 어떻게 그 그림을 그리게 되었는가 하는 점에 대한 정확한 기록을 남기지 않았거나, 혹은 그 화가를 잘 아는 다른 사람이나 그가 그림을 그리는 것을 목격한 사람이 기록을 남기지 않았을 경우 우리는 그 점마저도 확신할 수가 없는 것이다. 마찬가지로 그는 그 방의 한쪽 끝에 무언가가 있었다는 것을 보여 주기를 원했기 때문에, 혹은 어떤 인물을 다른 각도에서 본 모습을 보여 주고자 했거나, 아니면 방안에 있는 물건들이 거울에 비추어지는 것에 의해 다양하게 나타나는 색깔들의 명암 정도를 즐기기 위해서였거나, 또는 그가 반전된 이미지를 그려낼 수 있다는 대가다운 자신의 솜씨를 과시해 보이는 데 관심을 가지고 있었기 때문에 방안에 거울을 그려넣었을 수도 있는 것이다.

또한 왜 화가가 거울을 그려넣었는지에 대해서는 그 이상의 이유가 있을 수도 있을 것이다. 17세기에 거울은 속물적 특질인 허영을 나타내는 기호였다. 이러한 종류의 기호언어에 대해 정확한 설명이 담겨 있으며, 작가나 화가들에게 한 이미지가 다른 이미지들과 연결되어 어떤 의미를 지니게 되는지를 말해 주고 있는 흠잡을 데 없는 서적들이 출판되었기 때문에, 우리는 그 시대에 거울이 의미를 지니고 있었다는 것을 알고 있다. 따라서 그 방에서 거울의 존재는 도덕적 수준에서 그 그림의 주제가 어떤 식으로 해석되어야 하는지에 대한 중요한 단서를 제공해 주는 것이 될 수도 있다.

우리가 논의하고 있는 그림이 표상적 작품이 아닌, 말하자면 하나의 추상화라면 우리의 접근방식은 약간 달라지게 된다. 우리는 여전히 그림의 부분들을 별도로, 혹은 전체적으로 나누어 놓는 방식에 관심을 가지고 있긴 하지만 그 그림이 무슨 이야기를 하고 있는지, 또는 명백히 표현된 교훈적인 의미를 찾아보려 하지 않게 된다. 쉽게 말해, 추상화의 이미지들은 기술적(記述的)이 아닌 것이다. 추상화들은 어쩌면 거친 힘, 혹은 의미하는 바에 대한 결정성, 혹은 변덕·묵인 등과 같은 특성들을 우리에게 전하고 있는 것일 수도 있다. 그러나 또한 그것들은 마찬가지로 그러한 '의미심장함'을 지니고 있지 않으며, 보는 사람과 관련지어 볼 때는 순수하게 형태와 선·색채라는 언어만을 통해 작동하는 것일 수도 있다. 우리에게 친숙한 현상계로부터 온, 인지를 가능케 하는 특징들이 존재하지 않는다는 바로 그 사실은 이러한 경험을 한층 더 강력한 것으로 만들어 주는 경우가 흔하다.

그러나 삶이란 것은 결코 단순한 것이 아니어서 회화작품들 중 대다수가 전적으로 표상적이거나 추상적인 것이 아닌 그 두 가지가 결합된 것들이다. 아무튼 가장 중요한 것은 이미지나 붓으로 그려진 형상, 혹은 화포에 붙여진 종이 한 조각이 전체에 어떤 기여를 하고 있는지에 대해 우리가 신경을 곤두세우고 있어야 한다는 점이다. 흔한 표현을 사용해 본다면, 우리는 그것이 어떻게 움직이는 것인지에 대해 결말을 내야 할 필요가 있는 것이다. 이렇게 하기 위해서 우리는 또한 어떻게 해서 단순히, "난 그것이 마음에 들어"라든가 "난 그것이 마음에 들지 않아" 하는 것과 같은 반응을 보이는 것 이상으로 이해할 수 있게 해주는 어떤 방법을 필요로 한다. 이것을 해내는 여러 수단에 대해 생각해 본다는 것은 곧 방법론——즉 방법을 체계적으로 자각하면서 사용하는 것——에 매달리는 것이다.

소유물로서의 그림

화가, 외롭게 다락방에 살면서 걸작품들을 그려내지만 아무도 그 그림들을 사주지 않아서 마침내는 아사하거나 폐결핵으로 죽게 되는, 천재성을 지닌 괴짜쯤으로 생각하는 것은 대체로 사실과는 거리가 먼 것이다. 화가들의 삶에 대한 이야기에는 강한 환상적·허구적 요소들이 언제나 개재(介在)되어 왔으며, 이것은 마치 사회가 사회적 중심에서는 용납될 수 없는 불합리한 부분들을 저장해 두는 창고로서의 역할을 사회의 주변으로 밀어낸 화가가 하도록 만듦으로써 속박되지 않은 창의성이라는 생각에 투자하는 것과 같은 것이다. 이러한 해석——전기나 영화, 그리고 다른 매체들을 통해 널리 분석되어 온——은 비록 현재 우리가 알고 있는 바와 같이, 과거에도 많은 여성 화가들이 예술 활동을 해왔고, 오늘날에도 분명 엄청난 수의 여성 화가들이 존재하고 있지만 여성 화가들에게 설 자리를 거의, 혹은 전혀 주지 않는 것인 성 차이의 본보기를 세우고 있는 것이다. 이러한 설명에서 화가는 창조자이고 여성은 그의 모델이기도 하며, 혹은 그에게 예술적 영감을 주는 존재이기도 한 것이다. 이것은 한 사람의 삶에서의 '사실들'이 어떤 방식으로 우리에게 이미 간섭되고 해석되어 이르게 되는지에 대한 하나의 분명한 예가 된다.

이것은 보기 드문 창의성이라는 생각을 버리려는 것이거나, 혹은 실로 그들이 예술 활동을 하는 동안 대부분 인정을 받지 못하고 일생을 보낸 화가들도 많이 있어 왔다는 것을 부인하려는 것이 아니다. 이것은 단지 화가들이 지니고 있는 인간으로서의 존재가 중심이 되는 신화들의 정체성을 밝혀낼 필요성에 대해 주의를 끌려는 것일 뿐이다. 대부분의 화가들은 사람들을 위해 그림을 그렸던 것이다. 그들 중 일부는 생전에 그들의 작품이 엄청난 값에 팔리기도 했고, 일부는——예컨대 루벤스처럼 정치적 음모, 대륙 여행, 그리고 궁정 외교 등의 한복판에서——특이하고 흥미진진한 삶을 살기도 했다.

그림이 가지고 있는 역사는 화포(아니면 그것이 무엇으로 만들어져 있건)의 상태나 우리가 논의해 온 그밖의 다른 모든 것들뿐만이 아니라 한 점의 재산으로서 이것이 가지고 있는 물질적 역사도 포함되어야 하는 것이다. 그림이 누구를 위해 그려진 것인지를 묻는 순간부터 우리는 후원, 재정적 도움, 사회적 교제 등에 관한 물음에 연루되는 것이다. 우리는 그 그림이 그려진 이래 오랜 세월 동안 어디에 있었는지를 알고 있을 필요가 있는데, 그것은 한편으로는 그것이 우리가 생각하고 있는 바로 그 그림이라는 것에 대해 확실히 하기 위해서이며(이러한 점은 분실된 것으로 여겨진 예술작품에 대해 진품임을 증명해야 하는 경우 특히 그러하다), 또 한편으로는 미술사학자의 책임들 중 하나가 취향과 소비의 역사를 찾아내어 기록하는 것이며, 그러한 역사를 설명해 내야 하는 것이기 때문이다.

예술작품은 시각적 쾌락, 혹은 향수에 젖어 있는 기록뿐만 아니라 자본의 투자도 나타내 주고 있는 것이다. 그것들은 전쟁·침략·가문의 재산에서의 경제적 변화, 종교적 논쟁, 회계법, 가문들간의 반목, 그리고 그밖의 수없이 많은 다른 이유들에 의해 야기되는 변동의 결과로, 공급과 수요의 법칙에 따라 시장에 유통되는 것이다. 우리가 확신할 수 있는 것은 그 작품의 심미적 특성(역사적으로 고정되어 있는 것이 아닌)만은 언제나 그러한 이유의 한 부분을 차지하게 될 것이라는 점이다. 그림들은 매매되기도 하고, 대륙들을 가로질러 수송되기도 하고, 그것들이 그려진 원래의 의도가 아닌 목적에 사용되기도 하고, 분실되었다가 다시 발견되기도 한다. 한 장소에 남아 수세대를 전해져 내려오는 그림의 유명한 예들이 있기도 하다. 그러나 대부분 그 그림의 원래 소유자(그것은 의뢰되었던 것일 수도 있고, 화가의 작업실에서 선택되었던 것일 수도 있다)를 추적하는 것은 미술사학자측에서 보면 단호한 탐정과 같은 작업을 수반한다.

우리는 그 화가의 회계장부와 편지, 그리고 그의 일생에 대해 언급하고 있는 당시의 문서와 같은 원고들을 참고로 할 필요가 있을 수도 있다. 우리는 또한 추정상의 소유자에게 의지하여 주 기록 보관소나 그의 가문에 보관되어 있는 문서들 중에 여전히 그대로 남아 있을, 그 그림의 의뢰와 구매에 대한 기록을 그가 해놓았는지를 알아냄으로써 우리의 가설을 입증할 수도 있다.

만약 그 화포가 다른 틀에 다시 입힌 적이 없는 원래 그대로의 상태라면(즉 크기를 줄인 적이 없었다면), 그림의 뒷면에 미술품 상인들이나 전시회 등에서 붙인 표찰이 그대로 있는지, 혹은 어떤 종류이든 뭔가 거기에 글자를 써넣은 적이 있는지를 살펴보는 것도 도움이 될 수 있다. 크리스티나 애그뉴 같은, 설립된 지가 오래 되고 정평이 나 있는 판매상들의 판매용 미술품 목록——우리에게 운이 따른다면, 그리고 특히 누군가가 매매 당시에 무언가를 적어넣는 수고를 했을 경우——은 우리가 다루고 있는 그림이 오랜 세월 동안 어떤 운명을 겪었는지에 대한 정보를 제공해 줄 수 있을 것이다. 그 그림들이 과거에 팔렸던 가격들은 화가나 그 화가의 작품이 어떤 한 시대에 누렸던 상대적 인기도를 우리에게 보여 주는 것이다.

합법적인 소유자들이나 구매자들에 대해 알아내기 위해서 연구자들은 미술품 판매상들의 재고품 대장을 참조하는 것도 때로는 가능한 일이다. 보다 오래 된 미술사학적 평론들뿐만 아니라 오래 된 전시회 작품 목록이나 유언장, 혹은 다른 법률에 관계된 서류들도 많은 정보를 얻어낼 수 있는 것들이지만, 이러한 탐색을 행하는 데는 엄청난 주의를 필요로 하는데, 그 이유는 1백 년 가량의 세월 동안 하나의 그림이 여남은 명의 각기 다른 화가들의 작품이라고 여겨져 왔을 수도 있기 때문이다. 그러한 예를 들자면, 19세기가 계속되는 동안 런던에서는 엄청난 수의 작품들이 '라파엘로'나 '만테냐'의 이름을 달고 팔렸던 것이다.

그림을 그렸다는 화가뿐만 아니라 그림의 제목 또한 세월이 흐르면서 변화를 겪는다. 사람들은 자신들이 소유하고 있는 그림에 자신들이 그 그림을 통해 받은 느낌을 암시하는 제목을 붙이는 경향이 있다. 비평가나 저술가들도 이처럼 제목의 수를 늘려 나가는 과정에 힘을 보태는 경우가 흔하다. 그 예를 들어 보면, 존 컨스터블이 그렸고 〈풍경: 정오〉라는 제목으로 전시되었던 작품이 지금은 누구에게나 〈건초수레〉라고 알려져 있는 것도 그런 까닭에서이다. 그러한 제목의 변화는 우리가 하나의 그림에 대한 사항들을 되짚어 추적하려 하고 있다면 불편함을 주는 것이지만, 그런 여러 개의 제목들이 과거에 사람들이 그 그림에 대해 어떤 유형의 반응을 보였는지를 가르쳐 줄 수 있는 것인 한은 아주 유익한 것이 될 수도 있는 것이다. 말하자면 그 그림의 서술적 부분이라 할 수 있는, 컨스터블의 그림 전경에 있는 연못을 건너고 있는 건초수레는 분명 화포의 훨씬 더 많은 부분을 차지하고 있는 풍경보다는 사람들의 관심을 끄는 부분이었던 것이다.

화가는 후원자에 대해서가 아니라 그녀 혹은 그 자신을 위해 그림을 그렸을 수도 있지만, 그것은 대개—— 어느 정도까지는 ——그 화가와 다른 사람들 사이의 관계라는 결과에 의한 것일 경우가 대부분이다. 화가가 그림을 그리면서 마음속에 두고 있었던 소비 대상은 일반 대중들일 수도 있고, 특정한 사회적·정치적 집단일 수도 있으며, 어떤 경쟁업체의 심사원단, 혹은 평범한 어떤 개인이 될 수도 있는 것이다. 모든 경우에 있어서 화가와 그가 소비 대상으로 삼으려 하고 있는 관객들과의 관계는 이것이 그 시대 자체에 대해서 우리에게 말해 주고 있는 것과, 또한 이것이 그 그림에 대해서 우리에게 말해 주고 있는 것 두 가지 모두로 인해 깊은 중요성을 지니고 있다. 물론 화가가 자신의 그림에 대한 관객으로 누구를 생각하고 있었는지, 혹은 그 또는 그녀가 그런 점에 대해 생각을 해보거나 하였는지에 대해 알아낸다는 것은 매우 어려운 일이다. 교회에 벽화를 그렸던 중세의 화가는 그 그림에 대해 어느 정도의 반응 능력을 지니고 있었으며, 대부분이 글을 모르는 엄청나게 다양한 부류의 사람들에게 의미를 전달하는 것이 자신의 임무라고 믿고 있었을 수도 있다. 그러나 그는 성직자들이나 하느님을 자신의 관객으로 생각하고 있었을 수도 있다. 글을 모른다는 것은, 오늘날 우리에게는 알려져 있지 않은 구두의 의사소통에 어떤 가치를 두게끔 보증하는 것이 되었을 수도 있다. 이처럼 중세에는 뭔가를 관람하는 것의 조건은 고려의 대상이 되어야 할 뿐만 아니라, 역사적인 조사에 의해서 간파해 내야만 하는 그런 것이다.

만약 화가가 특정한 사회적·정치적 집단을 위해 그림을 그린다면, 그 또는 그녀의 작품은 어떤 주의나 주장을 선전하는 요소를 지니고 있을 수 있으며, 우리 스스로가 무엇을 보고 있는지를 확실하게 이해할 수 있을 것이다. 우리는 독일 화가 카에테 콜비츠가 완성한 그래픽(강한 선과 색채를 사용한) 작품에 표현된 깊은 혐오를 그녀가 일깨우고자 했던 1930년대 독일의 관객들을 염두에 두고서야 제대로 이해할 수가 있는 것이다.

대학과 같은 학술단체들이 엄청난 영향력과 지위를 누리고 있었던 18,9세기에 많은 화가들은, 어떻게 그려야만 그림을 심사하여 사실상 한 해에 단 한번 있는 대중적 전시회에 그 그림이 출품될 것인지의 가부를 결정하는 사람들의 호감을 살 것인지를 잘 알고 있었으며, 거기에 맞추어 그림을 그렸던 것이다. 18세기 프랑스의 디드로나 20세기 미국의 클레멘트 그린버그와 같은 개별적인 비평가들은 그들이 속한 시대가 생각을 시각적 형식으로 표현해 내는 방식에 강력한 영향력을 행사해 온 사람들이라고 말할 수 있다.

만약 후원자가 그저 평범한 개인이라면 재정적 도움과 아울러 인간적 관계에 대한 문제가 우리를 사로잡게 될 것이다. 화가가 그려낸 작품에 대해 어떤 논의를 하거나 의문을 제기하지 않고 그저 그려지는 대로 사주는 것으로 지속적이고 귀중한 물질적 지원을 해준 특이한 경우의 후원자들도 분명 있어 왔을 것이다. 19세기 후반 그림물감 대금 대신으로 받은 인상파 화가들의 작품을 매우 많이 소유하고 있었으며, 거의 아사할 지경에 놓여 있는 피사로와 그의 친구들을 빈번히 구해 주었던 프랑스의 그림물감 상인 페레 탕기가 바로 그런 일을 해왔던 것으로 보인다. 그러나 반대쪽 극단에는 자신들이 어떤 작품을 원하는지에 대한 분명한 생각을 지니고 있어서 그것을 화가에게 그리도록 하여 손에 넣을 때까지 계속 잔소리를 해댔을 것이 분명한, 끈덕지고 요구 사항이 많은 후원자들이 있다. 후원이란 명백히 화가들에게 제약과 득이라는 두 가지 모두를 수반케 하는 것이었다. 미술사학자는 증거들을 수집하여 그러한 상황에 대한 진정한 이해를 할 수 있도록 노력하는 것이다.

 미술사는 우리의 시각적 환경이 가지고 있는 서로 다른 측면들의 그토록 엄청난 범위를 포함하는 것이기 때문에, 하나의 장에서 모든 미술사학자들의 연구 활동을 기술한다는 것은 불가능한 일이 될 것이다. 학자들이 연구하는 몇 가지 방식을 입증해 보이기 위해서, 우리는 가설에 해당하는 예술작품에 대한 일련의 질문을 제기해 왔다. 미술사학의 여러 측면들은 많은 미술사학적 저술 속에 자리잡고 있으며, 이 설명의 기초를 이루고 있는 것인 화가와 그의 작품 사이의 바로 그 관계에 대해 이의를 제기하는 것이기 때문에 이 논의는 제한을 받는 것이 되어 왔다. 만약 그렇다고 친다면 어느 정도까지나 화가의 의도가 미술사적 물음에 관련성이 있는가 하는 점은 토론의 여지가 있다. 어떤 사람들에게 있어 이것은 그러한 질료가 '무엇인가'에 대한 것이라기보다는 의사소통의 '방식'인 것이다. 그럼에도 불구하고 여기 설명된 것과 같은 종류의 절차들은 여전히 흔히 마주칠 수 있는 그러한 것들이며, 이런저런 방식으로 그것들은 이 학문 분야에 대한 가장 도발적이고 혁신적이기조차 한 도전의 토대가 되고 있다.
 따라서 대부분의 미술사학은, 비록 때로는 개별적인 예술작품에 대한 사례 연구가 보람 있고 도움이 되는 것이라 하더라도, 오직 하나의 대상물만을 다루는 것으로 진행되는 것이 아니라는 것을 우리들 자신에게 일깨우는 것이 도움이 될 것이다. 미술품은 진공 속에서 창조되는 것이 아니며, 대부분의 귀중한 미술사적 연구들은 대개 많고 적은 정도의 차이는 있지만 그것은 비교에 의한 것이다. 이것은 반드시 미술사학자들이 어떤 종류의 발전을 증명해 보이기 위해서 언제나 서로 다른 시대의 예술작품을 비교하고 있다는 것을 의미하는 것은 아니며, 마찬가지로 귀중한 것은 역사적 발생이나 연대순에 따르는 발달에 관계 없이 작품의 주제에 기초한 논의가 될 수도 있는 것이다. 어떤 미술사학자는 금세기초에 해당하는 페르낭 레제의 예술발달 연구에 관심을 가지고 있을 수 있는 반면, 다른 학자는 그의 그림들 중 하나인 〈카드놀이 하는 사람들〉의 주제를 택하고, 카드놀이 하는 사람들이 레제에게는 어떤 것을 의미하는 것이고, 세잔에겐 어떤 것을 의미하는 것이며, 17세기 프랑스 화가인 마티유 르 냉에겐 어떤 것을 의미하는 것인지에 대해 생각해 볼 수도 있는 것이다. 비슷하게, 어떤 미술사학자가 연구하는 것은 미국의 현대화가인 로버트 머더웰이 사용한 방법에 관심을 가지는 것일 수 있는 반면, 그의 동료는 서구의 전통 속에서 흑인 화가들의 시대가 갖는 중요성에 대해 연구할 수도 있는 것이다.

미술사학자들은 무슨무슨 운동이라는 것에 대해 자주 이야기한다. 최악의 경우, 미술사학에서 이 '운동'이란 말은 단순히 개별적인 화가들, 혹은 역사적 사건들에 대해 진지하게 생각해 보기를 회피하려는 나태한 버릇이다. 제리코의 그림이 '낭만주의 운동'의 일부였다고 말하는 것은 일반적으로 개인의 존엄성과 자연에 근거하고 있다는 막연한 예술철학을 받아들인 것으로 여겨지며, 19세기의 화가들·작가들, 그리고 음악가들로 이루어진 조직도 갖추어지지 않은 한 집단에 그를 소속시켜 버리는 것이다. 이러한 종류의 개성을 무시한 미술사적 뭉뚱그리기(art-historical Happy Families; happy family는 한울 안에 사는 종류가 다른 여러 동물들)는 별반 도움이 되지 못한다. 한편 미술사학자는 왜, 그리고 어떻게 해서 한 사람, 혹은 하나의 집단을 이루고 있는 사람들, 하나의 사건, 그리고 하나의 예술작품이 예술적·정치적, 혹은 사회적이라고 분류되지만 십중팔구는 그 세 가지 모두에 해당하게 되어 있는 반응을 불러일으키게 되는지에 대해 의문을 제기하지 않을 수 없게 되어 있다. 여기서 그 미술사학자는 '운동'이라는 것에 대해 조사를 해보게 된다. "왜 입체파는 역사의 한 특정 시기에 발생했어야 했는가"라는 물음은 미술사학자를 훈련시키고, 단순히 하나 혹은 일련의 예술작품들에 대해서 뿐만 아니라 국가나 개인 둘 모두에게 해당하는 많은 사건들과 많은 예술품·서적·시·그림·조각품에 대해서도 생각해 볼 필요가 있게 만드는 것이다.

하나의 시각적·역사적 현상으로서의 입체파에 대해 관심을 가지고 있는 미술사학자는 이것이 발생한 시기에 대해 몰두해 볼 필요가 있게 될 것이다. 피카소가 브라크를 만난 날, 혹은 만난 시간까지도, 그들이 샀거나, 발견했거나, 만들었거나, 사용했거나 했던 재료들, 그들의 친구가 누구였고, 그들이 알고 지낸 사람들은 누구였는지, 그들이 찾아갔었던 장소나 그들이 읽었던 책들처럼 무엇이든지, 그리고 그밖에 이것저것 모두 다 중요한 것이다. 모든 미술사학에 적용될 수 있는 유일한 방법을 규정해 본다는 것은 불가능한 일이다. 학자마다 그 혹은 그녀 스스로의 물음들을 명확하게 공식화하며, 연구하고 있는 주제가 요구하는 바에 따라 그 물음들에 대해 답할 수 있는 수단을 발견해야만 하는 것이다.

　미술사를 공부하는 학생들은 하나의 운동이라는 것에 대해 생각하는 것만으로도 자신들이 어려운 과제에 부닥치게 되었음을 알게 된다. 이론적인 수준에서 그것이 무엇인지를 밝혀내고 명명하는 것에 관한 문제는 조사에 자극이 될 수도 있는 것이다. 예를 들면 우리가 역사적 변천에 대한 해석을 하는 데 있어서 작용하고 있는 강한 설득력을 가지는 힘들은, 우리로 하여금 어떤 집단들을 희생하는 대가로 특정한 개별적 인물이 중요성을 갖는 것으로 여기도록 만들며, 나아가서는 인간이라는 주체로서 우리가 인간의 생산력을 설명하는 데 정통성을 부여하기 위해서는 아버지의 상을 갖는 인물을 필요로 한다고 주장되어 왔다. 역사란 연속성을 가진 것이 아닌, 분열이며 불연속성이라고 주장된다. 모든 인간은 언어에 의존하고 있기 때문에, 다양한 불확실성들만이 존재할 뿐인데도 우리는 언제까지나 확실성을 찾고 있는 것이다. 지난 30년 동안 20세기초의 명쾌함이나 미래를 바라보는 자신감은 분열이나 질서의 붕괴, 그리고 확실성의 단절이라는 생각에 사로잡힌 정신에 굴복해 왔다. 모든 변화에 대해 저항해야 하는 것으로 이해되는 작업을 해내야 하는 미술사라는 학문 분야 내에서 무너지지 않고 굳건히 버텨 온 부분이 있기는 하지만, 미술사적 연구 활동의 보다 계몽된 측면은 세계를 보는 가능한 방식들에 있어서의 이러한 전세계적 변화에 반응을 보여 왔던 것이다.

　전통적인 미술사학적 연구방법은 축적된 과거의 문화적 경험으로부터 유래하는 것이지만 소묘보다는 유화를, 3차원적인 대상물보다는 평면을, 물질문명보다는 순수미술을 더 특별히 취급하는 서양 미술의 편협하게 규정된 한정적 요인들에 의해 제한을 받고 있다. 오랜 세월 동안 미술은 장식적인 것이거나 우리 삶에서 외적인 어떤 것, 즉 의도적으로 일상적인 환경을 미화하고 개선하는 것으로서 그 속에 적용되었거나 도입된 하나의 대상물로 여겨져 왔다. 이러한 '응접실에나 어울리는' 것으로 여기는 태도의 잔재는 의심할 여지없이 우리에게도 남아 있다. 다른 학문 분야에 종사하는 여느 학자들과 마찬가지로 미술사학자 또한 과거와 연관지어서, 혹은 스스로의 정체성과 그 정체성을 나타내 줄 수 있는 것과 연관지어 끊임없이 자신의 위치를 점검해 보아야 하는 것이다. 왜 이 특정한 작품이 이러한 특정한 방식으로 연구하도록 선택되었는지에 대해 의문을 제기해 보고, 연구를 위한 새로운 방법과 여러 가지가 결합된 방법에 대해 끊임없이 생각해 보는 것이 필요하다. 한두 가지의 예를 들어 본다면 그 요점을 설명하는 데 도움이 될 것이다.

이미지가 동시대의 성서적·신학적·계보학적으로 밀접하게 연관되어 있는 12세기경의 생브누아쉬르루아르의 조각된 기둥머리 장식[도판 16]을 자세히 연구해 보기로 결정한 미술사학자는 만약 그 혹은 그녀가 그 교회의 건축을 성사시킨 당시의 일상적이고 인간적인 사건들에 대해서나, 그 안에서 어떤 일이 진행되었는지, 그리고 그렇게 진행된 일은 어떤 방식으로 표출되었으며, 어떤 방식으로 교회나 국가의 권력관계의 일부분이 되었는지, 교회의 건축에 일반 사람들은 어떤 역할을 떠맡게 되었는지, 그리고 그들이 기여한 것은 무엇이었으며, 그것이 계속해서 존속하도록 여전히 어떤 점에서 기여하고 있는지 등과 같은 것들에 대해 진지하게 알아내려고 시도하지 않는다면 그것

[도판 16] 생브누아쉬르루아르의 성가대석 기둥머리 장식으로, 이삭을 희생의 제물로 바치는 장면을 보여 주고 있다. 사진: 코톨드 미술연구소, 콘웨이 도서관.

이 가지고 있는 '의미'의 대부분을 놓치게 될 것이 분명하다. 그러나 그들은 또한 그것이 움베르토 에코의 《장미의 이름》과 같은 소설로 인해 인기를 끌게 되어서이건, 기호들을 읽어내는 일에 매력을 느껴서이건, 아니면 중세의 상징주의와 알레고리에 대한 저술을 남긴 20세기초 독일 미술사학자들의 강한 영향력의 결과이건간에, 그들이 이 작업을 해내기 위해 가지고 와 들이댄 문화라는 보따리에 대해 의식해야 할 필요가 있을 것이다. 우리는 생브누아쉬르루아르에 관해 순수하게 학문적인 질문이라고 생각하는 것들을 쉽게 물을 수 있는데, 그 까닭은 이것이 시대적으로 아득히 오래 전이며 어쩌면 많은 사람들에게 믿음이나 그 기능에 있어서도 동떨어진 것이기 때문이다. 우리는 중세에 수도원을 겸하고 있던 교회들이 우리가 지금 가지고 있는 문화에 미친 의미들에 대해 자각하고 있어야 할 필요가 있는데, 영원불멸함·연속성·질서, 그리고 평온함 등이 그러한 것들 중 일부이다. 그리고 여기서 우리는 우리 스스로에게 어째서 이러한 특성들이 이 시대의 학자들이나 관람객들에게 특별한 관심거리(인정된 것이든 그렇지 못한 것이든간에)가 되고 있는지에 대해 질문을 해볼 필요가 있다.

이 장에서는 미술사학의 학사 학위과정에 있는 학부 학생들이 마주치게 될 가능성이 있는 몇 가지의 학문적 실제에 관해 간략하게 논의해 보았다. 직업적인 미술사학자가 되는 길에 대한 자세한 설명을 하자는 것이 이 책의 목적이 아니다. 그렇게 하자면 이 책과는 성격이 다른 또 다른 책이 되어야 할 것이며, 이보다는 훨씬 더 많은 지면을 차지하게 될 것이다. 그러나 만약 당신이 이 학문 활동에 종사한다면 당신이 향하고 있는 방향을 지시해 주는 정도는 적당한 일로 여겨진다. 그렇게 하기 위해서라면 이 장에서 내가 설명한 종류의 실천에 중점을 두는 것은 중요한 일이며, 그러한 실천이 엄격하게 적용된다면 결정을 내리거나 의견을 교환하는 기술을 계발해 주는 엄청난 노력을 요하는 지적 훈련이 될 것이다. 이러한 것들은 '이전이 가능한 기술,' 즉 그것들은 시장에 가지고 나가 팔 수 있는 기술인 것이다. 따라서 미술사학과 졸업생들은 기업체나 산업체·공무원 등의 자리를 얻는 경쟁에 있어서 제대로 준비를 갖추고 있는 경우가 흔하다. 미술사학과 졸업생들은 또한 더 넓은 범위의 대학원과정에 들어서기 위해 법과대학에도 진학하는 것으로 알려져 왔다. 나는 나중에 보건 당국의 고급 간부나, 외교·광고 분야, 혹은 자기 소유의 기업체를 운영하는 것과 같은 다양한 직종에 종사하게 된 젊은 남녀 학생들에게 직접 미술사를 가르쳤던 경험이 있다. 자신들이 교육받은 학문을 '사용'하고자 하는 사람들에게 미술관이나 박물관, 그리고 국립미술품수집기금·영국 명승사적보존회·잉글리시 헤리티지 등과 같은 단체에서 일자리를 얻게 되거나, 현재는 기업체의 사옥이라는 기능을 가지게 된 당당한 여러 대저택들 중 하나에서 일을 하게 된다는 것은 아주 매력적인 일이다. 경매소나 미술품 거래상들은 관련된 지식뿐만 아니라 연줄 또한 가지고 있는 그러한 사람들을 직원으로 채용하려는 경향이 있으므로, 만약 당신이 이 방면의 직업을 가지길 원한다면 크리스티 앤드 소더비사에서 개설하고 있는 대학원 강좌들을 살펴보는 것도 좋은 생각이다. 대학원과정에 대한 기금의 지원은 극도로 제한되어 있지만, 만약 당신이 최상급의 성적으로 학위를 받는다면 영국 학사원에서 지원하는 장학금으로 학비 전액을 충당할 수 있는 기회가 있다. 몇 종류의 장학금이 있기는 하지만 대학원과정의 교육을 받는 대부분의 학생들(전일제이건 시간제이건간에)은 학비를 직접 부담한다.

많은 미술사학과 학생들은 자연스럽게 언론매체들이나 출판계에 끌리게 된다. 특히 당신이 제2 전공과목을 신청할 수 있다면 교직 또한 매력적인 가능성을 지닌 것이며, 대학에서 미술사 공부에 3년의 세월을 바친 상태에서 미술 실기로 전환해 보려는 사람들이나, 미술사도 가르칠 수 있는 미술교사가 되고자 하는 사람들을 위해서 바로 이러한 것을 훈련할 수 있는 PGCE 강좌(예를 들면 런던 교육대학이나 미들섹스대학교)가 마련되어 있다. 당신이 경력을 쌓고자 선택한 것이 그 무엇이건간에 우선 그것은 당신이 학부 학생으로서 여러 해 동안 해왔던 어떤 것(수업 시간이나 수업 시간 이외의 활동 모두에 걸쳐)이라는 점이 중요한 것이고, 두번째로는 모든 일자리에 대한 경쟁은 치열한 것이어서 인내와 끈기가 반드시 필요한 것이며, 세번째로는 당신이 하려는 일이 어떤 것이건 처음에는 아주 보잘것 없는 일부터 시작할 수도 있다는 것을 예상하고 있어야 한다는 점을 기억하라. 마지막으로 그리고 가장 중요한 것은, 미리부터 다니고 있는 대학교의 구직상담소를 찾아가 자문을 구하고—첫해가 끝나갈 무렵도 그리 이른 것은 아니다—당신이 할 수 있는 모든 사람들과 이야기를 나누어 최대한도로 축적된 지식을 갖출 수 있게 하라.

4
미술사학에서 사용하는 언어

 미술용어 그 자체는 전통적으로 사용되어 온 언어로 되어 있는 것이 아니다. 많은 대상물들(고전 시대의 조각품, 삽화가 그려진 원고, 판화나 삽화가 들어간 서적들, 그리고 오늘날의 개념 예술——로마 제국의 부조나 이언 해밀턴 펀레이 혹은 리처드 롱의 작품들과 같은)에는 없어서는 안 될 한 가지 요소로서 문자가 씌어진 부분을 포함하고 있을 수도 있다는 점을 고려하도록 경고해 둘 필요가 있다. 말과 이미지 사이의 관계는 대단히 복잡한데 부분적으로는 문화적인 이유들 때문이고(우리는 이미지에 관해 의견을 나누기 위해 말을 사용한다), 또 다른 면으로는 엄밀하게 말해 하나의 도상, 혹은 이미지인 윤곽선으로 된 견인차의 형상은 일련의 낱말들 대신 그 역할을 해낼 수 있기("만약 당신이 이 지역에 주차를 하지 못하게 하는 제한 규정을 무시한다면 당신의 차는 견인될 것입니다!")〔도판 17〕 때문이며, 그리고 또 한편으로는 글자나 낱말 또한 하나의 형상이며 어떤 특정 개념과 연결된 하나의 기표일 뿐만 아니라 여러 가지 다른 형상들로 이루어진 그림 구도의 일부로서의 기능을 가질 수도 있기 때문이다. 이처럼 어떤 이미지의 바탕 안에 써넣은 물주전자(JUG)라는 낱말은 세 개의 다르지만 서로 연관된 곡선으로 이

[도판 17] 주차 제한 구역 경고 표지판(사진: 저자).

루어진 수직의 형상들로서, 동시에 문자를 해독할 수 있는 관람객들에게는 액체를 담는 용기라는 개념을 떠올리는 촉발제로 작용할 수가 있는 것이다.

그러나 이 장에서는 이러한 의미론(의미를 다루는 학문)적 물음에 대해 탐구해 보려는 것이 아니라, 미술사학자들이 미술사를 저술하는 방식에 도움을 줄 수 있는 몇 가지를 이해하기 쉽게 설명해 보려는 것이다. 현대 서구 사회는 활자화된 말을 매우 존중하기 때문에 이것은 구두로 하는 말이 그렇지 못한 것과 같은 방식, 즉 법으로 지정한 화폐와 같은 효력을 갖게 되는 것이다. 새로운 사실들을 발견해 낸 과학자들은 그들의 실험에 대한 어떠한 타당성을 주장할 수 있게 되기도 전에 그것들을 출판해야만 한다. 책을 저술하는 일은 비록 그것이 원고상태에서 출판되기까지 3,4년이 걸리는 것일지라도――저술하여 출판되어 나오기까지의 시간이 훨씬 짧고, 더 넓은 독자들에게 다가갈 수 있는 매체인 학술지나 잡지, 혹은 신문에 학자가 그 혹은 그녀 자신의 견해를 보다 설득력 있게 기사로써 발표할 수 있는데도――학계에서는 여전히 책을 내는 것이 학자의 경력에서 최고점에 이르는 것으로 여기고 있다. 이러한 경향의 한 가지 결과는, 우리가 어떤 한 과목을 처음 공부하게 되었을 때 우리는 활자화된 말들을 어떤 경외감을 가지고 대하게 되며, 심지어는 우리가 그 책에서 보게 되는 것들에 대해 의문점을 가져 보지도 않고 믿어 버리게 되기까지 하는 경향을 보인다는 것이다. 한편 인문사회과학 분야에서 연구를 하고 있는 다른 학자들과 마찬가지로 미술사학자들도 글쓰기가 의미를 결정지어 버리는 방식들에 대해 보다 더 자각하기 시작하였으며, 저자의 목소리(연구하고 있는 주제와 비교하여 고려한 저자의 위치는 어떤 방식의 정보전달을 형성하는가)에 대해 의문을 제기하기 시작하였지만, 많은 독자들은――그것이 집단적인 것이건 개인적인 것이건――그 안에서 자신들의 독서 행위가 이루어지고 있는 곳인 언어가 가지고 있는 여러 층위들에 대해 생각해 봄이 없이 '지식'을 얻기 위해 책을 잡는 것이 여전한 실정이다.

  다른 학문 분야에서와 마찬가지로 미술사도 그 집단 내의 다른 사람들과 의견을 교환하는 특수한 방식인 메타 언어를 발전시켜 왔다. 그러한 메타 언어 안에서는 어떤 주장은 분명하게 펼쳐지지 못하거나, 혹은 그럴 수 있다 하더라도 매우 우회적이고 장황한 방식을 통해서만 가능하다. 어떤 전문용어가 되었건 그것에 대해 단계적으로 배워 온 독자가 아니라면 이해할 수 없는 위험성들이 존재한다. 미술사학적 저술에서 불필요하게 복잡하고 애매한 언어가 사용된 경우가 있기는 하지만, 처음 읽을 때 어려움을 느낀다고 해서 그것을 전문용어로 된 글이라고 대강 넘어가는 것 또한 너무도 쉬운 일이기 때문이다. 지난날에는 학문적으로 모호하게 여겨졌던 말이 미래에는 사람들의 입에 너무도 자주 오르내리는 말이 될 것이며, '전문용어에 대한 찬반 논쟁'에 근거한 비평은 지적 나태함, 혹은 새로운 사상을 받아들이는 것에 대한 저항에서 비롯되는 경우가 흔하다. 예를 들면, 소위 '신미술사'가 사물에 대해 불필요할 정도로 애매하게 말하는 방식을 고안해 내 퍼뜨린다고 비난하던 사람들도 자신들이 사용하는 메타 언어는 의식을 하지 못하는데, 그 이유는 단순히 그들이 그것과 더불어 40년 이상을 살아 왔고, 그렇게 해서 그것들이 하나의 정통성을 지니게 되어 버렸기 때문이다. 사물에 대해 새롭게 생각하는 방식은 사물에 대해 말하는 새로운 방식을 발생시키며, 언어 형식이 인지할 수 있는 명백성을 지닌 것으로 정착되기까지와, 사람들이 그러한 용어들과 친숙해지는 데는 모두 한동안의 세월이 걸리는 것이다. 사람들이 쉽게 이해할 수 있게 하자는 것을 그밖의 어떤 것보다도 우위에 놓겠다는 인민주의적 글쓰기에도 존중할 만한 여지는 있지만 본격적인 미술사 연구에 대한 이제까지의 기록에는 그러한 것이 차지할 만한 자리는 없다.

아래 글은 한 '고전적인' 텍스트에서 인용한 한 평론가의 세잔의 작품에 대한 규범적이라 할 수 있는 해설로서, 그는 이 학문 분야가 그동안 겪은 변화에 의해 영향을 받지 않은, 미술사학적 저술에서 보수파에 해당하는 것으로 여겨질 수 있는 사람이다. 그러나 얼마나 많은 낱말들과 구절들(굵은 글씨체 부분들)이 그가 인지한 세잔의 작품에 있어서의 변화를 확증하려는 노력으로 사용된 간편한 수단인지를 주목해 보라. 미술사학적 용어에 이미 익숙해져 있지 않은 독자들에게는 그것들 중 많은 것들이 설명을 필요로 하는 것들이다.

전경(前景)을 이루고 있는 지형에, 갇힌 것처럼 **무리를 이루고 있는 집들**은 여전히 그전 몇 년 동안에 보아 왔던, 담으로 둘러친 것처럼 **두꺼운 윤곽선으로 되어 있는 그림**, 특히 '고지에 난 철도(Railway Cutting)'를 생각나게 해주는 것이지만, 채색이 밝아진 것으로 보면 **인상주의적인** 것은 아니며, 그것은 이미 세잔의 **독특한 색채 다루기**의 본질적인 특징들이 담겨져 있는 것이다. 이러한 점은 **벽돌 덩어리와 같은 입체성**이 버려지고, **보다 자유로운 구성**과 보다 밝은 채색으로 **인상주의적인 색채와 형태의 배합**들이라는 쪽으로 뚜렷하게 접근하고 있음을 보여 주고 있는 이 시기 이후의 그림들에서도 마찬가지로서, 윤곽선의 **아름다움**, **입체감의 표현**, 그리고 **명암의 배합**이 작은 구성 요소들에 근거한 **균질한 인상주의적 붓자국의 효과와 색채 구조**로 대체되는 것에 비례하여 새로운 입체성을 얻고 있다. 세잔의 화풍이 발달해 나가는 과정에서 특징적인 것은 끊임없이 그 이전의 **표현** 형식으로 회귀하거나, 각기 다른 회화방식을 병치시키고 있다는 것이며, 그의 작품들을 연대기 순서로 배열해 보는 것을 어렵게 만드는 이러한 특이성은 특히 1874년경부터 1870년대 말이 가까워지는 시기에 제작된 작품들에서 빈번하게 나타난다. 르콩트 소장품으로서 1870년대말에 그려진 것으로 연대를 추정할 수 있는 과일접시가 있는 유명한 **정물화**는 어쩌면 세잔이 그의 **궁극적인 회화 표현 형식**을 이룩해 낸 최초의 작품이다. 당연히 그의 예술은 이 작품이 나온 이후에도 엄청난 변화를 겪게 되지만, 그럼에도 불구하고 우리는 완전히 발달한 **어떤 형태를 가진** 것이라고 말할 수가 있는데, 그 이유는 이 이후부터는 **표현**이나 표현 형식의 가장 중요한 원칙들이 변하지 않기 때문이다.

(F. 노보트니, 《폴 세잔》, 비엔나: 파이돈, 1937, pp.18-19. 여기 사용된 것과 앞으로 이 장 전체의 굵은 글씨체는 저자의 것이다.)

세잔에 대한 노보트니의 글에서 우리는 미술사학에서 사용하는 메타 언어가 사용되고 있음을 보게 된다. 이탈리아어에서 차용된 것으로 유럽 지역에서는 미술사학에 대한 저술에서 널리 사용되고 있는 '명암의 배합'과 같은 낱말은 글자 그대로 하면 '밝고 어두움'이란 뜻이며, 회화에서는 어두운 것에서 밝은 것으로 명암을 변화시키는 것을 설명하는 데 사용된다. 그러나 노보트니는 이것을 구분지어 사용하지 않았는데, 그 까닭은 이것이 메타 언어에 완전히 동화된 것이기 때문이다. '정물'이나 '인상주의적인'과 같은 특정 낱말들은 그것들이 원래 특정 종류의 회화 형식을 가리키기 위한 신조어이기 때문에 시각예술에 속한 것들이다. 우리는 또한 그것들이 문학이나 음악에서 뭔가를 은유적으로 지칭하기 위해 사용된 예를 찾아볼 수도 있다. 전체적으로 보면, 언어라는 것은 엄밀한 의미에서의 기술적 용어를 제외하고는, 엄청나게 많은 사람들이 공동으로 사용하는 것이며, 낱말은 인문사회과학 분야의 학문에서 공유되는 것이다. 그러한 예로서 이러한 언급들에 대해 생각해 보자.

확실한 삼중주가 뒤섞이게 되는 폭풍우를 묘사한 격정적 음악이며 짜임새 있는 악기 구성이 다시 한번 거장다움을 보여 주게 되는, 뛰어나게 분위기 있는 음악에서 베르디는 천재적인 손길로 무대 밖에서 합창단이 부르는 콧노래를 바람 소리로 표현하는데, 그렇게 해서 반세기 뒤 드뷔시의 출현을 예견하고 있다. **플루트와 피콜로를 위한 그림을 보는 것 같은 악구(樂句)들은 번개를 나타낸다.**
(C. 오즈번, 《베르디 오페라 전집》, 런던: 골랑즈, 1969, p.257.)

젊은 시인의 초기 작품들은 시인의 권능을 행사하는 것이라기보다는 시인이 되고자 하는 열망의 표현인 경우가 더 흔하다. 그것들은 또한 거의 필연적으로 이미 존재하던 것에서 파생된 것으로, 키츠의 경우에 있어서는 스펜서의 영향이 충만해 있는데, 그것은 소박하고 영국적이며 도덕적인 스펜서가 아니라, **법랑(琺瑯)으로 장식된 듯한 화려함을 가지고 있으며 음악적인 스펜서의 영향인 것이다.**
(W. 월시, 〈존 키츠〉, 《블레이크에서 바이런까지》, B. 포드 엮음, 펠리칸 영문학 입문, 하몬스워스: 펭귄북스, 1957, p.224.)

사전적 정의라는 측면에서 보면 '그래픽'이란 말은 '글쓰기와 관련된,' '그림으로 그려 보여 주는,' 혹은 '도식적으로 표현하고 있는' 등의 의미이다. 그러나 오즈번의 기술에서, 우리는 그가 그의 글에서 언급하고 있는 음악을 만약 듣게 된다면 베르디의 오페라 《리골레토》의 마지막 장에 나오는 플루트와 피콜로의 음조를 구별하게 해주는 특성들을 쉽게 이해할 수 있을 것이다. 두번째 인용문에서의 '음악적'이란 말이 형용사로 사용된 것에 대해 우리는 놀라지 않는데, 그 이유는 시도 음악처럼 소리에 의존하는 구두의 매체이기 때문이다. 그러나 '법랑으로 장식된 듯한'이란 표현은 문제가 다르다. 글쓴이는 이것을 '유리질의 도료로써 금속 표면에 입히고 열처리를 한 것'(사전에 실린 정의인)으로 생각하고 있는 것이 아니라, 현재는 우리가 실용적인 기능을 가진 냄비를 만드는 기술이며, 중세 말기 사치스러운 예술작품들을 만들어 내는 데 사용했던 리모주(프랑스 중부 오트비엔 주의 중심 도시로, 중세부터 법랑도기와 법랑장식물로 유명하다)의 법랑 기술자들이 그러한 방식으로 만들어 낸 장식예술품이란 뜻을 우리에게 전달하고자 한 것으로 여겨진다. 따라서 글쓴이는 자신의 저술에서 역사적 타당성과 비교 가능성에 대하여 이해하고 있는 듯한 태도를 취하고 있다. 그는 이 '법랑으로 장식된 듯한'이란 말을 낱말을 설명하기 위한 시각적 의미에서 사용하고 있지만, 그 의미는 또한 16세기에 시를 쓰고 있었던 스펜서도 이해하고 있었을 그러한 것이다.

이제 좀더 최근의 글을 보기로 하자. 여기서 글쓴이는 서양 예술의 역사에서 매우 유명한(규범적이라 할 만한) 또 하나의 경우가 되는 작품 해설에 착수하고 있는데, 그것은 세잔의 풍경화와 마찬가지로 미술사학자들이 화포에 있는 몇 가지의 표시들로 인해 의미가 전달되는 방식을 이해하고 해석해 내는 것에 어려움을 겪게 만들어 온 그러한 작품에 대한 것이다. 홀바인의 〈대사들〉이란 작품의 전경에서 어떤 일이 일어나고 있는 것인

〔도판 18〕〈장 드 댕트빌과 조르주 드 셀브(대사들)〉, 한스 홀바인, 런던 국립미술관 보존위원회의 제공으로 여기에 전재된 것.

가를 설명하려고 많은 사람들이 시도해 왔다.〔도판 18〕 이것이 그러한 설명 중 하나이다.

    그림이 차지하고 있는 공간인 마룻바닥을 가로지르고 있다고, 또는 그 위의 인물상들이 그려진 공간을 비켜 가로지르고 있다고 하는 편이 오히려 나을 그러한 위치에, 홀바인은 자세하긴 하나 해독해 낼 수는 없는 얼룩을 그려넣었다. 그림의 오른쪽에 해당하는 위치의 벽에 물러서서 보는 사람들에게 이 얼룩은 인간의 두개골을 **기형적으로 변화시켜 표현한 것으로** 읽어낼 수가 있는 것이 된다. 이러한 장치는 **죽음의 표상**, 즉 그 그림으로 표현하고 있는 모든 것들에 부수적으로 따르게 될 수도 있는 일들, 특히 그 두 사람도 언젠가는 죽을 운명이라는 점과 같은 것을 일깨워 주는 것이다. 우리가 이 그림을 하나의 초상으로서 대면하고 있는 동안, 그 두개골은 주요 장면이 **허상처럼 되어 버리는 구조와 존재론적으로 양립할 수 없는 것이** 된다. 이것이 가지고 있는 **모방적인** 표현 형식은 그림 자체를 올바르게 볼 수 없게 될 때에야 인지가 가능한 것이 된다. 그러나 일단 그것이 무엇인지에 대한 확인이 이루어지고 나면, 그 **상징물**이 그림을 가로질러—혹은 그림이 가지고 있는 **가공(架空)의 표면**에 그려넣어져 있기 때문에—그것이 의미하는 것은 그 그림에 묘사된 것이 갖는 의미를 뒤엎거나 무효화하게 된다. 하나의 문장을 갑작스러운 공포라는 인용부호가 감싸 버리는 것처럼 그것은 재능과 성취의 증거로 여겨질 수도 있는 모든 것들, 그리고 그 이외의 모든 것들이 각인되어 있는 동일한 그 그림의 **순수한 표면**이 가지는 기능으로 여겨질 수 있는 모든 것들을 포함하여, 그림의 표면에 담겨 있는 모든 것들이 가지고 있는 **사실적 가치**를 변화시킨다. 만약 그림이 돌이킬 수 없을 정도로 변형되었다면 그때서야 비로소 자각될 수 있는 어떤 것—조심스럽게 이루어낸 그 그림의 동시성이라는 환상, 그것의 '**현전성**'이 그것에 딸린 부수적인 것들이 표현됨으로 해서 회복할 수 없을 정도로 손상된다는 것과 같은 일에 대해 상상해 보아야 한다는 것은 얼마나 기괴한 일인가. 이러한 손상이 **미학적인 파멸**이 되는 것인지,

그렇게 되는 것이 아닌지에 대해 묻는 것은 적절한 질문일까? 중요한 것은 어쩌면 그러한 미학적 파멸이라는 것이 **변형된 미학**으로 이어질 수도 있다는 가능성이다. 그 두개골로 표현되고 있는 변화는 말하자면 그 그림이 차지하고 있는 위치와 어쩌면 회화적 표현법 전체라는 것에 대해 그 확실성에 대한 진지한 의심을 해볼 수 있는 **원근법**에서만 꼭 필요한 유일한 구성 요소가 되는 것이다.

(찰스 해리슨, 《미술과 언어》, 옥스퍼드: 블랙웰, 1990, pp.197-8.)

프리츠 노보트니와 마찬가지로 찰스 해리슨도 여기서 관람자에게 공간이라는 것을 체험할 수 있게 해주는 이미지들을 바라본다는 경험을 비집어 열고 그 안으로 들어가 보는 데 관심을 가지고 있다. 해리슨은 누구라고 밝혀 놓지는 않았지만 어떤 관찰자가 그 화포를 볼 수 있는 위치에 서 있는 것으로 가정한다. 비록 '우리'라는 용어의 사용은, 기술되고 있는 이것이 일반적이고 보편적인 것이라기보다는 개인적이고 개별적인 경험이라고 안내하면서 해석해 주는 사람과 그것을 거부하는 사람 둘 다를 의미할 수 있게 인정하는 것이 되지만, 이 관찰자는 뒤이어 밝혀지는 것처럼 그 자신이다. 해리슨의 관심을 끈 것은 어떻게 해서 이 그림 하나가 다른 하나를 무효화시키는 두 개의 서로 다른 관람방식을 요구하고 있는가 하는 점이다. 이것은 이미 잘 알려진 유희로서, 미술관에서 기형적으로 변형된 그림들(기괴한 효과를 내게 되며, 어떤 특정 각도에서 보아야만 이미지가 제대로 보일 수 있도록 왜곡된 원근법이 담겨져 있는 그림들)이 걸려 있는 곳에는 어떻게 보아야 할 것인지에 대한 지시 사항이나 올라설 수 있는 등받이 없는 걸상 등이 흔히 제공된다.

해리슨이 사용하고 있는 '모방적' 또는 '사실적 가치' 등과 같은 낱말이나 구절은 평론에서 사용하는 메타 언어의 일부분이다. 그러나 해리슨의 분석이 노보트니의 분석과 구분되는 것은, 그 모든 복잡성을 가지고 있는 이러한 형식으로 표현된 환상의 시각적 특징들을 단순히 밝혀내는 것에 만족하고 있지 않으며, 그러한 특징들을 화가의 이력에서 어느 특정 시기에 속한 것인지를 추적하거나, 혹은 그것들을 어느 시기에 속한 형식이 갖고 있는 시각적인 교묘함, 혹은 허세의 표현으로 보는 것이 아니라, 오히려 그는 그러한 특징들(기형적으로 변형시킨 그림을 전통적인 원근법적 구성에 도입하는 것)이 미학 전체에 주는 효과에 대해 알아야 한다고 요구하고 있다는 점이다.

달리 말하자면, 해리슨은 그 기괴하게 변형된 두개골과 이것이 묘사되고 있는 이미지 영역과의 관계를 미심쩍으면서도 역동적인 것으로 제시하고 있다는 것이다. 이것은 전체적인 이미지에 의해 전달되는 의미의 수준에서 일어난다. 따라서 관람자들에게 즐거움을 주도록 마침 홀바인이 그 안에 교묘하게 시각적 속임수를 끼워넣게 된, 두 명의 대사가 그려진 초상화 대신 우리는 삶과 죽음에 대한, 그리고 동시에 사실은 물감이 칠해진 납작한 평면들을 보면서 우리가 실제의 삶을 보고 있는 것처럼 믿게 만드는 창조와 파괴의 방식들에 대한 변증법(논증)을 얻게 된다. 따라서 해리슨의 궁극적 관심은 홀바인에 대해서, 혹은 원근법이나 물감(노보트니가 세잔에 대해 가지고 있는 관심에서처럼)에 대해서가 아니라 한 벌의 가능성들과 법칙들, 그리고 실천으로서의 표현에 대한 것에 있다.

만약 화가 자신들의 예술적 진술이 산문이나 운문으로 가장 잘 나타낼 수 있는 것이었다면 물감 대신에 그러한 매체들을 택했을 것이기 때문이라거나, 혹은 그것의 진술이 되는 것은 그림이 갖고 있는 형체이며 언어는 적절치 못한 것이기 때문이라면서, 우리가 시각적 예술에 대해 말로 표현하는 것은 무의미한 일이라고 주장함으로써 이러한 논의 전체를 대충 처리해 버리고 싶은 유혹에 빠지게 된다면, 언어는 개인들로서 우리의 창조적 삶에 근본이 된다는 사실을 상기해 보는 것도 그럴 만한 가치가 있는 일이다. 언어는 우리가 다른 사람과 서로 의견을 나눌 수 있도록 해준다. 실로 언어는 생각에 선행하는 것이며, 언어가 없이는 대상에 대한 개념화 작용이 불가능하다고 주장되어 왔다. 더욱이 이것은 어떤 수준에서건, 그리고 어떤 상황에서건 학문적·문화적인 논의에서 온통 세력을 떨치고 있는 매개체인 것이다. 언어가 레슬링 시합을 보고 난 일단의 사람들이 그 구경거리에 대한 그들 각자의 경험에 대해 의견을 나누거나 비교하기 위해 사용되는 것과 마찬가지로, 그것은 런던의 한 상업화랑에서 개인적으로 그림을 감상하고 나온 일단의 사람들에 의해서도 사용되는 것이다. 어떤 주제가 되었건 그것에 관해서 본격적인 저술을 하는 것은 그 자체로 하나의 창조 행위이며, 의식적으로, 그리고 심사숙고하여 얻어진 기술과 자각을 필요로 하는 것이다.

일반 서적이나 잡지에 있어서처럼 똑같은 것을 다수로 얻을 수 있는 사진 복제가 출현하기 전인 옛날에는 비평가나 미술사학자들의 가장 큰 책임이 예술작품이나 건축물의 외양을 기술하는 데 있었다. 실제로 최초의 미술사학자들은 언어적인 것을 통해 시각적인 것을 칭송하기 위해 엑프라시스(ekphrasis)라는 특이한 양식의 수사법을 채택했다. 신문이 보다 널리 이용되기 시작했던 19세기에는 전시회에 참석할 수 없었던 사람들을 위해서 회화작품을 보고 있는 것처럼 언어로써 묘사하는 내용이 몇 페이지씩이나 되기도 했다. 몇몇의 경우, 이러한 묘사는 그 자체로서 예술작품으로 여겨도 손색이 없을 정도의 본질적인 문학적 특성을 가지고 있다. 여기 그러한 예로서, 샤르댕과 같은 시대 사람인 프랑스의 비평가 드니 디드로는 샤르댕의 정물화에 대한 글을 쓰고 있다. 작품에 대한 그의 묘사는 광범위한 일반 대중들을 위한 것이라기보다는 세련된 귀족들의 국제적인 모임에 원고를 배포하기 위한 것이었다.

계단을 올라가면서 보게 되는 그 작품이 특히 주목해 볼 만한 가치가 있다. 이 화가는 탁자 위에 오래 된 중국 자기 화병 하나, 비스킷 두 개, 올리브 한 단지, 과일 한 바구니, 포도주가 절반 정도 차 있는 유리잔 두 개, 세비아 오렌지 하나, 그리고 고기 파이 하나를 놓아두고 있다.

내가 다른 화가들의 그림을 보게 될 때면 내게 새로운 눈이 있었으면 좋겠다고 느끼게 되지만, 샤르댕의 그림을 보는 데 필요한 것은 단지 자연이 내게 준 두 눈을 잘 간직하고 그것을 잘 이용만 하면 된다.

만약 내 아이가 화가가 되었으면 하고 바란다면 이것이 바로 내가 사야 할 그런 그림이다. "그걸 따라 그려라" "그걸 다시 따라 그려라" 하고 나는 아이에게 말할 것이다. 하지만 어쩌면 자연 그 자체를 보고 그리는 것이 이보다 더 어렵지는 않을 것이다.

왜냐하면 그림 속의 자기 화병은 정말 자기로 되어 있는 것 같으며, 올리브는 맺혀 있는 물방울에 의해 그것들이 진짜로 가운데가 분리되어 있는 것처럼 보인다. 당신은 그저 그 비스킷을 집어먹고, 그 오렌지를 잘라 짜내고, 잔에 담긴 포도주를 마시고, 그 과일의 껍질을 까고, 파이를 썰기만 하면 되는 것이다.

색채와 반사의 조화를 진정으로 이해하고 있는 사람이 여기 있다. 오, 샤르댕! 당신이 팔레트에서 섞은 것은 희고 붉고 검은 물감이 아니라 바로 그것들을 이루고 있는 물질이며, 당신은 공기와 빛 그 자체를 붓끝에 묻혀 화포에 칠해 놓은 것이다.

(D. 디드로, 〈1763년 살롱전〉, 《미술사의 자료와 문서들: 신고전주의와 낭만주의》, 잉글우드 클리프스, NJ: 프렌티스 홀 인터내셔널, 1970년 판본에서 번역 및 재인쇄.)

디드로가 묘사하고 있는 그림을 만약 우리가 봤다 해도 우리는 그가 무엇을 보았는지 정확하게 알 수는 없었겠지만 그럼에도 불구하고 우리는 18세기의 디드로, 19세기의 해즐릿과 같은 작가들——자신들이 본 예술품의 외양을 사진의 도움이 없이 자신들에게나 독자들에게 언어를 사용하여 상기시켜 줄 수 있는 기술을 배운 사람들인——에게서 본 것을 해석해 내는 것뿐만 아니라 그대로 묘사해 내며, 언어가 가진 힘에 대해 많은 것을 배울 수 있다. 원래의 인용문은 프랑스어로 되어 있지만 번역을 해놓은 상태에서조차도 이것은 기품과 개성의 대부분을 그대로 간직하고 있다. 우리는 디드로처럼 미사여구(美辭麗句)를 동원하는 어투를 연마하고 싶어하지 않을 수도 있지만, 한편으로는 예술에 대한 저술(아니면 문학이나 생물에 관한 저술도 당연히 그렇지만)이 독자들에게 계몽뿐만 아니라 기쁨도 줄 수 있도록 언어가 제공할 수 있는 모든 정교함을 다 이용하지 말아야 할 하등의 이유가 없는 것이다. 그러한 경우가 비교적 드물게 일어나는 이유는 예술작품을 묘사하는 것이 극도로 어렵기 때문이다.

언어로 미술작품을 칭찬하는 것과 같은 종류의 저술은 오늘날의 예술에 대한 저술에서도 여전히 찾아볼 수 있다. 예로서 여기 미국의 표현주의적 추상화가인 모리스 루이스의 작품전시회의 목록에서 인용한 글이 있다. 비구상 미술작품을 관람한 경험(괜찮다면, 그 정반대에 있는 것으로 찰스 해리슨이 언급한 모방미술에 대한 글을 예로 들어도 좋을 것이다)을 언어로 전달한다는 것의 어려움은 글쓴이로 하여금 일련의 은유들을 사용하지 않을 수 없게 만들고 있다. 화가가 '베일'이라는 말을 은유적으로 사용하는 것에 고무되어, 그는 말라붙은 물감 표면에 대하여 마치 액체가 그 자체의 운동량에 밀려 움직이는 것처럼 글로 표현해 내고 있다. 그는 이미지가 갖고 있는 정적인 실재성에 마치 그가 사실적 기술이어야 하는 것에서 그의 주관적인 반응을 생략하듯이, 물리적인 운동 능력을 부여한다. 이러한 것과 같은 글을 읽을 때 우리는 일련의 사실에 대한 관찰 기록들이라기보다는 하나의 해석에 대한 글을 읽고 있다는 사실을 우리 자신에게 일깨워야만 한다.〔도판 19〕

더욱이 루이스의 그림에 있는 얼룩은 그것을 입체파 화가들의 그림들보다 한층 더 단조롭게 만들고 있는 반면에, 그것이 가지고 있는 광도는 또한 거기에 깊이를 더해 준다. 입체파 미술에

〔도판 19〕〈몬순〉, 모리스 루이스, 1959, 이 화가의 '베일' 연작 중 한 편, 뉴욕 앙드레 에머리크 미술관 제공.

서, 그림 내부에 묘사된 선과 그것의 가장자리에 정확하게 그어진 선의 공존은 그 그림의 가장자리 선에 압축되고 긴장된 효과를 가져다 주게 된다. 루이스의 그림에서는 뉴먼의 그림에 있어서와 마찬가지로, 그것이 정반대의 방식으로 작용하여, 그림의 내부가 펼쳐지면서 열려 그것의 그림이 그려진 공간이 '그림의 틀을 이루는 가장자리를 지나 그 너머의 공간으로 새어 나오는 —— 아니, 그보다는 새어 나오는 것처럼 여겨지게 하는—— 것이다.' 루이스의 경우에 그림의 공간이 가지고 있는 한계선은 그림의 틀을 이루는 가장자리 가까이에 자리잡은 똑같은 그림의 한 이형(異形)에 의해, 말하자면 강조하듯 그려진 베일 모양 그 자체의 윤곽선에 의해 (둘러싸이지 않은 상태로) 범위가 한정되며, 표면이 지니고 있는 단조로운 물질성이 그것을 통해 지나가기 때문에 그것이 주는 효과는 뭔가에 의해 둘러싸여 있다는 느낌이 없는 팽팽함이다. 베일 시리즈의 1954년 작품에서 베일 모양의 한계선은 비교적 유동적인 것이어서——폴록의 그림에서와 같은——틀을 이루는 가장자리를 향해 그 강도에 있어서 약화되는 내적 삽화 효과를 내고 있다. 그러나 청동으로 제작된 베일 시리즈의 작품에서는 그 한계선이 내적 삽화의 강도를 갑작스럽게 파괴시킬 정도로 견고하게 정해져 있으며, 틀을 이루는 가장자리를 비틀어 열고 나와 자유롭게 된 것과 같은 이미지를 창조해 내고 있다.

(J. 엘더필드, 《모리스 루이스》, 뉴욕 현대미술박물관, 1986년 10월 6일에서 1987년 1월 4일까지 열렸던 전시회 목록의 서문: 저자의 각주는 생략하였다.)

미술사학적 텍스트에서 이러한 묘사적인 글의 범위는 논의되고 있는 예술작품이 책의 독자로 상정된 사람들에게 친숙한 정도에 달려 있는 것일 수도 있다. 서구의 독자들을 대상으로 베냉[서아프리카에 있는 공화국]의 의식용 의상에 관한 글을 쓰고 있는 사람은 인상파 화가의 그림 한 점에 대한 글을 쓰고 있는 사람보다 훨씬 더 상세한 부분까지 언급하고 넘어가야 할 필요가 있을 것이다. 하지만 묘사하는 행위는 진품 확인에 대한 중립적인 과정이어야 하며, 모든 형식의 분석에 필요한 준비가 되어야 함을 공언하고 있는 미술사학적 글쓰기의 전통이 존재한다는 사실은 여전히 남아 있다. 중세 미술품에 관한 많은 글들이 어원 파노프스키의 영향으로 이러한 범주에 속하는 것이 된다. 작품의 진품 확인 다음에는 하나의 이미지 안에 자리잡고 있는 특징의 열거가 뒤따르게 된다. 그 다음 저자는 그러한 특징들이나 주제들이 가지고 있는 문화적 의미의 분석에 들어가게 된다. 이것은 특히 중세 미술품에 대한 저술에서 일반적으로 행해지는 것인(하지만 꼭 배타적으로 그러한 것은 아닌) 도상(iconography; 1)그림이나 형상·이미지 등으로 표현하거나, 또는 도해를 하는 기술. 2)시각예술에서의 동일시, 묘사적 서술, 분류, 그리고 이러한 요소들에 대한 정의를 통한, 도상이 가지고 있는 상징·주제·그림의 제재 등에 대한 연구)에 소용되는 언어를 필요로 한다.

도상이란 단순히 그림으로 표현해 내는 기술을 의미하는 것이며, 도상학(iconology; 시각예술 작품의 의미를 제재나 상징·이미지들·양식·전색제, 그리고 역사적 맥락에 대한 분석을 통해 밝혀 보려는 연구)은 시각적 이미지의 연구이다. 아이콘(icon; 그림·조각의 상, 또는 그리스도·성자·순교자 등의 모습을 그린 성화상)이라는 것은 원래 초상화라는 의미였지만, 도상이라는 용어는 특정하며 정체성을 확인할 수 있는 문학적 의미를 가지고 있는 시각적 이미지의 그 어떤 부류에 대해서도 이제는 널리 적용되는 용어가 되어 있다. 도상 연구는 대개 이미지의 의미와 형식이 서로 다른 시대와 서로 다른 나라를 거치는 동안 수정되고 변동을 겪게 되는 것을 저자가 추적하면서 생겨나게 된 넓은 범위의 언어학적·문화적 참고문헌이 존재하게 된다는 특징이 있다. 이러한 종류의 저술에 사용되는 언어는 경험이 많은 독자에게조차도 애매하게 여겨지거나 이해하는 데 상당한 어려움을 줄 수도 있다. 저술가들은 정말 터무니없게도 몇 개의 외국어에 대한 지식뿐만 아니라 엄청나게 넓은 문화적 배경 지식까지도 아주 당연한 것으로 여기는 경우가 흔하다. 여기 인용한 글은 파노프스키의 저서들 가운데 하나에서 가져온 것인데, 인용된 이 글이 실려 있는 출판된 텍스트에서는 이것이 한 쪽의 겨우 4분의 1만을 차지하고 있으며, 나머지 4분의 3은 텍스트에서 펼치고 있는 주장을 뒷받침하기 위한 길고 자세한 각주가 차지하고 있다는 점에서 이것은 전형적인 도상 연구 미술사이다.

그렇다면 뒤러는 〈오르페우스의 죽음〉에서와 마찬가지로 〈유로파의 납치〉에서 이중의 우회라고 부를 수 있는 것으로 고대 문화에 대한 근원을 추적해 왔는데, 이탈리아의 한 시인 ── 어쩌면 두 가지 경우 모두에 있어서 폴리치아노[15세기 이탈리아의 시인 겸 학자. 《일리아스》를 라틴어로 번역하여 로렌초 데 메디치 가문의 주목을 받게 됨] ── 이 오비디우스의 서술적 묘사를 그가 살던 시대의 언어적·정서적인 방언으로 번역했으며, 이탈리아의 한 화가는 사티로스[그리스 신화에 나오는 반은 사람, 반은 염소의 몸을 한 숲의 신. 호색적인 것으로 유명함]·네레이스[그리스 신화에 나오는 바다의 요정]·큐피드와 도망치는 님프, 물결치는 듯한 우아한 주름의 휘장, 그리고 미끈하게 처진 삼단 같은 머리털이라는 15세기 콰트로첸토(Quattrocento)식 무대 배경(mise-en-scène)의 모든 도구들을 동원하여 그 두 개의 사건들을 눈앞에서 보고 있는 것처럼 그려냈다. 뒤러가 고전 시대의 소재들을 이용할 수 있게 된 것은 이러한 이중의 변형이 있고 난 다음에서였다. 풍경을 나타내는 요소들——나무와 초원, 산과 건물——은 이탈리아적 원형과는 관계가 없는 것들이며, 처음부터 끝까지 바삐 움직이는 작은 요정들로 공간을 채우는 방식은 그 '바삐 움직이는 작은 요정들'의 대부분이 고전 시대의 사티로스들이거나 여성의 형상을 한 판들(she-Pans), 트리톤들〔그리스 신화에 나오는 반은 사람, 반은 물고기의 몸을 한 바다의 신〕이라는 사실에도 불구하고 철저하게 북적인다.

(E. 파노프스키, 《시각예술에 있어서의 의미》(1955), 하몬스워스: 펭귄북스, 1970, pp.284-6.)

이 저술에서 이 인용문의 언어나 의미가 지니고 있는 문제 해결의 실마리는 '뒤러는 추적해 왔다'라고 하는 첫번째 문장의 낱말에 들어 있다. 도해에 관한 논증이 설득력을 가지게 되는 경우는 문제가 되는 화가가 어떤 '원형'에 대해 알고 있었거나 보았을 것이라는 점을 글쓴이가 독자에게 납득시킬 수 있게 될 때뿐이다. 이러한 것들로부터 모든 연쇄적 관계들이 생겨나는 것이다. 이 인용문에는 사용되고 있는 종류의 학문적인 연구 방식이 어떤 것인지에 대한 여러 개의 언어학적 실마리들이 존재한다. 복잡한 여정을 암시하는 '이중의 우회'나 복합적인 문학적 변형을 묘사하는 간략한 방식인 '언어적·정서적인 방언'과 같은 것들에 대한 언급에 주목해 보라.

도해 연구의 특징이 되는 논증은 넓은 범위의 지식에서 유래하는 것이며, 그래서 저술가의 주요한 문제는 어떤 방식으로 자신이 거론하고 있는 자료들을 미술사학에 대한 경험이 없는 독자들이 인정할 수 있도록 만드느냐 하는 것이다. 파노프스키는 두 가지 방식으로 이 문제를 해결하기 위해 노력하고 있다. 첫번째로 그는 자신이 다루고 있는 자료들을 두 부분으로 나누고 있는데, 텍스트만을 읽고 오비디우스의 글을 '그가 살던 시대의 언어적·정서적인 방언'으로 번역해 낸 사람은 폴리치아노일 가능성이 있다는 그의 주장을 뒷받침해 줄 만한 충분한 증거를 가지고 있다는 것을 당연하게 받아들이는 것은 가능한 일이다. 다른 한편으로 학구적인 독자들은 이러한 주제에 관한 각주에 대해 언급할 수도 있다. 두번째로 파노프스키는 보충적인 조항들을 제공함으로써 자신의 독자들에게 어느 정도까지는 도움을 주고 있다. 우리는 '콰트로첸토'라는 말이 15세기를 나타내는 이탈리아식 기술방식인지에 대해서도 알고 있지 못할 수도 있는데, 우리 식으로는 '1400년대'라고 했을 것이기 때문이다. 우리는 '미즈-앙-센(mise-en-scène)'이라는 말에 대해서도 어려움을 겪었을 수 있으며, 당연히 글쓴이에게 왜 영어로 글을 쓰면서 단순하게 '무대 배경(stage setting)'이라고 쓸 수가 없었는지에 대해서도 의문을 제기해 볼 수 있는 것이기 때문이다. 다른 한편으로 그의 독자들 중 일부는 15세기 무대 배경이 어떤 것들로 구성되어 있는지를 알지 못한다고 가정하여, 파노프스키는 사티로스니 네레이스니 하는 것과 같은 그것의 구성 요소들 중 일부를 열거하기 시작한다. 마지막 문장에서의 '바삐 움직이는 작은 요정들(busy little things)'이라고 번역되는 독일어 구절은, 비록 이것이 우리가 다루고 있는 화가가 독일 사람이라는 것을 일깨워 주는 데 기여하는 것은 될는지 모르지만, 우선은 이것이 진정으로 필요한 것인지 어떤지 궁금하게 만들고 있는 것이다.

아래 인용된 글에서는 중세 미술에 대해 보다 최근의 또 한 저술가가 상당히 다른 접근방식을 취하고 있다. 여기 인용된 글은 황금에 대해 어떤 시각을 가지고 있었는지에 대하여 설명해 보려는 시도이며, 그 당시에도 황금이라는 것이 오늘날과 같은 의미를 가지고 있는 것으로 당연하게 여기고 있지는 않지만 이러한 사실을 전달하는 데 아주 현대적인 (그리고 구어체적이기까지 한) 언어를 사용하고 있다.

금은 오늘날에도 여전히 지위를 나타내 주는 상징물이기 때문에 우리는 금이 가지고 있는 부드러운 광택이, 그것을 보고 있는 중세 사람들의 눈을 얼마나 즐겁게 했을 것인지에 대한 느낌을 알 수가 있으며, 가장 고상한 조각상이나 패널화에서조차도 그것이 '그 무게만큼의 금에 해당하는 가치가 있다'라는 사실을 의식할 수 있는 것이다. 다른 많은 상징물들과 마찬가지로 금은 선과 악이라는 서로 반대되는 두 개의 극단적인 것들의 어느쪽을 나타내 주는 기표가 될 수 있다. '그 민족의 우상들은 은과 금으로 되어 있다'라는 것은 그 이교도의 신들이 지나친 사치스러움과 잘못 소비된 재물이라는 생각의 중심에 자리잡은 것이 되어 왔기 때문에 한층 더 가증스러운 것으로 여겨지게 만들었던 것이다. 또한 여기에는 마르크 블로크에 의해 연구된 바 있는 중요한 역사적 맥락이 존재하는데, 그는 12, 3세기의 서유럽에는 비잔티움(콘스탄티노플의 옛 이름)이나 이슬람 국가들의 풍부한 자원과 비교할 때 금이 고갈되어 있었음을 입증해 주고 있다. 실제 이러한 금으로 만들어진 화폐의 부족은 그 희귀함 때문에 사람들이 예술품에서 예수를 찬양하는 데와, 탐욕스러운 이

교도의 더러운 재물을 비하하는 데 모두 사용되었던 황금을 어떤 식으로 보았을 것인지에 대해 영향을 미쳤음이 분명하다.

(M. 카미유, 《고딕 시대의 우상들: 중세 미술에 있어서의 이념과 이미지 구축》, 케임브리지: 케임브리지대학교 출판국, 1989, p.260. 저자의 각주는 생략하였다.)

카미유는 '독자들에게 편의를 제공하는' 쪽이 되기로 결심한 듯 인용된 이 글은 독자들의 경험에 호소하는 것으로 시작하고 있다. 금으로 만든 시계나 목걸이에 대한 광고는 서구 문화권 사람들에게 친숙한 한부분이니까. 그 다음 그는 '그 무게만큼의 금에 해당하는 가치가 있다'라는 일상적인 말을 중심으로 논지를 전개하고 있는데, 그것은 자신이 쓰고 있는 문맥에서 어쩌면 이것은 글자 그대로 들어맞는 것이 될 수도 있다는 것을 강조하기 위해서이다. 하지만 그가 관심을 두고 있는 것은 황금이 가지고 있는 상징적인 가치이기 때문에 그는 계속해서, 당시에는 현재와 마찬가지로 금이라는 이 상품의 공급이 사람들이 그것을 보는 방식에 영향을 미쳤다는 점을 강조하기 위해 짤막한 인용을 하기에 이른다. 그 단락을 '더러운 재물'에 대한 언급으로 결론을 짓고 있는 것으로 우리에게 다시 한번 우리가 일상적으로 사용하는 말들이 먼 과거에 그 근원을 두고 있다는 것을 일깨워 준다. 이처럼 그가 사용하는 언어는 오늘날의 관객들과 자신이 연구하고 있는 과거의 사건들을 연결해 주는 데 기여한다.

모든 저술가들은 자신들이 다루고 있는 것에 대한 하나의 전망 혹은 그것에 대한 접근법을 가지고 있다. 비록 그들이 어떤 접근방식도 포기한 상태이거나, 아니면 그들이 내놓고 있는 하나의 설명이 많은 가능한 주장들 중 하나라기보다는 보편적 진리를 담고 있는 것처럼 여겨질 정도로 공정하고 권위가 있어 보인다 할지라도 이것은 사실이다. 예를 들면 미술품 시장에 대한 글에 사용되는 언어는 절대적으로 측정이 가능한 확실성과 입증할 수 있는 데이터 등을 암시하는 사회학과 경제학 용어인 경우가 흔하다. 그러한 예로서 어떤 방식으로, 그리고 왜 특정 예술작품이 팔리거나 도난을 당하는가 하는 점에 대한 연구에서 짤막하게 여기에 인용해 보겠다.

전체적으로 미국에서 미술품 수요가 증가함에 따라 야기되는 가격 인상이 더 많은 미술품 절도 행위로 이어지게 된다는 것은 몇몇 사람에게 책임이 있는 것이지만, 부정적인 부대 효과는 상당히 사소한 것일 수가 있다. (그리고 이러한 점들은 부분적으로 더 나은 보존이라는 긍정적인 부대 효과에 의해 보상된다.) 만약 유럽 지역에서 미술품 수요 증가로 인하여 미술품의 가격이 등귀한다면 정확히 똑같은 결과가 나타나게 될 것이다. 그렇다면 부대적인 측면들로 인하여 생겨나는 점들을 근거로 해서 국제적인 미술품 시장에 대해 반대해야 할 근거가 별로 없다는 결론이 내려져야만 한다.
(B. S. 프라이·W. W. 포메른, 《뮤즈의 여신들과 시장들, 미술품의 경제학에 대한 연구》, 옥스퍼드: 블랙웰, 1989, p.122.)

인용문이 시작되는 부분에 '전체적으로'와 같은 구절을 사용하는 것은 어떤 방식으로 절대적 개관이라는 관념, 즉 사실들의 최종적인 요약임을 우리에게 전달하고 있다는 점에 주목해야만 한다. 우리가 듣게 되는 '수요'·'부대 효과'·'가격'·'결과' 등과 같은 말들이 바로 경제학 용어인 것이다. 이것은 유물론의 언어이며, 원인과 결과라는 측면에서 추적이 가능한 사물들에 대한 언어인 것이다.

미술사학자들은 전통적으로 선임자들에게 관심을 보여 왔다. 미술사에 대한 기초적인 서적들을 읽게 되면서 많은 학생들이 물고 늘어지는 개념들 중 하나가, 누가 누구에게서 무엇을 빌려 왔으며, 혹은 물려받았는가 하는 것과 같은 영향에 대한 개념이다. 영향에 대한 개념은 이것이 여러 세대에 걸친 미술사학자들을 강력하게 사로잡는 이유들을 가지고 있었던 것인 만큼 최근 들어 상당히 철저한 검토를 거쳐 왔다. 그럼에도 불구하고 선임자들에 관한 문제나, 예술작품들이 가지고 있는 상관관계와 예외적인 특성들은 여전히 미술사학자들의 관심사가 되고 있다. 1973년에 출판되었지만 수차례 여러 판을 거듭 찍어냈으며, 학부 학생들을 가르치고 있는 교수들에 의해 널리 추천되는 책으로부터 인용한 아래 글에서, 글쓴이는 미술사학의 전문적인 어휘나 메타 언어를 사용하지 않는데, 그럼에도 불구하고 그의 글은 신중하고 통제력을 지니고 있으며, 의식적으로 언어를 교묘하게 다루는 것을 통해 효과를 내고 있다.

1848년 이후의 몇십 년 동안 쿠르베와 보들레르가 보여 준 본보기들, 그리고 그들이 작품을 통해 구체적으로 표현해 내는 정치에 대한 상이한 반응은 여전히 끈덕지게 살아남아 있다. 아무리 그들 사이의 견해가 일치하지 않는 것처럼 여겨져도 금세기

말에 얼마나 많은 최고의 화가들이 그러한 반응들을 결합시키려 노력했는가 하는 점은 신기한 일이다. 예를 들면 1860년대에 마네는 대중적인 삶에 대해 보들레르가 가지는 경멸에 경의를 표하지만, 대중적인 쿠르베의 삶을 흉내내고 있으며——혹은 그렇게 해서 관람자가 〈올랭피아〉라는 작품을 마주 대면하고 있는 것처럼, 혹은 그림을 보면서 실제 구경꾼으로서 〈막시밀리안의 처형〉을 바라보고 있는 것처럼 느끼도록 한다——바로 관객들이 알고 싶어하지 않았던 것을 진술하기 위한 그림인, 대중적인 그림에 대하여 희망하는 것과는 반대되는 것에 대한 희망을 하고 있는 것이다. 아니면 1880년대의 쇠라가 자신의 친구들이 견지하고 있는 무정부주의에도 불구하고 정치적인 것에 관해서는 침묵을 지키고, 후기의 아방가르드 화가로서 그 모든 전례에 구애를 받게 되면서도 예술적 선례에 대한 자신의 권리를 주장하지만 기쁨이 없는 오락의, 무미건조한 쾌락의 체계가 잡히고 경직된 이미지들로 인해서 상류 사회의 그림이며, 대중적인 삶과 개인적인 삶이 교차하는 장소에 대한 그림인 〈그랑드자트 섬〉이나 〈캉캉 춤〉과 같은 작품들을 그린 것에 대해 생각해 보라.

(T. J. 클라크, 《완전무결한 속물들, 1848년에서 1851년까지의 프랑스 화가들과 정치》, 런던: 템스 앤드 허드슨, 1973, p.181.)

여기서 미술사의 언어는 현재의 언어이며, 연속성의 언어이다. 최소한 그것은 글쓴이가 성취하기 위해 노력한 것으로 여겨지는 효과인 것이다. 첫 문장의 구성은 인상적인 것으로, 처음에는 기간을 다루다가 다음에는 두 사람 모두 '정치에 대한 반응'의 대표적인 인물들로 정평이 나 있는 쿠르베와 보들레르라는 두 개인에 대해서, 그리고 마지막으로는 이러한 반응이 가지고 있는 연속성에 대해 다루는데, 그것은 '끈덕지게 살아남아 있다'라는 구절 속에 사람들이 보다 일반적으로 하나의 반응보다는 하나의 인간을 연상하게 되는 능동형 동사로 표현되어 있기 때문이다. 이 인용문이 설득력을 가지도록 하고, 계속 이어지는 과정이라는 느낌이 들게 하는 것은 이러한 능동형 동사의 사용과 현재 시제의 빈번한 사용인데, '구체적으로 표현해 내는,' '경의를 표하지만,' '희망하는 것과는 반대되는 것에 대한 희망을 하고 있는,' '구경꾼으로서 바라보고 있는'(우리가 그림의 관람자로서 마네의 〈막시밀리안의 처형〉과 그림 안에서 표현되고 있는 사건의 관련성·동시성을 볼 수 있는 두 가지 방식 모두를 간결하게 암시하고 있는 구절인), '자신의 권리를 주장하지만,' 그리고 '그린' 등이 그것이다. 다양한 낱말들이 클라크에 의해 도발적으로 사용되고 있다. 예를 들면 비록 마네와 쇠라가 뛰어난 화가들이며, 그 뒤에 나오는 그들 작품의 본보기들이 성공적인 그림이라는 것에 동의하지 않을 사람은 별로 없겠지만, '최고의' 화가들이라는 말은 독자들로 하여금 경계심을 일으키도록 만들 수도 있다.

클라크는 독자들에게 어떤 것을 예상하게 하고는 그 정반대의 것을, 아니면 적어도 예상치 못했던 것을 얻게 만듦으로써 언어가 가지고 있는 역량을 놀라울 정도로 이용한다. 독자는 세 번째 문장에서 클라크가 '대중적인'이란 말을 어떤 뜻으로 사용했는지 알고 싶어하겠지만 '바로 관객들이 **알고 싶어하지 않았던**' 내용을 진술하고 있는 그림(굵은 글씨체는 본 저자가 강조한 것임)이라고 제시되고 있는 '대중적인 그림'에 대한 정의는 예상할 수도 있었던 것과는 반대의 것이다. 이러한 미술사학적 저술에서 사용하고 있는 언어는 여러 가지 면에서 흥미를 돋우는 것이지만, 이것은 또한 모호성이 없다고는 할 수 없는 그러한 것이다. 인용문의 마지막 문장에서 '무미건조한 쾌락의 체계가 잡히고 경직된'이 쇠라의 그림 내용에 관한 기술인지, 아니면 그것들이 그려진 양식과 기법에 관한 기술인지 분명하지가 않다. 글쓴이는 주제와 양식을 구분하고 있지 않은데, 그것은 두 가지 모두가 이해되고 있기 때문이다. 어쩌면 가장 중요한 것은 이 글의 저자가 미술사학적 전문용어 사용을 피하기로 결심하고 있는 것이 분명하다는 점이다. '정치적인'·'대중적인,' 그리고 '개인적인'과 같은 용어의 사용으로 제기되는 언어학적 문제점들은 여전히 남아 있지만 적어도 이 글은 미술사학이라는 학문에 문외한인 사람도 접근이 가능하다.

내가 주장했던 것처럼 미술사에 관한 모든 저술은 하나의 접근방식, 혹은 전망을 가지고 있다는 점을 의식하고 있으며, 자신들의 입장을 밝히는 것을 그들의 저술에서 최고의 과제로 여기고 있는 저술가들에 의해 다른 종류의 위압적인 언어가 사용된다. 다른 말로 하면 그들은 우리가 단순히 텍스트나 화가·작품(이것이 '그들의' 화가, '그들의' 텍스트가 아닌 그들이 표현하려 드는 방식이다)에 대하여 자신들을 어디에 위치시키고 있는지를 추론해 낼 수 있게 될 것이라고 여기고 있지 않지만 그 글에 자신들과 그들이 분석하고 있는 대상물들, 그리고 그들이 착수하고 있는 저술과의 관계를 두드러지게 끼워넣는다는 것이다. 이것은 영혼을 일깨우고 시각적인 것을 언어로 칭송하는 글을 통해 서술적 묘사가 주는 쾌락을 대리로 맛보는 데 익숙해져 있는 예술 애호가들 중 일부가 이러한 언어 사용은 논쟁적이고, 단호하며, 양보를 모르는 것이라고 알게 하는 결과를 낳게 되었다.

우리가 기억해야만 하는 것은 진지하게 미술사에 관한 저술을 하고 있는 사람은 누구든, 프랑스의 철학자 자크 데리다가 체계에 대한, 내적인 묘사의 외적인 것에 대한, 혹은 (다른 방식으로 표현하면) 그 무엇이 되었건 그것에 대해 우리가 어느 정도까지 해석을 해낼 수 있을 것인가에 대한, 결정을 내리는 것이라고 묘사해 온 어떤 것에 대한 이야기를 하기 위한 투쟁을 하고 있는 것이다. 개인들이 어떤 일들을 하기 위한 새로운 방법들을 찾아내기 위해 투쟁할 때 언어는 차용·응용·날조되고, 낱말들은 선원들(또는 저자들)이 해도에 표시되지 않은 바다라고 여기는 곳을 항해하는 배의 정체를 알려 줄 수 있게끔 돛대에 확고하게 못질을 하기도 하는 것이다. 따라서 이러한 의미에 있어서의 낱말들은 정보나 사상을 우리에게 전달하고, 우리의 흥미나 비난을 일깨우는 것뿐만 아니라 그 저자들의 학문적인 연계성까지도 우리에게 알려 준다. 그 저자가 어느 파나 집단에 속해 있는지, 언어가 나타내 주고 있다고 말하는 것은 냉소적이거나 사태를 악화시키는 것으로 들릴 수도 있다. 그리고 이것은 내가 의도하는 바가 아니다. 어떤 형식의 저술들에 대하여 '정치적으로 단정한다는 것'은 주제넘은 일일 수도 있다. 그러나 내가 바라는 것은 이 점이 그러하다는 것을 시인하자는 것이 아니라, 미술사학에서 사용되는 언어가 여러 가지 목적에 기여할 수 있는 방법과, 그것들 중 하나가 '여기가 저자(들)인 내가(혹은 우리들이) 저술하고 있는 내용과 관련하여 서 있는 자리라는 것과, 이것이 우리가 동류를 가지고 있다고 여기는 학문적인 탐구의 분야들이라는 것'을 가리키고 있다는 것을 알리려는 것이다. 이것은 암암리에 다른 파에 대한 날카로운 반박, 다른 불특정의 반대파에 대한 도전, 혹은 응답을 포함하고 있는 것일 수도 있다.

현대 여성 화가들에 대한 평론에서 발췌한 아래의 인용문에서 두 저자들은 여성이라는 주제(화가로서와 이미지로서의)와 인종 문제 사이의 관계에 대한 그들의 관심을 확실하게 밝히고 있다. 이들 두 가지는 원시주의(primitivism; 현대 서구 문명의 학문적·전위적 예술이라는 주류에서 벗어난 것으로 여겨지는 화가들을 가리킨다. 이 화가들은 전문성을 지닌 것은 아니었지만 그렇다고 해서 기교가 모자란 것도 아니었다. 단지 그들의 그림이 학문적인 기준에 일치하지 않을 뿐이었다. 앙리 루소나 세라핀 루이 같은 화가들이 여기에 속한다. 원시주의는 이들 화가들과 같은 성격을 지닌 화가들의 화풍에 대한 논의를 가리킨다)란 개념에 대한 탐구로서 합치하게 된다.

미술사와 인류학의 학문적 정통성은 화가의 시선을 위한 이국적인 대상물과 분석을 위한 면밀한 조사 대상 모두로서의 '타자'를 상정하는 판별적 담론으로서의 원시주의의 생산에 눈에 띄는 기여를 해왔다. 가부장적이고 인종차별주의적인 문화에서 시작된 것으로 식민주의적인, 혹은 인종차별적인 '타자'의 구성과 여성이라는 주제의 생산 사이에서 어떤 수렴에 대한 자세한 계획이 세워질 수도 있는 것이다. 그리고 이러한 구성에서 출현한 억압의 특정한 종류들은 서로 차이를 지니며, 희생시키기라는 일반적인 범주로 와해될 수 없는 것인 반면, 그 두 가지 경우 모두에 있어서 확인하고 고정시키는 과정들은 특정한 형태와 특징들을 공유한다는 사실 또한 분명하다.

(D. 필리피·A. 호윌스, 〈여성에 의해 탐험된 검은 대륙〉, 《원시주의의 신화: 예술에 관한 전망》, S. 힐러 엮음, 런던: 라웃레지, 1991, p.239.)

이 인용문은 그것을 정치학 저술, 문화 연구, 인류학, 그리고 사회학과 연결시켜 주는 '애용어들(buzz-words)'로 가득하다. 한 명이 아닌 두 명의 저자에 의한 것이라는 사실이 반드시 중요성을 지니는 것은 아니지만(특히 대규모의 연구 계획일 경우, 과거 미술사학자들로 구성된 유명한 팀들이 존재해 왔다), 이 맥락에서 그것은 단일한 지배적 견해에 대한 도전의 그 무엇이며, 전체적으로 여성들에 의한 연구에서처럼 여성들의 학문 연구라는 집단적인 기획이 갖는 중요성에 대해 인정하는 것을 가리키는 지표로서 받아들여질 수도 있는 것이다. '생산'이나 '시작된,' '자세한 계획이 세워질,' 그리고 '구성'과 같은 말들은 지식이 창조된 것이며 변화를 겪는 것이 될 수도 있음을 암시하는 능동적인 낱말들이며, 그것은 양도할 수 없는 일련의 사실들이라기보다는 사회적으로 구성된 권유이며 믿으라는 명령인 것이다. '담론'이라는 말도 여기서 그것이 가지고 있는 '언어'라는 일상적인 의미로서가 아니라 프랑스의 역사학자 겸 철학자 미셸 푸코의 저술에서 유래한, 절대적인 진리라는 것이 존재하지 않기 때문에 진리라는 취지를 제안하는 비교 진술이라는 의미로 쓰이고 있다.

언어가 가지고 있는 힘과 단일한 견해의 존립 불가능성이 인정되고 있는 시대에 있어서의 이미지 분석이 주는 어려움 —— 미술사에서의 전통적인 편견들 중 하나인 —— 은 미술사학자들로 하여금 낱말의 사용과 그들이 사용한 결과라는 문제에 대해 지금 여기서 내가 시도하고 있는 것보다 훨씬 더 정교하고 세련된 방식으로 아주 정확하게 말하도록 하는 결과로 이끌어 왔다. 다음 인용된 글(1981년에 출간되었지만 아직도 많은 학부 재학생들의 필독서 목록에서 여전히 중요한 위치를 차지하고 있는)의 저자는 어떻게 특정 주제가 그림들 자체 안에 포함되지 아니한 의미체계 안에서 기호들로 작용하게 되는지를 분석함으로써 한 화가와 그 화가에 대한 저술들의 두드러진 특징들에 대한 설명을 하려고 시도하고 있다. 여기서 사용된 언어는 언어학에서 유래한 것이다.

 와토의 작품에서 전체 서사 구조는 의미를 주장하고 있지만, 동시에 의미를 보류하고 무효화한다. 이러한 특징을 가지고 있는, 극장에서 사용되는 시대의상들의 사용을 예로 들어 보자. 연극에서 그러한 의상은 정확한 극적·지시적 기능을 가지고 있는 전형화된 전체 체계의 일부이다. 다이아몬드 모양의 무늬가 있는 시대의상은 아를레키노〔울긋불긋한 옷을 입은 익살 광대. 할러퀸〕를 가리키고, 헐렁하고 흰 주름장식이 달린 옷은 페드롤리노 혹은 질〔어릿광대 역할〕을 가리키며, 검은 모자와 가운은 박사를 가리킨다. 그러나 무대라는 체계를 벗어난 곳인 전원에서의 소풍에서는 그러한 지시적 의미를 지닌 시대의상은 그것들의 의미론적 충전물을 잃게 되며, 원래의 의미심장함을 잃게 되면서 의미가 고갈된 기호의 모든 비애를 지니게 된다. 다시 말하면 와 토에 대한 저술에서의 음악에 대한 비유와 전기적 사실에 대한 강조 두 가지 모두에서 나타나는 윤곽, 즉 존재하지 않으며, 현재의 기표와는 연결되지도 않은 기의에 대해 주장하고 있는 기호이며, 동시에 그 기호는 채색된 그림으로 이루어진 기표의 어느곳에서도 진술되지 않고 있는 강력하고 매력적인 기의(우울함)를 주장하고 있다.

(N. 브라이슨, 《언어와 이미지: 대혁명 이전의 프랑스 회화》, 케임브리지: 케임브리지대학교 출판국, 1981, pp.71-2.)

이 인용문에서 독자는 기호학 언어와 대면하게 되는데, 미술사의 메타 언어는 구조주의의 메타 언어('전체 서사 구조')로 대치되어 왔으며, 그것은 특정 작품 혹은 작품들이 아니라 한 화가에 대해 적용되는 것이다. 연구의 목표는 더 이상 하나의 특정 작품이 아니며, 전통적인 의미에서의 와토의 삶과 작품에 대한 것도 아니다. 브라이슨은 그에 대해 저술되어 온 방식을 통해 우리가 와토에 대해 알게 된 것('와토에 대한 저술에서의 전기적 사실에 대한 강조')과 우리가 그림의 외양에서 보게 되는 것 사이의 관계를 드러내 보여 주는 것에 관심을 가지고 있다. 그 둘 사이의 어디에선가 의미가 생성되는 것이다. 문제는 "어떻게?"라는 것이다. 와토의 그림들이 가지고 있는 애조는 언제나 인정되어 온 것이지만 브라이슨은 이 점을 개별적 관람자들의 주관적 반응(예컨대 이 그림은 거기에 슬픈 느낌을 가지고 있고, 그것은 내게 슬픔을 느끼게 만든다)에 의지함이 없이 설명해보려 노력하고 있다. 이렇게 하기 위해 그는 그림 속의 이야기들이 되는 구성 요소들을 그림 외적인 어떤 것을 지시하는 기호로서 다룬다. 그 연극 의상들은 무대에서 어떤 의미들을 지시하는데, 브라이슨의 지적처럼 이것은 하나의 그림만큼이나 인위적인 구조('무대라는 체계')를 가지고 있지만, 그것이 처하게 되는 맥락이 전원에서의 소풍(fête champêtre)이라면 그 의미는 사라지게 되는 것이다. 화가가 의미를 만들어 내고, 그것을 이미지 안에서 구체화시킨다는 개념을 버리는 것은 기호학적 분석의 특징이다. 이 인용문에서 능동형 동사들의 주체는 화가가 아닌 대상물로서의 그림뿐만 아니라 일반적 세계 속에서의 지시체계까지도 의미하는 서사 구조('전체 서사 구조는 의미를 주장하고 있지만……')인 것이다. '의미가 고갈된 기호의 모든 비애'라는 언급은 시각적 자료들을 다루는 기호학자들이 빠질 수 있는 종류의 모순과 용두사미(龍頭蛇尾)격의 상황을 암시하는 것이다. 그럼에도 불구하고 화포 위의 이미지('기표')와 그것이 지니고 있는 의미('기의') 사이를 구분하고 있는 분석 체계를 사용함에 있어서 브라이슨은 와토의 작품이 가지고 있는 문제점에 대해 이론을 세울 수 있게 되는데, 그것은 그 그림의 인지된 분위기에 대한 설명이라고 주장되는, 저변에서 작용하는 원칙을 지적해 낼 수 있다는 것이다.

보다 최근에 들어 미술작품에 대한 저술을, 이미지에 대한 저술과 주어진 일련의 상황으로서의 역사에 대한 저술의 두 가지 모두로부터 떼어 놓으려는 시도들이 이루어져 왔다. 이러한 탐구는 우리가 어떤 방식으로 저술을 하는가에 대해서와, 그것이 어떤 방식으로 끊임없이 변천을 겪고 변화하는 의미들을 생성시키게 되는가 하는 점에 대해 집중되고 있다. 여기서 한 사람의 의견이 다른 사람의 의견과 관련되어 지니게 되는 무작위적인 성격이나, 화가의 과거에 대해서 뿐만 아니라 우리가 살고 있는 현재라는 시점까지도 고려의 대상에 포함시키며, 예술작품에 대한 하나의 설명을 확실하게 보장하는 것이 주는 어려움과 맞서 싸우려 드는 대신, 저자는 바로 그 무작위성을 출발점으로 삼는다. 학문적 탐구가 순차적이고 과학적이라는 생각을 거부하면서 그녀는 자신의 접근방식을 전달하기 위해 카드 게임의 이미지를 사용하면서 자신의 분석을 주어진 체계 안에 존재하는 우발성에 입각시키고 있다.

내 주제는 화가로서의 레오나르도가 아니라 하나의 알레고리로서, 20세기말에서의 역사적 의식에 대한 사고의 지렛대 받침과 같은 역할을 하는 레오나르도에 대한 것이다. 나는 미술작품과 화가들에 대해 우리가 꾸며내는 서사적 역사와 이 기술들이 언급하고 있는 작품들 사이의 연관관계에 대한 의문을 제기하기 위해 그가 만들어 낸 이미지들 중 몇 가지를 이용할 작정이다. 이 과정은 몇 개의 텍스트들을 결합시키는 것을 포함하게 되는데, 하나의 이야기가 그것들의 주위에서, 그리고 그것들을 통해 펼쳐질 수 있게 하기 위해서이다. 난 그것이 일종의 게임으로서 한 벌의 카드가 돌려지는 것과 같으며, 그러한 의미에서 정전처럼 받아들여지는 전문지식이라는 개념과는 하등의 관계도 없다는 것을 주저하지 않고 인정한다. 여기서 만일의 경우를 위해 내가 감추어 놓은 패는 레오나르도, 아니면 적어도 그가 남긴 노트 한두 쪽과 그의 그림 한두 점이 되겠지만, 그의 옆에 내가 놓고 싶은 것은 프로이트·샤피로·라캉·데리다와 이집트의 상형문자 몇 개, 알베르티(15세기 이탈리아의 건축가로 레오나르도 다 빈치의 지적 선구자라 할 수 있고, 미술과 과학에 뛰어난 재능을 지니고 있었으며, 회화에 관한 저술도 남겼다)의 도형 몇 개, 그리고 가다머이다. 한 벌의 카드에 대한 비유는 그것이 깊이가 없고 무작위적임을 암시하는 것이기 때문에 적절하다. 내가 일곱 장 남짓의 카드를 부챗살처럼 펴들고 있는 것을 마음속에 그려보면, 아래에 놓여 있는 것이나 그 앞에 오는 것에 의해 방해를 받지 않는, 평면을 따라 펼쳐진 공간이란 측면 이외의 것으로 생각한다는 것은 어려울 것이다. 비록 그것들의 액면 그대로의 가치는 서로 다를 수 있지만, 중요한 것은 그것들 서로가 일시적으로 갖게 되는 관계, 즉 다른 패들에 의해 그 카드게임이 계속되는 것을 가능하게 해주는 모양들을 만들어 내게 되는 것에 의해 서로가 서로에게 권능을 부여하게 되는 방식이다.

(M. A. 홀리, 〈소급해 올라가 본 레오나르도〉, 《뉴 리터러리 히스토리》 23, 1호, 1992년 겨울, p.174.)

이 저자에게 텍스트는 저작물이 아니라 문자로 기록된 것일 수도 있고 그렇지 않은 것일 수도 있는 연구의 대상들이다. '정전처럼', 그리고 '전문지식'과도 같은 낱말들(권위를 내세우는, 그리고 권위주의자의 것일 수도 있는 낱말들)은 버려지기 위해 도입된다. 하지만 그 다음에 저자는 대안이 되는 정전, 말하자면 텍스트 생산자들의 무작위 명단을 끌어들인다. '액면 그대로의 가치'나 '펼쳐진 공간'과 같은 구절들은 말장난처럼 그 한 벌의 카드라는 은유를 강화시켜 주고 있지만, 또한 이 저자가 뛰어넘기 위해 나아가고 있는 미술사의 전통적인 관심사(면과 공간의 차원에 대한 관심)를 우리에게 일깨워 주고 있기도 하다.

이 장에서는 대학교 수준에서 학생들이 미술사를 공부하면서 마주치게 될 수도 있는 종류의 글들을 추적해 보는 데 관심을 가져 보았다. 나는 예술에 대해 철저하게 전통적인 것에서부터 아주 혁신적인 것에 이르기까지 일정한 범위의 텍스트에 걸쳐 어떠한 방식으로 저술이 이루어지고 있는지에 대해 상세하게 살펴보았다. 하지만 그것들을 읽는 문제는 어떠한가? 도서관의 예산은 줄어들고 학생들의 수는 늘어가고 있는 오늘날의 학생들에게 닥친 첫번째 문제는 그러한 텍스트를 찾아내는 일이다. 당신이 어떤 것을 연구하고 있든지 꼭 읽지 않으면 안 될 책을 찾아내는 데는 동료 학생들과 어울려 협력하는 것이 유리할 것이라는 점은 의심할 여지가 없는 일이다. 현재 모든 순수 고등교육기관들은 대출에서 제외되는 도서들을 지정하거나, 어느 학생이든 책을 대출하여 볼 수 있는 기간에 제한을 두는 단기 대출제도를 운영하고 있다. 당신이 다니는 학교의 도서관 이용방법을 알아두는 것은 성공적인 학위과정의 절대적인 선결요건이며, 이것은 당신에게 제공되는 모든 도서관 견학 여행에 참여하는 것뿐만 아니라 느긋한 방식으로 거기에 끼어들 수 있는 시간적 여유를 가지는 것을 의미하기도 한다. 만약 어떤 것을 어디에서 찾아야 할지 확신할 수 없다면 주저하지 말고 물어라. 도시에서 공부하고 있다면 대신 이용할 수 있는 책이나 정기간행물 같은 자료들을 찾아보아야만 하는데, 그것들이 있는 장소가 당신이 대출을 받을 수 있는 권한이 없는 공립 도서관이거나 다른 학교의 도서관이 될 수도 있지만 아마 그것들을 열람할 수는 있을 것이다. 비록 책의 한 장(chapter) 이상을 복사

한다면 그것이 혼자만 이용하기 위한 것이라 할지라도 저작권법에 위배되는 것일 수가 있다는 점을 기억해 두는 것이 중요하지만, 때로는 복사를 하는 것도 해결책이 될 수가 있다. 이 모든 것은 결국 독서 계획을 세우고, 사전에 준비를 해두고, 수강하는 강좌에서 필요로 하는 도서목록에 들어 있는 책들을 뒤처지지 않게 읽어치우고 겁을 집어먹지 말라는 뜻이다. 당신이 필요로 하는 읽을거리가 어디 있는지를 찾아내지 못한다면 조언을 구하라. 달리 대안이 있을 수도 있는 것이니까.

관련 서적목록은 도서목록과는 꽤 다른 것이며, 또 그래야만 한다. 전자는 아마도 당신이 연구하고 있는 분야 전체에 걸치는 넓은 범위의 출판물에 대한 정보를 줄 수 있는 것이고, 후자는 당신이 수업을 받기 위해 반드시 읽어야 할 텍스트들을 보다 정확하게 가르쳐 주는 것이 될 것이다. 이 둘은 필수적인 항목들만 어떤 식으로 눈에 띄게 강조된 채 하나로 합쳐져 있을 수도 있다. 어떤 것을 읽어야 할지에 대해, 그리고 어떤 특정 인용문이 무슨 뜻인지에 대해 확신할 수 없다면 교수에게 물어라. 기초적인 것처럼 여겨지는 질문을 한다고 해서 품위가 손상되는 따위의 일은 없을 테니까. 내가 밝혀 온 것처럼 학문적인 저술들은 정말로 복잡한 것이며, 초보자에겐 해독이 불가능할 수도 있는 약어들(특히 긴 제목을 가진 정기 간행물들의 경우)이 도서목록에 들어 있을 수도 있다.

읽어야 할 텍스트 한 권을 일단 구하고 나면 당신은 그것을 읽기 시작해야 할 것이다. 누군가에 의해 방해를 받지 않을 수 있는, 혹은 읽기 어려운 문장들을 내팽개치고 친구들과 어울려 한잔 하러 간다는 유혹을 받지 않을, 어딘가 조용한 장소를 찾아낸다. 대학교에 진학하는 대부분의 학생들은 처음 10주 학기 혹은 12주 학기 내에 자신들이 읽어야만 하는 양에 충격을 받게 된다. 특정 범위로 미리 지정된 총서들과 배경 지식을 얻게 하기 위한 부수적 읽을거리로부터 학생들은 어려움을 느낄 수도 있는 도서목록과 관련 서적의 목록들을 대면하게 된다. 이제는 효율적으로 책을 읽는 기술이 필요하게 되는데, 물론 처음부터 끝까지 통째로 읽어야 할 책들도 있겠지만, 특히 필요로 하는 것과 관련이 있는 한 절이나 한 장, 혹은 몇몇 다른 부분들을 읽어야 할 경우가 훨씬 더 많을 것이기 때문이다. 관련 서적 목록에 들어 있는 모든 책들을 다 읽으려 하지 마라. 그 중에서 선별을 하고, 그 선별한 것들 안에서 선택을 하라. 제한된 양을 읽고 소화해 내는 것이 건성으로 몇백 페이지씩 서둘러 읽는 것보다 낫다. 중요한 낱말들을 찾는 데는 색인을 이용하라. 읽고 있는 모든 것에 대한 요점 정리를 하려들기보다는 중요한 제목들을 적어두라. 책에 나와 있는 인용절은 통째로 베끼지 말아야 하는데 이것은 시간 낭비이며, 그것이 실제로는 그대로 베낀 것임에도 그것을 주석으로 여겨 누군가 자신의 글에 엮어넣게 되면 부지중에 표절을 유도하게 될 수도 있는 것이기 때문이다. 읽고 있는 어떤 책에든 직접 요점을 써넣지 마라. 현명하게 책을 잘 읽는 증명된 한 가지 방법은 흰 종이로 된 서표(書標)를 한 뭉치 곁에 준비해 놓고 지속적인 중요성을 지닌다고 생각되는 것이 나타나는 쪽에 하나씩 뽑아 질러둔다. 어째서 그것이 중요하다고 생각했는지 등과 같은 내용을 그 서표에 기록해 두고 읽기를 마친 후 그것들을 모두 검토하여 그것이 여전히 중요성을 지니는 것이라고 생각이 되면, 그 기록들을 제대로 된 종이에 보다 형식을 갖추어 체계적으로 정리하여 철해 두라.

효율적인 독서는 자신이 듣는 강좌로부터 충분한 것을 얻는 것이 중요하기 때문에 어려움을 겪게 된다면 도움을 청하라. 모든 교육기관들은 대학교의 진도와 요구에 적응하는 데 어려움을 겪는 학생들을 위한 무료 학습요령 강좌를 개설하고 있다.

# 5

미술사의 문헌들

금세기에 들어 외국 여행과 대중매체가 시각예술에 대해 점차 관심을 갖게 하면서부터 박물관이나 미술관, 그리고 미술품의 상업적 거래가 증가해 왔으며, 이에 상응하여 예술에 관한 문헌도 증가해 왔다. 비록 역설적이게도 보다 순수한 일정 범위의 미술에 관련된 서적들을 갖추어 놓고 있는 서점을 찾는다는 것은 여전히 어렵기 그지없는 일로 남아 있지만, 갈피를 잡을 수 없을 정도로 많은 미술 서적들에 대한 이용이 가능하게 되어 왔다. 이 장은 그래머스쿨 최고 학년이나 대학의 학부 1학년생들이 마주칠 수 있는 미술사적 문헌들의 종류에 대한 안내를 하기 위한 것이다. 미술사학의 문헌들은 당연히 제2장에서 논의된 것처럼 주제에 대한 접근방식의 다양성을 반영하고 있게 마련이다. 그러나 여기서 우리는 언급된 책의 내용에 대해 어떤 방식으로든 논의를 진행하거나, 어떤 특정 저술이 가지고 있는 취할 만한 점과 같은 것에 대해서도 마찬가지로 평가를 해보는 것은 관심 밖에 두기로 한다. 책의 제목이나 저자가 언급되는 것에 관한 한 그것들은 어떤 종류의 문헌들에 대한 적절한 보기들을 제공하기 때문에 선택된 것일 뿐이다. 덧붙여서, 이 장에서 독자는 컴퓨터에 저장된 미술사에 대한 정보검색에 대한 짤막한 개론도 볼 수 있을 것이다.
 구입하거나 대출을 받거나 참고하고자 하는 책을 찾아내는 것은 미술사학자에게 늘 따라다니는 문제이다. 학생수가 늘어나고 책값이 오르면서 이용할 수 있는 필요한 텍스트 한 권을 찾아내는 일은, 앞에서도 언급했다시피 오늘날 대부분의 학생들이 안고 있는 문제점이다. 미술 관련 서적들은 대부분 다른 주제에 관한 서적들보다 비싸기 때문에 이 문제는 미술사학을 공부하는 학생들에게 특히 심하다. 독자가 필요로 하는 책을 한 권 살 수 있는 여유가 있다 하더라도 옥스퍼드의 블랙웰이나 롱에이커에 있는 딜론 예술서적상, 런던 WC2, 혹은 코크 가 5번지의 아트리움, 런던 W1과 같은 전문서점들 중 하나가 가까운 곳에 있는 경우가 아니라면 주문을 해야 할 필요가 있게 될 수도 있다. 이론서들이나 영화 연구·사진, 그리고 대중매체에 관한 서적은 런던 NW1, 캠던 하이 가 234번지에 있는 컴펜디움이 관련된 각종 서적들을 널리 갖추어 놓고 있다. 런던을 벗어난 지역에서 미술사에 관한 각종 서적들을 갖추어 놓고 있는 서점들은 극히 드물다. (비록 맨체스터의 딘스게이트나 에든버러 프린스 가 128번지에 있는 워터스톤스 서점의 대규모 분점에는 놀라울 정도로 종합적인 범위의 서적들을 갖추어 놓고 있을 수도 있긴 하지만.) 때로는 미술관에 딸려 있는 서점들을 찾아가 보는 것이 더 나은 방책이 될 수도 있다. 예를 들어 에든버러에 있는 현대미술관에는 훌륭한 서점이 있으며, 국립미술관의 서점은 런던에서 가장 좋은 서점들 중 하나이기도 하다. 어떤 문고본의 예술 관련 총서들에, 예컨대 템스 앤드 허드슨사의 '미술의 세계' 총서에 들어 있는 책들이나 펠리칸 총서인 '양식과 문명'은 곰브리히의 《미술사》나 존 버거의 《보는 방식들》(한국어판 제목: 《이미지》)과 같은 베스트셀러와 마찬가지로 보통 웬만한 서점에서는 찾아볼 수 있다.

서적 거래의 경제학은 이 글에서 우리의 관심사가 아니지만, 지나가는 이야기로, 경고 한 마디를 해두는 것이 적당할 것 같다. 훌륭한 컬러 도판이 들어 있는 미술 관련 서적들은 제작에 엄청난 돈이 들어가며, 출판사들은 여전히 그러한 책을 생산해 내는 것을 소수 독자들의 특별한 요구에 맞추는 것으로 여기고 있다. 미술 관련 서적들은 일단 절판되면 그것의 재판을 찍는 것은 보람 있는 일이라고 출판사를 설득하는 것이 아주 힘든 경우가 흔하며, 교육기관에서 널리 사용되고 있는 텍스트들조차도 절판된 지 수년이 지난 것으로 알려진 것들이 있다. 비록 몇몇 회사들이 현재 전문적으로 재판을 찍어내고 있다는 사실이 고무적인 일이긴 하나 이것은 정말로 문제이다. 런던 WC2, 얼엄 가 18번지에 있는 도버 프레스가 그런 회사의 한 예가 된다.

그렇다면 도서관들은 어떠한가? 무한정한 예산을 가진 도서관은 없는 것이어서, 도서 가격이 오르면서 어떤 한 지역에 있는 도서관들은 현명하게도 그들의 재원을 공동으로 출자하고 비싼 도서를 구입할 때는 서로 협의하게 되었는데, 그렇게 해서 1백50파운드에 팔리는(1997년에는 그리 드문 일이 아닌) 같은 책 두 권을 동일한 지리적 지역 안의 도서관들이 중복하여 구입하지 않도록 하는 것이다. 따라서 자신이 살고 있는 지역에 여러 개의 도서관이 있는 학생은 특정한 책이 어느 도서관에 있는지를 알아내기 위해 전화를 해보아야 할 수도 있는 것이다.

대부분의 대학교 도서관은 '교육용' 도서관들이다. 그것은 말하자면 그 도서관들의 장서는 그 학교에서 가르치는 강좌에서 필요로 하는 부분을 반영한다는 것이다. 물론 런던대학교의 코톨드 미술연구소처럼 참고자료용 도서관의 성격이 보다 강한 예외들도 존재한다. 학부 재학생들의 논문이나 학위 청구논문(감독하에 학생들이 개별적으로 하는 연구과제)이 점차 예외적인 것이라기보다는 표준이 되어가면서 대학교 도서관들은 모든 학생들의 요구에 맞추어 나가는 것이 어려워지고 있음을 알게 된다. 대영 도서관이나 국립미술도서관, 혹은 스코틀랜드 국립도서관과 같은 참고자료 전문 도서관들의 대다수가 일반적으로 학부 재학생들에게는 시설을 제공하지 않지만 이제는 많은 대도시에도 미술 관련 참고자료를 전문으로 소장하고 있는 훌륭한 도서관들이 생겼다. 예를 들면 에든버러·맨체스터·리즈, 그리고 버밍엄과 같은 도시의 중앙도서관들은 모두 자료가 잘 갖추어진 미술 관련 구획이 마련되어 있다. 만약 미술사학에 관련된 신간들을 놓치고 싶지 않다면 대형 출판사들(예컨대 예일대학교 출판국과 템스 앤드 허드슨사와 같은)이 1년에 몇 번 발행하는 계절별 도서목록을 우편으로 받아볼 수 있도록 신청하거나, 아니면 블랙웰 사에서 펴내는 잡지 《미술서적》을 참고로 한다.

참고서적

이 책의 제3판이 나온 이래 정보를 처리하는 기술은 많은 도서관에서 책을 찾아보는, 특히 정보를 얻기 위한 참고서적들을 찾아보는 경험을 혁명적으로 변화시켜 왔다. 보다 높은 단계의 교육을 받기로 한 대부분의 학생은 입학과 동시에 그들이 다니는 학교 도서관의 컴퓨터에 입력되어 있는 도서목록 사용법에 대해 교육을 받게 될 것이다. 이 교육은 일반적으로 학생이 읽고자 하는 도서들이 그 도서관에 소장되어 있는지(혹은 주문을 해놓고 있는 상태인지, 아니면 대출되었던 것이 수납과정에 있는지 등)의 여부에 대해서 뿐만 아니라 얼마나 많은 부수를 소장하고 있는지, 보통 어느 서가에 꽂혀 있는지, 도서관 내에 있는지, 아니면 대출된 상태인지, 그리고 만약 대출된 상태라면 언제가 반납 예정일인지 등에 대해(저자, 책의 제목, 키워드 검색에 의해서) 알아낼 수 있도록 해줄 것이다. 일부 도서관에서 사용하고 있는 마이크로피시(마이크로필름의 연속된 낱장. 일반적인 책의 약 1백 쪽 분량을 담을 수 있다)로 처리된 목록들(목록에 실리는 엄청난 수의 표제어들을 축소 촬영하여 한 장씩 넘겨가면서 확대판독기로 읽을 수 있게 되어 있는)은 구식의 카드를 이용한 목록과 완전한 컴퓨터 시스템 목록 사이의 중간 단계이다.

관계가 있는 서지목록에 대한 정보나 다른 종류의 데이터들의 저장에 있어서도 마찬가지의 혁명이 계속되어 왔다. '하드카피'(종이로 만들어진 서적들을 가리키는)와 '온라인'이란 용어는 직접 책을 서가에서 빼내는 방식인지, 아니면 컴퓨터 단말기 앞에서 지시에 따라 특정한 부호나 낱말을 키로 입력하여 데이터베이스에 담겨진 자료에 관한 질문을 하게 되어 있는 방식인지의 여부를 구분하기 위해 사용된다. 미술사학자들이 사용할 수 있는 참고서적들은 크게 세 부류로 나뉠 수 있다.

1) 이름순으로 나열되어 있는, 화가들에 대한 전기적 정보(biographical information)를 주는 것들.

2) 선별된 화가들과 또한 그들의 기법, 대표적인 작품, 빈번히 사용되는 용어들과 중요한 장소에 관한 표제들이 담겨 있기도 한 백과사전들.

3) 관계가 있는 서지목록들.

1996년 이래로 광범위하게 규정된 미술사라는 학문 분야에 대한 최신 참고자료들의 이용 가능성은 인상적인 고문들과 자문위원들의 명단과 함께 맥밀런출판사에서 펴낸 《미술사전》으로 인해 혁명적인 변화를 겪어 오게 되었다. 이것은 제작에 오랜 시간이 걸렸으며, 모든 참고서적들과 마찬가지로 표제어 해설에 대한 책임을 지고 있는 개개의 학자들에 의해 그 내용의 품질이 결정된다고 보아야 한다. 하지만 거기서 다루고 있는 범위(2만8천 개의 전기적 사실에 대한 글들)는 대단한 것이며, 미술과 건축에 대해 광범위하게 다루면서 도시·이론·종교·종파와 성직·형식과 주제·재료·기법과 보존 등에 대해 고려해 볼 수 있게 구성되어 있다. 목표는 이 방대한 기획(34권으로, 표시된 가격이 5천3백 파운드)을 맥밀런출판사에서 출간하고, 명성이 높은 《그로브 음악사전》과 대등한 위치에 서게 하려는 것이었다. 이 《미술사학 입문》의 제4판이 나올 무렵쯤에는 순수하게 학문적이거나 참고자료를 소장하는 모든 도서관들이 이 《미술사전》을 그들의 서가에 꽂아 놓고 있게 되길 바란다. 그러나 이 학문 분야에 대한 것으로 보다 오래 된 것이긴 하지만 표준적인 참고자료가 되고 있는 두 종류는 어느것도 영어로 되어 있지는 않지만 계속해서 유용한 자료가 될 것이다. 그것들은 1900년에서 1970년 사이에 라이프치히에서 출판된 U. 티엠과 펠릭스 베커의 《화가사전》과, 파리에서 1976년에 출간된 것이 가장 최근판인 에마누엘 베네지의 《화가・조각가・설계자, 그리고 판화 제작자들의 평론자료사전》이다. 영어로 된 것 중에서 《펭귄 미술 및 화가사전》과 《옥스퍼드 미술편람》은 아주 기초적인 것이지만, 1900년 이전에 출생한 영국 화가들에 대한 정보를 구하는 학생들에게 《영국 전기사전》은 유용한 것이 될 수 있다. 이것은 인쇄에 들어갈 예정이어서 개정하고 갱신하는 과정에 있다.

《세계미술백과사전》(뉴욕: 1959-68)은 꽤 오래 전에 간행되었음에도 불구하고 여전히 유용한 참고자료로 남아 있는데, 여기에는 '에트루리아족의 미술'(Etruscan은 이탈리아 중서부에 자리잡고 있었던 고대 민족이다), 또는 '초상화(Portrait)'와 같은 주요한 시대나 장르별 주제에 대한 단일 저자 혹은 두 사람 이상인 공저자의 가치 있는 평론들이 실려 있다. 비록 이것은 보다 최근의, 그리고 보다 전문적인 출판물에 의해 보완되어야 할 필요가 있는 것이긴 하지만 여전히 처음 시작하는 사람들이 이용하기에 좋은 자료이다. 다른 모든 방대한 분량의 참고서적들과 마찬가지로 백과사전들도 펴내는 데 오랜 시간이 걸리는 것이어서, 그것들이 제작되고 있는 시대나 국가가 가장 우선적인 가치를 두는 것들을 반영하게 되며, 분야별로 참가하게 되는 개별적 저자들에 따라 품질이 다양하게 나타나게 된다. 《브리태니커 백과사전》 또한 미술사학자들에게 유용한 것인 많은 표제어들이 실려 있다. 베네치아 미술을 연구하고 있는 학생이 여기에 실려 있는 베네치아 공화국의 역사부터 공부하기 시작하는 것은 훌륭한 생각이다.

《브리태니커 백과사전》은 여러 차례 중판을 거듭해 왔기 때문에 만약 초기에 나온 판본들을 가지고 연구를 한다면 최신판의 참고서적보다는 믿을 만한 역사적 자료를 가지고 연구를 하게 된다는 점을 기억해 두자. 예를 들면 1910년에서 1911년 사이에 펴낸 제11판에서 '건축'에 관한 표제어 내용은 369쪽에서 444쪽까지에 걸쳐 실려 있는데, 판화와 사진으로 된 도해와 함께 고대 이집트에서 현대에 이르기까지의 건축양식을 개관하고 있다. 저자는 현대 건축의 장래는 어떻게 될 것인지에 대해 대답을 요구하는 것이 아닌 수사적인 질문을 던지면서, 공학기술이나 장식미술과 보다 더 가까워진 관계로 고전양식이 살아남게 될 것임을 예언하고 있다. 우리는 저자가 애매한 태도로 발뺌할 구실을 만들고 있다는 결론을 내려 볼 수도 있겠지만, 그러한 텍스트가 제공하여야만 하는 것은 '있는 그대로의 예술품'에 대한 분석이 아니라 제2장에서 논의했던 것과 같은 종류의 사료편찬에 대한 진정한 기여인 것이다.

판매 가격이나 전시회에 대한 정보를 제공하는 참고서적들 또한 존재한다. 영국에서 일반인들에게 공개하는 시골 저택들의 주소록뿐만 아니라 박물관과 미술관의 주소록도 있다. 이러한 것들은 대개 괜찮은 박물관에 딸린 서점에서 별돈 들이지 않고 구입하거나 공공 도서관에서 열람할 수도 있다. 모든 (혼란스러울 정도로 각기 다른) 주소록들 가운데 가장 유용한 것은 독일에서 두 권 분량에 4개 국어로 출간된 《국제 미술품 주소록》이다. 이것은 몇 년마다 개정되어 다시 발행되며, '박물관과 미술관'·'대학교와 학술기관'·'학회와 협회'·'화가·수집가·거래상과 경매인'·'미술 관련 서적출판사'·'정기 간행물과 학술지'·'고서를 취급하는 서점'·'미술품 복원 기술자', 그리고 '감정가'와 같은 제목 아래 중요한 정보들이 담겨 있다. 대부분의 공공 도서관들은 이 책들을 참고자료 부문에 비치해 두고 있는데, 전세계의 박물관들과 그것들의 개관 시간에 관한 상세한 정보에 있어서 이에 필적할 만한 안내책자는 거의 없다. 그러므로 미술품을 직접 찾아가는 휴가 여행을 떠나기에 앞서 이 책을 참고로 한다는 것은 훌륭한 생각이다.

기호와 상징사전들, 미술용어사전들, 그리고 그외의 다른 전문적인 참고서적들 또한 혼란을 일으킬 정도로 많이 나와 있다. 제임스 홀의 《미술의 주제와 상징사전》(개정판, 런던: 존 머리출판사, 1987)은 인기 있는 문고본으로 쉽게 구할 수 있다. 그들의 연구가 진전되면 아마도 이것보다 좀더 전문적인 자료들을 필요로 하게 될 학부 재학생들이 이것을 많이 사용하고 있다. 그밖의 점에 있어서 우리가 무엇을 필요로 하게 될 것인가 하는 점은 대부분 우리가 어떤 분야에 대해 연구하느냐에 달려 있다. 예를 들면 1971년에 초판이 나왔으며 펭귄사에서 문고본으로 여러 차례 중판을 거듭한 베티 래디스의 《고대 세계의 인명사전》은 고대 미술 연구에 대해서 뿐만 아니라 18세기와 같이 고전문화가 부활되었던 시기에 대한 연구에 있어서도 유용한 참고서적이다.

세번째 부류의 출판물들은 연구생들을 위해서 꼭 필요한 것일 뿐만 아니라 그보다 낮은 단계에서 미술사학을 공부하는 사람들에게도 매우 도움을 줄 수 있는 그러한 것이다. 예를 들어 너무 최근의 인물이라서 사전이나 백과사전에 그 이름이 올라 있지 않은 화가에 관한 자료를 어디서 찾아 읽어볼 수 있을 것인지 알고 싶어하는 한 학생이 있다면, 그 또는 그녀는 학술지에 실린 글이나 전시작품에 대한 평론을 참고하려면 《미술 색인》이나 《현대 미술 관련 서지목록》과 같은 책에서 찾아보아야 하며, 그렇게 해서 그 화가에 대한 출판물의 서지 혹은 목록을 확보한다. 《미술 색인》은 뉴욕(H. W. 윌슨)에서 계간지로 발행되며, 고고학·미술사·미술과 공예·사진·영화·설계, 그리고 시각예술과 관련된 모든 주제들을 다룬다. 부수적인 텍스트가 없을 경우에조차도 삽화들 또한 색인에 올려진다. 《현대 미술 관련 서지목록》(ABC-클리오출판사에서 간행된)은 20세기를 집중적으로 다루고 있다.

이러한 표준이 되는 참고서적들과 나란히 많은 새로운 기획들이 존재하는데, 뉴욕 현대미술관의 화가들에 대한 기록들(오려낸 신문기사, 혹은 전시회 광고나 초청장까지도 포함하는)은 현재 채드윅 힐리사의 마이크로피시로 이용할 수 있으며, 이 출판사는 지난 20년 동안 이러한 종류의 모험적 사업을 전문적으로 해온 회사들 중 하나이다. 이것의 구입 비용(대략 1만 7천 파운드)은 최소한 공공이건 민간 부문이건 도서관의 예산이 빠듯한 영국에서는 쉽게 찾아볼 수 없는 물건이 되게 만들었다. 나온 지 오래 된 서지목록에 대한 서비스인 RILA(Repertoire internationale de la littérature de l'art; 국제 미술 관련 문헌목록)는 원래 종이를 사용하는 책의 형태로만 출간되는 것이었으며(1975-89), 미술사의 모든 영역에 관한 현재 출판물들의 요약과 목록을 싣고 있었다. 이제 이것은 미국에 있는 게티 미술사 정보 프로그램에 의해 운영되고 있으며, 전세계에 있는 많은 대학교 도서관에서 BHA(Bibliography of the History of Art; 미술사 관련 서지목록)라는, 책으로 된 것(영어로 된)과 통신망(다이얼로그와 퀘스텔을 통해)으로 이용할 수 있다. 게티사는 또한 RAA(Repertoire d'art et d'archéologie; 미술 및 고고학 관련 목록)도 운영하고 있다. 건축사학자들이 이용할 수 있는 이와 유사한 서비스로는 왕립 영국 건축가협회의 영국 건축학도서관에서 제공하는 통신망을 이용한 목록인 《건축학 데이터베이스》(1978-)와 《건축학 색인》(1979-)이 있다. 《영국 인문학 색인》은 미술·경제학·역사·정치학·사회학에 관한 으뜸가는 편집물이다.

전자 정보처리 장치에 저장된 자료들

위에서 논의했던 것과 같은 주요한 참고서적들은 종이를 사용해 만든 책뿐만 아니라 '전산망'(인터넷을 통한 것인), 혹은 CD롬(컴퓨터 디스크에서 나온 것인)을 통해서도 이용이 가능하다. 두 경우 모두 컴퓨터 단말기를 통해 정보에 접근한다. 이러한 방식으로 이용할 수 있는 목록과 색인은 매년 증가하고 있으며, 그것들은 포괄적인 것(미술 색인과 디자인 및 응용미술 색인)에서부터 보다 전문적인 것(간략한 제목의 18세기 목록과 네덜란드 및 플랑드르의 거장들)에 이르는 범위에 걸쳐 있다. 영국에서는 런던대학교의 버크벡 칼리지가 미술사 분야에서의 컴퓨터 사용에 선구적인 역할을 해왔다. 좀더 최근 들어서는 게티 정보연구소가 그 점에 있어서의 주도권을 잡아 왔다. 이미지 검색과 데이터의 수집 및 교환 두 가지 모두에 있어서의 컴퓨터 사용은 현재 널리 확산되어 있으며 미술사학의 모든 주요 분야에 영향을 미쳐 왔다. 연구자들과 학생들이 뉴스나 의견의 교환뿐만 아니라 이미지를 검색하고 기본적인 정보에 접근하는 데 있어서의 용이함은 변천을 겪어 왔다. 한 가지 예를 드는 것만으로도 충분할 것이다. 런던에 있는 코톨드 미술연구소는 오랫동안 두 개의 주요한 미술사학 사진 연구 도서관들의 발상지가 되어 왔는데, 그 둘은 위트 도서관(회화·판화 및 소묘)과 콘웨이 도서관(건축, 건축설계, 금박이나 채색으로 장식된 사본들, 중세의 벽화와 패널화, 스테인드글라스, 조각, 상아, 금속공예)이다. 두 도서관 모두 일반인들에게도 문호가 개방되어 있으며, 서면으로 신청할 경우는 무료이다. 또한 두 도서관 모두 절박하게 재정적인 후원을 필요로 하고 있기도 하다. 위트 컴퓨터 색인은 각각의 제목을 통해 위트 도서관에 소장된 대략 11만 개 가량의, 사진으로 복제된 미국과 영국의 회화·소묘 및 판화작품들을 열람할 수 있게 되어 있다. 이 색인은 이미지 자체를 제공하지는 않는다. 아이콘클래스(ICONCLASS)라고 불리는 시스템을 통해 자세하게 나뉘어져 있는 제목별로 데이터베이스를 검색해 볼 수 있다. CD롬에 들어 있는 이미지들의 품질은 계속해서 개선되고 있기 때문에, 예를 들자면 런던의 국립미술관에 소장되어 있는 각종 이미지들을 그렇게 볼 수 있는 것처럼, 노위치 학파에 속한 화가들의 그림을 CD롬(영국 정부 공식 출판법인 (HMSO; 영국 정부를 위해 정부의 공식 책자나 문서를 출판하는 법인체)에서 나온 것으로, 가격은 45.95파운드)으로 볼 수 있는 것이다.

  모든 데이터베이스들은 그 안에 입력되는 정보가 확실한 것이어야만 믿을 수 있는 것이 되며, 그런 까닭에 전자장치를 통해 검색된 자료는 단지 출발점이 될 수 있을 뿐이다. 인터넷을 통해 접근할 수 있는 사이트들의 범위가 빠르게 증가하는 경우에 사실상의 박물관이란 박진감(迫眞感)에 대한 생각(버클리 소재 캘리포니아대학교의 건축학 슬라이드 도서관에 소장된 슬라이드들을 죽 검색할 수도 있다는 가능성)은 대단히 매력적인 것이며, 학생들에게 정보의 바다 속에서 '파도타기'를 하며 보낸 오후는 즐겁고 견문을 넓혀 주는 것이지만, 중요한 것은 새로 얻은 정보를 자기 스스로가 날마다 해나가야 할 연구에 어떤 방식으로 접목시켜야 할 것인지에 대해 알아야 한다는 것을 깨닫고 있어야 할 필요가 있다. 구식이지만 편안한 책이라는 매체를 통해 공부할 수 있는 시간을 반드시 충분히 남겨둘 것이며, 더더욱 빠뜨리지 말아야 할 것은 실제 예술작품들을 대하면서 시간을 보내도록 해야 한다는 것이다.

  인터넷은 기본적으로 미술사학자들에게 목록(정보교환을 위해 들르는 클럽과도 같은 것인)과 웹사이트(보다 장기적인 정보와 이미지의 근원인)라는 두 종류의 의견 교환 수단을 제공한다. 웹사이트는 접근이 개방되어 있지만 목록들에는 회원 가입 신청절차가 필요하다. 예를 들면 게티의 사이트에 들어갈 수 있는 코드는 http://www.gii/getty.edu이며, 한편 포그 미술관과 하버드대학교 소장품 데이터베이스는 http://www.fas.harvard.edu/artmuseums에서 들어갈 수 있다. 현재 미술사학자들을 위해 이 모든 것이 가지고 있는 가장 유용한 측면은 《현대 미술

관련 서지목록〉과 같은 데이터베이스가 전산망을 통해 검색이 가능하게 된 점이라는 데는 의심의 여지가 없다. 학부 학생들이 학회의 인터넷 사이트에 들어가 보는 것은 비교적 드문 일이다. 더욱이 이 분야에서는 상황이 엄청난 속도로 변화하고 있다고 말할 필요가 거의 없을 정도이며, 인터넷에 이미지를 올리는 것과 관련된 저작권에 관한 문제도 여전히 해결되어야 할 문제로 남아 있기 때문이다.

전체적인 역사와 개관

이것들은 미술사학을 공부하는 학생들이 처음 대하게 되는 책들로서, 이것은 시대를 근거로 하고 있을 수도 있고, 미술에 있어서의 순수하게 이론적인 운동을 중심으로 체계를 잡고 있을 수도 있으며, 혹은 장르를 근거로 하고 있을 수도 있는 것이다. (즉 주어진 어떤 시대나 국가의 미술품과 건축물에 대해 전념하고 있는 것이거나, 유파에 의해 특색을 갖게 되는 한무리의 주요 작품들에 관해서, 혹은 초상화나 풍경화처럼 미술품 제작의 형식에 관해서.) 그것들은 독자가 그러한 출판물들이 생산될 수밖에 없었던 부득이한 지적 압력에 대한 이해를 하고 있을 수만 있다면 유용한 것이 된다. 개관이나 전체적 역사는 어느것이든 연속성과 발전이라는 개념에 의지하고 있는 것이기 때문에, 그러한 저술 속에서 역사적 과정에 대한, 즉 이미 받아들여진 관념에 대해 도전한다는 것은 힘든 일이다. 더욱이 그러한 저술들은 흔히 긴 시간적 공간을 다루고 있기 때문에 어떤 것을 포함시킨다는 점에서 극도로 선택적이 될 수 있으며, 따라서 어떤 것이 중요하고 의미를 지니는가 하는 점에 대해서는 상당히 넓게 (그리고 광범위하게) 일치되는 의견에 의지하게 되는 경향이 있다. S. F. 아이젠만의 《19세기 미술: 비평적 역사》(런던: 템스 앤드 허드슨, 1994)와 같은 책은 결정적이며 모든 것을 포함하는 듯한 분위기를 가지고 있는데, 그러한 점은 이 책이 가지고 있는 모든 유용성에도 불구하고 경험이 별반 없는 독자들에게, 그 안에 담겨져 있는 것은 그것이 무엇이건간에 언급되어져야 하는 것 전체를 대표하는 것이라는 생각이 들도록 유혹하는 것이 될 수도 있다. 그러한 저술들 가운데 더 많은 인기를 누리는 것일수록 문제의 복잡성을 고려하지 않은 채 오해를 불러일으키게 만들 수 있는 것이며, 흔히 출판사들이 얼른 벌어 챙기려는 목적으로 여러 차례 재판을 찍어대었기 때문에 최근의 학문적 연구에 대한 내용은 반영되어 있지 않을 수도 있다. 따라서 전체적인 역사에 관한 책을 한 권 서가에서 빼낼 때는 앞표지를 들여다보고 그 책의 초판이 언제 나왔는지, 그리고 이제까지 개정된 적이 있는지를 확인하라. 잔뜩 실려 있는 도해들이 피상적이거나 상투어구로 가득 채워진 텍스트에 대해 보상을 해줄 수 있는 것은 아니다. 오로지 시각예술에만 국한시키고 있는 것이 아닌 '케임브리지 영국 문화사'(보리스 포드가 엮은) 총서 중의 몇 권은, 미술사학자들에게 직접적인 연관성을 지니는 훌륭한 평론들이 실려 있다.

아마도 시대 개관에 대한 가장 유명한 총서는 1950년대에 초판이 나온 펠리칸 미술사일 것이다. 그 판권은 예일대학교 출판국에서 사들였고, 현재는 실려 있는 그림의 상태를 개선시킨 보다 더 커진 판형으로 개정판을 내고 있다. 생략되었던 부분이 있었던 서양 미술 영역이 바로잡히고 있으며, 태평양과 오세아니아 지역의 미술, 남북 아메리카 지역의 미술, 오스트레일리아의 미술, 그리고 아프리카 지역의 미술에 대한 새로운 책들의 집필 의뢰가 이루어져 왔다. 기초 단계에 있는 학생들은 케임브리지 미술개론을 대하게 될 수도 있다. 이 총서들은 짤막하며 접근하기 쉬운 텍스트들로서 도해가 잘 되어 있고, (비록 범위가 제한되어 있긴 하지만) 내용상으로도 믿을 만한 것들이다. 그러나 학생들이 시대별 연구에 대해 보다 풍부하고 도발적인 접근을 하기 위해서는 마이클 백샌달의 《15세기 이탈리아에서의 회화와 경험: 회화양식의 사회사 입문》과 같은 책으로 재빨리 옮겨가는 것이 현명한 일일 것이다. 1972년 옥스퍼드대학교 출판국에서 처음 펴낸 이 책은 이러한 종류의 책들 가운데 고전에 속하는 것으로, 시대라는 개념에 대해 보기 드물게 따지고 드는 정신으로 접근하고 있다. 시대 및 장소의 미술사적 연구에 대한 혁신적인 접근에 대한 다른 예는 (전체적인 역사에서의 화가들 목록이라는 구성 요소와 함께 장르라는 제약을 피하는) 케이티 스콧의 《로코코 실내장식: 18세기초 파리의 장식과 사회적 공간》(예일대학교 출판국, 1995)이다.

미술사학에 대한 개관들은 여성 화가들을 제외시킨 채 저술되어 왔다는 주장(G. 폴록·R. 파커, 《지난날의 여류 대가들: 여성·미술, 그리고 이념》, 런던: 라웃레지, 1981)이 있어 왔다. 만약 그렇다 하더라도, 지난 10여 년 동안 여성 화가들을 정전에 복귀시키기 위한 엄청난 노력이 기울여져 왔으며, 현재는 여성 화가들의 작품만을 독점적으로 다루면서 개관하고 있는 서적들을 구입하는 것도 가능하다. (예를 들면 데보라 체리, 《그림을 그리는 여성들》, 라웃레지, 1993.) 또 다른 비판으로는 그러한 개관들이 서양 미술만을 집중적으로 다루고 있으며, 르네상스 이후의 미술에 대해 지나칠 정도로 강조하고 있다는 것이다. 그러나 휴 오너와 존 플레밍의 《세계미술사》(4판, 런던: 맥밀런, 1995)는 동양과 서양, 고대와 현재의 균형을 맞추어 보려는 인상적인 시도를 하고 있는 책이다.

후대 사람들의 편의를 위해 붙여 온 명칭인 무슨 운동, 혹은 무슨 유파의 발생(대개는 거기에 참여하고 있었던 화가들에 의해서라기보다는 비평가들이 붙인 것인)에 대한 책들은 이용할 수 있는 것들이 10여 가지나 된다. 인상주의·야수주의·입체주의·초현실주의에 대한 연구논문이 실려 있는 책들은 텍스트와 도해의 품질이라는 두 가지 면 모두에 있어서 가지는 가치가 엄청나게 다양하다. 이러한 책들을 선택하는 데는 극도로 주의가 필요하다. 변함이 없는 규칙을 주장하기는 어려운 일이지만 두 가지 유용한 기준이 존재한다. 첫째로, 미술에 있어서의 어떤 운동에 대한 그 어떤 진지한 연구도 시대나 유파의 비평적 역사에서 그저 짤막하고 흥미를 끌 만한 사건들에 대한 논의 이상의 것들을 포함하고 있어야만 하는 것이다. (달리 말하자면 예술작품에 대해 비평가들이나 일반인들이 언급했던 것과, 어떻게 해서 그 화가에게 이러한 특정 명칭이 따라다니게 되었는지에 관한 것과 같은.) 결국 이러한 것들은 대개는 역사를 '포장'하기 위해 편의상 만들어져 온 것으로서, 결과적으로 그것을 단순화시키게 되는 것이다. 두번째로는 그런 까닭에 미술에 있어서의 어떤 운동에 대한 그럴 만한 가치가 있고, 성공적인 연구는 모순과 다양성을 희생하여 획일성을 입증하고자 하지 않는 것이다. 그 어떤 기간 동안에 속한 일군의 화가들의 활동이나 창조적인 면에 대하여 살펴 왔던 사람이라면 누구든 역사학자가 빈번히 대하게 되는 문제를 인지하게 된다. 거기에 관여했던 사람들 모두는 너무도 다양하고, 너무도 괴짜들인데다가 너무도 개성을 발휘하고 있어서 우리는 "도대체 그들이 공통점이라고 할 수 있는 것을 가지고 있었는가?"라고 묻게 되어 있다. 질문은 단순하지만 그에 대한 대답은 복잡하다. 깔끔한 설명적 기술을 해내기 위해 차이를 없애거나, 또는 역설적인 면을 무시하려 드는 미술사 연구 태도는 분명 수상쩍은 것이다. 예를 들면 모네・르누아르, 그리고 피사로가 목표로 하고 있었던 것들과 그들이 사용했던 방법들 사이의 차이에 대한 아주 진지한 평가를 하고 있지 않는 것이라면, 인상주의에 대한 그 어떤 연구도 정말 수상쩍은 것으로 여겨져야 하는 것이다.

때로 예술운동에 관한 책들은 어느 한 부분에서, 혹은 그 자체로 동시에 양식에 대한 연구이기도 하지만, 여기서 예술작품들이 가지고 있는 외견상의 공통적 특징들에 대한 것보다 역사적인 시간 속에서 그 위치를 확인할 수 있는 예술운동에 대해 보다 적게 다루고 있는 출판물에 대해 구별을 지어 보는 것은 중요하다. 예를 들면 아르누보라고 알려진, 19세기말 유럽에서 유행한 양식에 대한 진지한 연구의 대부분(그것이 우리에게 설득력을 갖는 것이건 그렇지 못한 것이건간에)은 그것의 기원이 될 수 있는 것들에 대한 고찰, 혹은 이 양식에 선행했던 것은 18세기 로코코 양식의 곡선미가 있는 형태들, 또는 중세의 채색 사본들에 담겨져 있는 포선체(包旋體)들과 소용돌이 모양의 장식이었다는 것에 대한 고찰을 포함하고 있다.

기본 자료들을 모아놓은 작품집

일정 범위의 교육기관에 걸친 미술사 교육의 확산은 점차 증가하는 '교육용 수집물'이라고 불리는 것이 타당할 그러한 것들을 준비하도록 만들어 왔다. 그것은 오래 전 과거의 것이든 아니면 보다 근래의 것이든, 화가에 의해 쓰여진 것이든 혹은 비평가에 의해 쓰여진 것이든, 미술사 연구에 중요성을 지니는 역사적 사실을 근거로 하여 출판된 자료들을 모아 놓은 작품집들이다. 이러한 출판물들은 미술품과 그것의 제작에 대해 우리가 가지고 있는 관념을 구체화하는 데 특별한 중요성을 지니고 있는 것이 증명된 텍스트에서 발췌한 글들에 독자가 접근할 수 있도록 해준다. 엘리자베스 홀트가 엮은 《미술사의 기록》(1940년대에 시작되었지만 앵커 북스에 의해 개정되어 발행된)이 처음 나온 것들 중 하나이며, 분야별로 다른 편자들이 엮은 각기 다른 시대와 국가에 대해 다루고 있으며 몇 권의 책으로 되어 있는 것으로, 프렌티스 홀 인터내셔널사가 펴낸 《미술사의 자료와 문서들》이 그 뒤를 잇게 된다. 보다 최근 들어 영국 미술 분야는 롱먼사에서 펴낸 버나드 덴비어의 《영국에서의 취향의 역사에 대한 기록》에 의해 제대로 다루어지게 되며, 한편 찰스 해리슨과 폴 우드가 엮은 《1900년부터 1990년까지의 미술이론》(옥스퍼드: 블랙웰, 초판, 1992)은 화가·비평가·철학자, 그리고 정치와 문학에 관련된 인물들이 쓴 텍스트를 포함하고 있다.

전공논문들

사람들은 '전공논문'이라는 말을 다른 것들을 가리키는 의미로 자주 쓰지만 우리가 사용하는 이 말은 단일한, 혹은 일군의 화가들의 작품에 대한 연구라는 의미이다. 한 예는 수잔 L. 지그프리드의 《루이 레오폴드 부아이의 미술: 나폴레옹 시대 프랑스에서의 현대적인 삶》(예일대학교 출판국, 1995)이 될 수 있는데, 제목이 암시하고 있는 것처럼, 이것은 한 명의 화가가 그려낸 작품을 나열하고 기술하는 데 국한된 것이 아니며 역사적인, 그리고 텍스트상의 해석에 중요한 한 가지 요소를 포함하고 있는 연구인 것이다.

목록들

역사적이고 실제적인 기록문헌들이 완전하게 갖추어진, 과학적으로 설명된 예술작품의 목록은 크게 두 가지의 유형이 존재한다. 그 중 하나는 한 화가의 작품에 대한 비평적 목록, 혹은 한 화가의 한 가지 전색제를 사용하고 있는 작품들(oeuvre; 이 용어는 일반적으로 한 개인의 알려진 작품들 전체를 가리키는 것으로 사용되었다)의 특정 부분에 대한 비평적 목록이다. 설명이 붙은 목록(논리적으로 설명이 되어 있는 목록)이 어떻게 작용하는지에 대한 증명으로 여기서 내가 사용하는 예들은 16세기 이탈리아의 화가인 파르미자니노의 소묘작품들과 1956년에 세상을 떠난 에밀 놀데의 회화작품들이다.〔도판 20〕 다른 하나는 박물관이나 미술관(혹은 개인 수집가를 대신하여)이 영구 소장품들 중에서 선별한 한무리의, 혹은 일정 범주에 속하는 작품들에 대하여 준비하게 되는 유형의 목록이다. 이러한 작품들은 대개 시대나 유파, 사용된 전색제에 따라 선정된다. 그러한 출판물에 대한 예는 1991년 영국 정부 공식 출판법인인 HMSO에서 펴낸 마이클 E. 킨의 《빅토리아 앤드 앨버트 박물관의 유대교 의식에 관한 미술품》, 혹은 뉴잉글랜드대학교 출판국(하노버, NH)에서 오랜 기간에 걸쳐 여러 권으로 펴낸 《미국에 소장되어 있는 1700년 이전의 스테인드글라스》같은 것들이 될 수 있다. 전형적으로 이러한 목록들은 편집에 많은 시간이 소요되며, 때로는 여러 해에 걸쳐 한 권씩 한 권씩 나오기도 한다.

목록의 표제어에는 일단의 예술작품들 중 그 어느것에 대해서도 출판할 당시에 이용할 수 있는 모든 중요한 사실상의 자료들이 압축된 형태로 담겨져 있어야만 한다. 목록별로 형식에 약간씩의 차이는 있지만 그것을 해독해 내는 과정은 대략 같다고 보면 된다. 새로운 정보를 이용할 수 있게 되면, 목록을 개정하고 증보판을 펴내게 된다. 목록 안에 들어 있는 표제어를 참고로 하기에 앞서 책의 앞면을 살펴보는 것이 좋은데, 여기에서는 대개 그 정보에 접근하고 그것을 이용하는 것과 관련된 약어일람표와 안내 사항을 찾아볼 수 있을 것이기 때문이다. 설명이 붙어 있는 목록은 박물관과 미술관뿐만이 아니라 그것들의 출판을 후원하는 미술품 경매회사들이나 거래상들에게도 편의를 제공하게 된다는 점도 또한 염두에 둘 만한 가치가 있다.

[도판 20] 〈꿈꾸는 사람들〉, 에밀 놀데, 1916, 콜론, 라인 미술품 기록보관소.

전시회 목록들

지난 20년 동안의 전시회 목록들은 보다 상세해지고, 더 철저하게 연구한 내용이 실리게 되었으며, 도해의 상태도 더 좋아졌고, 미술사학자에게 점점 더 없어서는 안 될 것이 되어 왔다. 그것들은 또한 아주 값비싼 것이 되어 버렸으며, 그 결과 많은 전시회의 주최측에서는 전시된 작품들이 실려 있는 작은 목록을 싼 가격에 제공하여 관람객들이 전시장을 돌면서 감상할 때 사용하도록 하고, 목록은 나중에 도서관에 가서 참고할 수 있도록 만들었던 것이다. 원칙적으로 전시회 목록의 표제어는 설명이 붙어 있는 목록이 가지고 있는 기능의 일부를 수행하기는 하지만 대개는 그보다는 덜 상세하다. 예를 들면 이것은 파르미자니노의 작품으로 알려진 모든 소묘작품들에 대한 정보가 아니라, 전시를 하기 위해 전세계에서 모아들인 공공의, 혹은 개인적인 소장품인 작품들에 대한 기록을 제공한다. 전시회의 주제는 한 화가나 한 시대, 하나의 주제, 혹은 그밖의 엄청나게 다양한 여러 가지들 중 그 어느것이라도 될 수가 있는 것이다. 아마도 목록에는 표제어뿐만 아니라 머리말 성격의 평론 한 편, 혹은 여러 편이 실려 있게 될 것이다. 때로는 전시회 목록이 특정 화가에 대해 인쇄된 글로 남겨진 유일한 물건인 경우가 있으며, 특히 현대 미술에서는 전시회 목록이 독자적인 가치를 지닌 자료가 된다. 이러한 목록을 가지고 전시회에 찾아가 보는 것이 이상적이긴 하지만 너무 무겁기 때문에 그것을 가지고 돌아다니고 싶어하지 않을 것이다. 그렇지만 어떤 경우에서건, 전시회가 끝난 지 오래 되었을 때조차도 이 목록들은 흥미와 즐거움을 풍부하게 간직한 자료로서 남아 있게 된다.

도상 연구

미술사라는 학문의 기초를 마련한 사람으로 널리 인정을 받고 있는 어원 파노프스키는 도상 연구를 "예술작품의 형식과 대립되는 것으로서 주제와 의미에 대해 관여하는 미술사학의 한 분파"라고 설명했다. (〈도상 연구와 도상학: 르네상스 미술 연구 입문〉, 《시각예술에 있어서의 의미》, 1955: 신판, 1995.) 파노프스키는 연구의 두 단계에 대해, 첫번째는 시각적인 범위에서의 주제들이 동일시되고 분류되어야 하며(도상 연구), 두번째는 그것들의 배치가 역사적으로 분석되어야 한다는 점을 밝히고 있다. 두번째 것을 그는 도상학이라고 부른다. 도상에 대한 책들은 대개 하나의 특정 주제를 택하여, 주어진 한 시대에 속한 각기 다른 유파의 대표적 화가들의 작품에 있어서의 그러한 주제의 표현이나 의미에 있어서의 변화를 추적하게 된다. 달리 취할 수 있는 방도로서, 그들은 특정한 대표 작품들이나 이미지들을 택하여 제재에 대한 질문을 던져 볼 수도 있는 것이다. 미술사에 관한 많은 책들이 여러 가지 다른 방법들 가운데 도상 연구와 도상학을 사용하지만, 도상에 대한 그러한 연구들은 대개 그것들이 예술작품의 제재에 대해 관심을 가지고 있다는 점이 명백하게 드러난다. 《인도 미술에서 여신 라자 가우리가 표현되는 형식들》(캐롤 래드클리프 볼론 저, 펜실베이니아 주립대학교 출판국, 1992)이나 《터너의 고전적인 풍경화들: 신화와 의미》(캐슬린 니콜슨 저, 프린스턴대학교 출판국, 1991) 같은 책들은 접근 방식을 제목을 통해 알리고 있다.

비록 도상 연구와 도상학적 분석이 모더니스트들을 포함하여, 이 학문 분야 전체를 통해 널리 보급되어 있지만, 이것은 특히 초기 그리스도교 시대와 중세, 그리고 근세 유럽의 미술에 대한 출판물 사이에서 여전히 강세를 보이고 있는데, 그 이유는 종교적인 신념이나 실천이 위세를 지니고 있는 사회에서 생산된 대부분의 예술작품들이 가지고 있는 실용주의적인 성격 때문이다. 그러한 책의 전형적인 본보기는 엘리자베스 스트루더스 맬본의 《유니우스 바수스의 석관에 대한 도상 연구. 개종자에서 신에게로》(프린스턴, 뉴저지: 프린스턴대학교 출판국, 1991)가 될 수 있을 것이다. 전통적으로 도상에 대한 연구는 주제가 반복되어 나타나는 것과 의미상의 변화와 전이에 대한 개요를 제시하는 것을 포함하며, 이것은 다양한 범위에 걸치는 언어들을 통한, 그리고 본문의 내용을 온갖 방식으로 확장시키게 하는 각주들이라는 거대한 장치에 의해 뒷받침된다.

이론

자기 자신을 존중하는 정신을 지니고 있는 사람이라면, 그 어떤 미술사학자도 자신의 저술이 이론에 의해 확실하게 지지될 수 있기를 바랄 것이며, 자신이 어렴풋이 예시하고 있었던 '실재하는 삶'으로부터 나온 예들과 관련하여 그 이론이 어떻게 작용하는지를 입증하려고 할 것이다. 서구 세계의 대부분의 사람들에게 친밀한 한 무리의 작품들과 연관되어 있으며, 가설적이고 고의적으로 믿을 수 없게 만들려는 것이라는 생각이 들 수도 있는 한 가지 예를 들어 보자. 19세기 후반의 인상주의 화가들은 일찍이 없었던 규모로 이제까지 전례에 없는 범위의 대중적인 매체들로부터 조롱을 받게 되었고, 그 때문에 영구적으로 그들이 일반 사람들을 하나의 집합체로서 생각하는 것을 불가능하게 하는 중대한 상황에 빠지게 되었다는 이론을 가정해 보자. 그렇다면 이러한 이론을 지지해 줄 수 있는 증거는 화포에서 중경(中景)이 여백으로 강조된 곳, 그리고 무리를 짓고 있는 사람들이 아주 간략하게 다루어지고 있는 곳의 비율이 높다는 것에 대하여 주의를 끌도록 함으로써 정리가 될 수도 있는 것이다. 그 이론이 설득력을 지니는지의 여부는 그 증거(경험을 통해 얻은 것에 기초를 둔)가 어느 정도까지 설득력을 가지는지에 달려 있게 될 것이다. 또한 경험에 기초를 두고 있다는 뜻인 (그리고 이론적인 면이 부족하다는 뜻을 함축하고 있는) 경험론적 작품도 스스로 꼬치꼬치 따지고 드는 것에는 역시 맞설 수 없을 것이다. 또 하나의 과장되고 가설적인 예를 든다면, 미술사학자는 타히티에서의 고갱에 대하여 그가 매주 몇 점이나 되는 작품들을 그렸으며, 어떤 치수의 것들이었는지를 근거로 해서 엄청난 양의 자료를 모으게 된다. 이러한 증거들은 그것이 기후에 근거한 것인지(더운 계절에는 보다 많은 수의 작품을, 그리고 추운 계절에는 보다 적은 수의 작품을 그리게 된다), 시장성에 근거한 것인지(화포의 크기가 커지면 그만큼 더 많은 돈을 벌어들일 수 있다는 것을 의미한다), 정신분석학에 근거한 것인지(그림이 제작된 간격은 타히티에 거주하는 여성의 생활 리듬에 대한 남성적이고 서구적인 반응을 나타낸다), 아니면 인류학에 근거한 것인지(그림이 사회적·종교적인 의식이나 토착민들과 아주 닮은 대상으로서 제작된 것이다), 이론이 없이는 우리가 그것으로부터 아무것도 알아낼 수 없는 그러한 것이다.

지난 20년 동안에 걸쳐 인문학의 모든 분야에서는 이론이 폭발적이라 할 수 있을 만큼 많이 생겨났고, 내가 앞서 간단히 언급했던 것처럼 가장 격렬하고 가장 지독한 전투가 벌어져 온 것은 이론에 대하여 그것이 학계에서 차지하게 되는 위치에 대해서였다. 이론을 믿지 않는 사람들이 볼 때, 이론을 신봉하는 사람들은 놀이를 하고 있는 방종한 지식인들인 것이다. 이론을 지지하는 사람들이 볼 때, 그들의 반대자들은 단순하고 평범한 설명으로도 만족하는 고집 세고 맹목적인 반동들이 된다. 이론의 도입은 하나의 학문으로서 미술사의 가치를 높여 왔다는 데는 의심의 여지가 없으며, 이론을 과식하는 것은—— 만약 그러한 일이 있다면—— 때가 되면 이 학문의 형성과정에서 단지 딸꾹질 정도로 여겨지게 될 것이다. 역사는 이론과, 이론은 역사와 함께 지내야만 하는 것이다. 이 학문에 끼친 이론의 영향은 마지막 절에서 예로 들게 되는 정기 간행물들 중 일부를 훑어보는 그 어떤 학생에게도 분명한 것이 될 것이다. 제4장에서 언급한 마이클 앤 홀리의 레오나르도에 대한 평론은 변명하지 않고, 추진력으로서의 이론을 역사보다 우위에 놓는 입장을 보여주고 있는 예이다.

시각예술을 연구하는 학생들에게 이론의 역할이라는 문제나, 자크 데리다와 같은 철학자들의 저술(데리다가 쓴 책들 중 하나는 자극적이게도 《회화에 있어서의 진리》(1987)이다)이 가지고 있는 중요성은 아주 이론(異論)이 분분한 부분인 반면, 이론을 다루는 서적들은 오랫동안 미술사 연구의 중심이 되어 왔다. 이것들은 한 명의 화가나, 일군의 화가들에게 불어넣어진 (것이라고 주장될 수도 있는) 학설과 확신의 양식, 이론과 원칙에 대해서 검토하고 있는 책들이다. 이러한 종류의 고전적인 연구는 앤소니 블런트의 《1450년에서 1600년까지의 이탈리아 미술이론》

(1940)이나 루돌프 비트코버의 《인문주의 시대에 있어서의 건축학적 원리들》(1949)과 같은 것들이다. 이러한 종류의 권위 있는 저술들은 그 자체를 증명해 보이기 위해 논쟁적이고 단편적인 성격의 지적인 물음을 허용하는 경향이 있는 오늘날의 접근방식들과는 그다지 조화를 이루지 못한다. 따라서 《시각문화, 이미지들과 해석들》(N. 브라이슨·M. A. 홀리·K. 목시 엮음, 뉴잉글랜드대학교 출판국, 1994)과 같은 선집은 일관된 관점과 통일된 언어를 갖고 있지 못할 뿐만 아니라 각 장의 말미에 다른 저자의 반응을 포함시킴으로써 사실상 논쟁임을 강조하고 있다.

기법에 관한 책들

미술사학자와 관련된 기법에 관한 가장 중요한 책들은 화가들 스스로가 쓴 책인 경우가 흔하다. 레온 바티스타 알베르티의 《건축에 관하여, 회화에 관하여, 그리고 조각에 관하여》(원래는 세 권의 분리된 책으로 출판된 것이지만, 1755년 이후 영역된 판본으로 나오고 나서는 한 권의 선집으로 이용할 수 있게 되었다), 레오나르도 다 빈치의 《회화에 관한 논문》, 그리고 첸니노 첸니니의 《미술서》(이것들 모두 오늘날 사용되는 영어로 번역된 것들을 이용할 수 있다) 등은 르네상스 시대 화가들의 기법과 실기에 대한 정보의 보고이며, 이들 저술의 저자들은 주저함 없이 본론에서 벗어나 일화(逸話)로 빠져들기 때문에 읽는 것 또한 매우 재미가 있다.

기법에 관한 훌륭하고 흥미로운 많은 책들이 대다수 유럽 국가들의 수도에 건설된 박물관들의 미술자료에 대한 과학적이고 분석적인 연구를 하는 데 자극을 주게 된 19세기의 후반에 출판되었다. 어리둥절하게 만드는 긴 제목에도 불구하고 메리 필라델피아 메리필드 부인의 저서인 《고대 이탈리아와 스페인 명장들에 의해 그려진 프레스코화의 예술성과 프레스코화에 사용된 색채의 성격에 대한 예비적 질문 및 의견과 주석》(1846)은 재미있고 유익하며, 1952년에 재판을 찍은 것이 현존하기 때문에, 처음 보기에 그렇게 느껴지는 것처럼 아예 손에 넣을 수 없는 것은 아니다.

이렇듯 보다 오래 된 서적들은 그 저자들이 살았던 시대의 기법상의 전문지식과 역사적 관심에 의해 강요된 것이기 때문에 보다 근래에 나온 참고서적들과 병행하여 제재라는 주제에 관해 참조되고 읽혀져야만 한다. 아마도 이러한 서적들 가운데서 가장 잘 알려진 것은 막스 되르너의 《화가들의 재료와 회화에 있어서 그것들의 사용 및 지난날의 거장들이 사용한 기법에 대한 주해》(1976, 번역 및 개정판)이다. 원래는 특정 전색제를 사용한 작품의 전시회 목록에서 유래된 책들 또한 유용한 일반 텍스트가 되어 왔다. 그러한 두 가지 예는 마조리 B. 콘의 《엷은 채색과 구아슈: 수채화 재료의 발달에 대한 한 연구》(케임브리지, 매사추세츠: 포그 미술관의 보존 및 기술연구소와 아메리카 보존학회 재단, 1977)와 수잔 램버트의 《증식된 이미지》(런던: 빅토리아 앤드 앨버트 박물관, 1987)이다.

미술품과 보존에 대한 방대하며 고도의 전문성을 띤 기술 관련 문헌이 존재하는데, 이것의 출처는 대부분 북미의 규모 있는 박물관과 재단들이다. 이것의 대부분이 전문가가 아닌 사람들에게는 부득이하게 어느 정도까지는 접근할 수 없는 것인 반면, 종종 대규모 전시회에서 이러한 종류의 자료들을 사람들이 이용할 수 있는 형태의 자료로 엮거나, 국립박물관의 기술회보와 같은 출판물에 수록하여 내놓는 것은 매력적인 읽을거리가 될 수 있으며, 예술작품의 재료의 구성과 상태에 대한 우리의 지식을 강화할 수 있도록 해준다. 그 분야에서도 또한 컴퓨터가 영향을 끼쳐 왔다. 적외선을 이용한 이미지의 조영은 회화작품의 밑그림을 흰 판에 드러나게 만드는 데 사용하는 사진촬영 방법이다. 컴퓨터는 적외선 파장의 적절한 길이를 정확하게 맞추어 줌으로써 개별적으로 촬영된 모자이크 모양의 장면들이 눈으로 볼 수 있는 그림의 표면에 희미한 색상으로 구성된 이미지들과 겹쳐지도록 혼합할 수가 있어서 그런 능력을 통해 이러한 과정을 크게 향상시켜 왔다. 그러나 과학이나 기술에 현혹되지 않는 것이 중요한데, 예술작품들을 다룰 때의 기술적인 문제들이라는 것 또한 역사적인 문제들이기도 하며, 사용된 안료의 연대를 측정하고 분석하는 데 신기술이 아무리 뛰어난 것이라 할지라도 중요한 것은, 그러한 기술이 제공하는 증거들을 우리가 어떤 방식으로 해석해 내는가 하는 점이기 때문이다.

정기 간행물

오늘날 미술품과 미술사, 물질 및 시각문화, 미학 및 전색제들에 관해 기고된 글들을 펴내는 정기 간행물들은 그 수가 엄청나게 많아 혼란스러운 양상을 보여 주고 있다. 이것은 이 책의 제2판에서 언급된 것들 중 한 가지를 제외한 모든 학술지들이 1986년 이래로 계속 발행되고 있을 뿐만 아니라, 그외에도 다른 많은 학술지들이 나와 그 수가 증가해 오고 있다는 것, 즉 미술사와 그것에 관련된 학문 분야들이 건강함을 증명해 주는 것이다. 학술적인 정기 간행물들은 그 학문 분야에서 진행되고 있는 연구나 토론의 현재 상태를 보여 주게——혹은 보여 주어야만——된다. 그것이 방법과 접근방식에 의한 것이건, 아니면 주제가 되는 영역에 의한 것이건 그들은 스스로 어떤 특정 영역을 따로 베어내는 경향이 있다. 비록 이렇게 말하는 것이 프랑스어·독일어·네덜란드어·이탈리아어 등으로 되어 있는 중요한 출판물이 없다고 말하려는 것은 아니지만, 미술사와 관련된 학술지들은 여타의 유럽 지역 언어들보다 영어로 된 것이 더 많이 나와 있다. 여기서는 영어로 출판된 학술지들에 대해서만 언급하기로 한다. 이미 일부 학술지들은 '온라인'으로 이용할 수 있게 되었으며, 이 글을 쓰고 있는 이 순간에도 종이로 인쇄되어 나오는 학술지들의 미래에 대한 열띤 토론이 진행되고 있는 것이다. 그러나 인문학 분야의 학술지들이 전적으로 전자매체를 이용하는 형식으로 옮겨갈 것 같아 보이지는 않는다.

  학술지들을 읽을 수 있는 가장 좋은 장소는 당신이 다니고 있는 교육기관의 도서관에 있는 학술지 신간들이 꽂혀 있는 진열대가 되겠지만, 사실상 영국 내에 있는 모든 도서관들이 지난 몇 년에 걸쳐 학술지에 대한 그들의 예산을 삭감하지 않을 수 없었기 때문에 몇 가지를 구독하는가의 범위는 교육기관들에 따라 각기 다를 수가 있으며, 그것도 대개는 학부 재학생들의 수업이나 연구에서 필요로 하는 것들을 반영하고 있음을 염두에 두고 있어야 한다. 도서관들끼리 서로 대여해 주도록 협정을 맺는 것은 대개 한 학술지의 특정한 몇 호들이 빠져 있을 경우에 그것을 서로 메워 주게 될 것이다. 매달 혹은 매4개월마다 동일한 학술지의 신간을 읽는다는 것은 당신이 그 학술지의 편집 방침에 대해 익숙해지는 것과, 뒤이어 계속 나오게 될 그 학술지의 신간들을 통해 계속되는 논쟁이 어떤 것인지 그 뜻을 이해할 수 있는 기회를 가질 수 있도록 해준다. 일정 범위의 학술지의 최근호들과 신간들을 죽 훑어보는 것은 이 학문 분야에서 관심의 범위가 어디까지이며 학자들의 현재 관심사가 무엇인가에 대한 개념을 얻어낼 수 있는 최선의 방법인 것이다.

미술사 분야의 학술지들을 적절하게 분류하는 것은 아주 어려운 일이 될 것이며, 특별히 시각예술 분야에 속한 것이 아닌 다른 많은 학술지들도 때때로 미술사학자들에게 엄청난 중요성을 지니는 기사들이 실릴 수도 있다는 점에 주목해야만 한다. 그러한 학술지들 가운데는 《빅토리아 왕조 시대 연구》·《과거와 현재》(역사학 학술지)·《새로운 구조》(사회학)·《페미니스트 리뷰》·《남성과 여성》·《르네상스 시대 연구》(문학·역사, 그리고 문화에 대한 연구)·《스크린》(영화 연구)·《영국 미학 학술지》(철학), 그리고 《디자인사 학술지》 등이 있다. 만약 당신이 미술계의 현안에 대해 관심을 가지고 있다면 《미술신문》(미술품 경매장 소식 서평, 그리고 국제적인 미술계의 뒷이야기)을 시험 삼아 구독해 보라.

시각적인 의사소통에 대해 전문적으로 다루고 있는 학술지들에 대해 생각해 보려면, 미술품 거래에 대한 상당량의 광고를 싣고 있으며 고급스러운 복제품들에 대한 내용을 전문적으로 다루고 있는, 반들반들한 광택이 있는 지질에 커다란 판형의 국제적으로 배포되는 잡지들을 고르는 것이 유용할 수도 있다. 가장 잘 알려져 있는 것은 《아폴로》지이다. 이러한 학술지들과 구분해 볼 수 있는 것들로는, 적은 양의 광고들을 싣고 있으며 토론과 분석에 보다 더 치중하고, 작품이 어느 화가의 것인가 하는 문제와 그것들을 분류하는 쪽에는 관심을 보다 적게 두는 쪽으로 편집 방침을 맞춘 것으로 알려진 학술지들(반드시 발행 부수가 보다 적은 것이어야 할 필요는 없지만)이다. 이러한 것들 대부분이 일부는 개인에 의해, 그리고 일부는 공동으로 대학의 미술사학부 내에서 편집된다. 그러한 학술지들은 《미술사》·《옥스퍼드 아트 저널》(영국에서 선도적인 역할을 하고 있는 학술지들), 《미술회보》·《월간 미술》·《옥토버》, 그리고 《표현》(미국에서 발간된 것들로 마지막 두 가지는 시각적 의사소통뿐만 아니라 문학이론에 대해서도 많은 지면을 할애하고 있다) 등을 포함하고 있다. 시각 및 물질문화의 특정 국면에 대해 집중적으로 다루고 있는 것들은 《건축학 리뷰》·《RIBA 저널》·《말과 이미지》·《정원의 역사 저널》·《사진의 역사》·《미술 및 디자인 교육 저널》·《현대 화가들》·《아시아의 예술과 문화》·《국제문화재 저널》·《디자인 이슈》, 이외에도 여러 가지가 많이 있다. 오래 되고 유수한 역사를 지닌 보다 전통 지향적인 학문적 정기 간행물 중 하나는 《벌링턴 매거진》이다.

위에 언급된 학술지들 중 일부는 특정한 전문적 협회들의 기관지들이다. (《미술사》는 영국 미술사학자협회의 학술지이며, 《미술 회보》와 《월간 미술》은 미국 대학예술협회의 후원을 받아 발간되고 있는 것이다.) 두 기관 모두 학생 회원들의 가입을 환영하며, 일정 범위의 회의나 다른 행사들을 계획한다. 이러한 출판물들과 더불어 매년 한 번씩 나오는 학술지들은 《워버그와 코톨드 연구소 저널》과 《월폴 소사이어티》, 그리고 영국 제도(諸島)의 각 지역에 있는 수십 개의 고고학회들이 발간하는 회보들이 있다. 어쩌면 런던이나 리버풀에 있는 테이트 미술관의 서점들에서 가장 쉽게 찾아볼 수 있을 현대 미술의 실제 작품들을 전문적으로 다루고 있는 흥미로운 학술지들과 잡지들 몇 개를 예로 들면서 이 장의 결론에 대신하는 것이 적당할 듯싶다. 《현대 미술》·《아트포럼》, 그리고 《아트 리뷰》 등이 그러한 세 가지의 잡지들이다. 이 절에서 언급된 모든 학술지들과 별표(*)로 표시된 것들은 학생들에게는 할인가로 제공된다.

박범수
충남 홍성 출생
경희대 영문과, 동 대학원 석사
역서 《고고학이란 무엇인가》·《클래식》
《본다는 것의 의미》

미술사학 입문

초판발행 : 2000년 1월 20일

지은이 : 마르시아 포인턴
옮긴이 : 박범수
펴낸이 : 辛成大
펴낸곳 : 東文選
제10-64호, 78.12.16 등록
서울 종로구 관훈동 74
전화 : 737-2795
팩스 : 723-4518

ISBN 89-8038-066-6 04600
ISBN 89-8038-050-X (세트)

【東文選 現代新書】

1 21세기를 위한 새로운 엘리트	FORESEEN 연구소 / 김경현	7,000원
2 의지, 의무, 자유	L. 밀러 / 이대희	6,000원
3 사유의 패배	A. 핑켈크로트 / 주태환	7,000원
4 문학이론	J. 컬러 / 이은경·임옥희	7,000원
5 불교란 무엇인가	D. 키언 / 고길환	6,000원
6 유대교란 무엇인가	N. 솔로몬 / 최창모	6,000원
7 20세기 프랑스철학	E. 매슈스 / 김종갑	8,000원
8 강의에 대한 강의	P. 부르디외 / 현택수	6,000원
9 텔레비전에 대하여	P. 부르디외 / 현택수	7,000원
10 고고학이란 무엇인가	P. 반 / 박범수	근간
11 우리는 무엇을 아는가	T. 나겔 / 오영미	5,000원
12 에쁘롱	J. 데리다 / 김다은	7,000원
13 히스테리 사례분석	S. 프로이트 / 태혜숙	7,000원
14 사랑의 지혜	A. 핑켈크로트 / 권유현	6,000원
15 일반미학	R. 카이유와 / 이경자	6,000원
16 본다는 것의 의미	J. 버거 / 박범수	근간
17 일본영화사	M. 테시에 / 최은미	근간
18 청소년을 위한 철학교실	A. 자카르 / 장혜영	7,000원
19 미술사학 입문	M. 포인턴 / 박범수	8,000원
20 클래식	M. 비어드·J. 헨더슨 / 박범수	6,000원
21 정치란 무엇인가	K. 미노그 / 이정철	6,000원
22 이미지의 폭력	O. 몽젱 / 이은민	8,000원
23 청소년을 위한 경제학교실	J. C. 두루엥 / 조은미	근간
24 순진함의 유혹	P. 브뤼크네르 / 김웅권	9,000원
25 청소년을 위한 이야기 경제학	A. 푸르상 / 이은민	근간
26 부르디외 사회학 입문	P. 보네비츠 / 문경자	근간
27 돈은 하늘에서 떨어지지 않는다	K. 아른트 / 유영미	6,000원
28 상상력의 세계사	R. 보이아 / 김웅권	근간
29 지식을 교환하는 새로운 기술	A. 벵또릴라 外 / 김혜경	6,000원
30 니체 읽기	R. 비어즈워스 / 김웅권	6,000원
31 노동, 교환, 기술	B. 데코사 / 신은영	6,000원
32 미국만들기	R. 로티 / 임옥희	근간
33 연극의 이해	A. 쿠프리 / 장혜영	근간
34 라틴문학의 이해	J. 가야르 / 김교신	근간
35 여성적 가치의 선택	FORESEEN연구소 / 문신원	근간
36 동양과 서양 사이	L. 이리가라이 / 이은민	근간
37 영화와 문학	R. 리처드슨 / 이형식	근간

38 분류하기의 유혹	G. 비뇨 / 임기대	근간
39 사실주의	G. 라루 / 조성애	근간
40 윤리학	A. 바디의 / 이종영	근간
39 武士道란 무엇인가	新渡戶稻造	근간

【東文選 文藝新書】

1 저주받은 詩人들	A. 삐에르 / 최수철·김종호	개정근간
2 민속문화론서설	沈雨晟	40,000원
3 인형극의 기술	A. 훼도토프 / 沈雨晟	8,000원
4 전위연극론	J. 로스 에반스 / 沈雨晟	12,000원
5 남사당패연구	沈雨晟	10,000원
6 현대영미희곡선(전4권)	N. 코워드 外 / 李辰洙	각 4,000원
7 행위예술	L. 골드버그 / 沈雨晟	절판
8 문예미학	蔡 儀 / 姜慶鎬	절판
9 神의 起源	何 新 / 洪 熹	16,000원
10 중국예술정신	徐復觀 / 權德周	18,000원
11 中國古代書史	錢存訓 / 金允子	14,000원
12 이미지	J. 버거 / 편집부	12,000원
13 연극의 역사	P. 하트놀 / 沈雨晟	12,000원
14 詩 論	朱光潛 / 鄭相泓	9,000원
15 탄트라	A. 무케르지 / 金龜山	10,000원
16 조선민족무용기본	최승희	15,000원
17 몽고문화사	D. 마이달 / 金龜山	8,000원
18 신화 미술 제사	張光直 / 李 徹	10,000원
19 아시아 무용의 인류학	宮尾慈良 / 沈雨晟	8,000원
20 아시아 민족음악순례	藤井知昭 / 沈雨晟	5,000원
21 華夏美學	李澤厚 / 權 瑚	15,000원
22 道	張立文 / 權 瑚	18,000원
23 朝鮮의 占卜과 豫言	村山智順 / 金禧慶	15,000원
24 원시미술	L. 아담 / 金仁煥	절판
25 朝鮮民俗誌	秋葉隆 / 沈雨晟	12,000원
26 神話의 이미지	J. 캠벨 / 扈承喜	근간
27 原始佛敎	中村元 / 鄭泰爀	8,000원
28 朝鮮女俗考	李能和 / 金尙憶	12,000원
29 朝鮮解語花史	李能和 / 李在崑	25,000원
30 조선창극사	鄭魯湜	7,000원
31 동양회화미학	崔炳植	9,000원
32 性과 결혼의 민족학	和田正平 / 沈雨晟	9,000원

33 農漁俗談辭典	宋在璇	12,000원
34 朝鮮의 鬼神	村山智順 / 金禧慶	12,000원
35 道敎와 中國文化	葛兆光 / 沈揆昊	15,000원
36 禪宗과 中國文化	葛兆光 / 鄭相泓·任炳權	8,000원
37 오페라의 역사	L. 오레이 / 류연희	12,000원
38 인도종교미술	A. 무케르지 / 崔炳植	14,000원
39 힌두교의 그림언어	안넬리제 外 / 全在星	9,000원
40 중국고대사회	許進雄 / 洪 熹	22,000원
41 중국문화개론	李宗桂 / 李宰碩	15,000원
42 龍鳳文化源流	王大有 / 林東錫	17,000원
43 甲骨學通論	王宇信 / 李宰錫	근간
44 朝鮮巫俗考	李能和 / 李在崑	12,000원
45 미술과 페미니즘	N. 부루드 外 / 扈承喜	9,000원
46 아프리카미술	P. 윌레뜨 / 崔炳植	절판
47 美의 歷程	李澤厚 / 尹壽榮	22,000원
48 曼茶羅의 神들	立川武藏 / 金龜山	10,000원
49 朝鮮歲時記	洪錫謨 外/李錫浩	30,000원
50 하 상	蘇曉康 外 / 洪 熹	8,000원
51 武藝圖譜通志 實技解題	正 祖 / 沈雨晟·金光錫	15,000원
52 古文字學첫걸음	李學勤 / 河永三	9,000원
53 體育美學	胡小明 / 閔永淑	10,000원
54 아시아 美術의 再發見	崔炳植	9,000원
55 曆과 占의 科學	永田久 / 沈雨晟	8,000원
56 中國小學史	胡奇光 / 李宰碩	20,000원
57 中國甲骨學史	吳浩坤 外 / 梁東淑	근간
58 꿈의 철학	劉文英 / 河永三	15,000원
59 女神들의 인도	立川武藏 / 金龜山	13,000원
60 性의 역사	J. L. 플랑드렝 / 편집부	18,000원
61 쉬르섹슈얼리티	W. 챠드윅 / 편집부	10,000원
62 여성속담사전	宋在璇	18,000원
63 박재서희곡선	朴栽緒	10,000원
64 東北民族源流	孫進己 / 林東錫	13,000원
65 朝鮮巫俗의 硏究(상·하)	赤松智城·秋葉隆 / 沈雨晟	28,000원
66 中國文學 속의 孤獨感	斯波六郎 / 尹壽榮	8,000원
67 한국사회주의 연극운동사	李康列	8,000원
68 스포츠인류학	K. 블랑챠드 外 / 박기동 外	12,000원
69 리조복식도감	리팔찬	10,000원
70 娼 婦	A. 꼬르벵 / 李宗旼	20,000원

인류의 마지막 수수께끼, 혼백(魂魄)을 풀다!

유사 이래 사람들은 정신이 곧 영혼이라 믿어 왔다. 하지만 그것만으로는 도무지 풀리지 않는 무엇이 있다. 그걸 찾고자 철학자들은 "너 자신을 알라!"며 끝없이 추궁을 해대고, 불교에서는 '참나'를 찾는다고 누천년을 수색해 왔지만 아직도 딱히 명확한 실체를 제시하지 못하고 모호하고 신령스런 어떤 것으로 얼버무리고 있다.

과연 영혼이란 무엇인가? 그리고 마음은 어디에 숨었단 말인가? 죽어서 우리 영혼이 넘어갈 저승 세계는 과연 있기나 한가? '혼백(魂魄)'은 어쩌면 인류가 그토록 찾아 헤매던 판도라의 마지막 상자가 아닐까? 인류 최초, 혼백(魂魄)으로 정신세계와 물질세계를 가른다!

- 산책의 기술, 사색의 비밀
- 걸어야 뇌(腦)가 산다
- 걷기만 잘해도 20년은 더 산다
- 도가비전양생기공 '호보(虎步)'
- 발끝으로 명상한다
- 혼백을 가르면 마음을 본다

- 마음을 알면 지혜의 문이 열린다
- 혼백을 알면 귀신을 본다
- 인류 최초의 야바위 귀신놀음
- 신성한 모든 것은 진실이 아니다
- 혼을 넣고 빼는 비밀
- 귀신을 보고 만들고 부리는 법
- 귀신도 몰랐던 귀신 이야기

신성대(辛成大)

1954년 경남 영산(靈山) 출생으로 16세에 해범 김광석 선생에게서 조선의 국기인 무예 십팔기(十八技)를 익히고, 이후 40여 년 동안 십팔기의 전승과 보급에 힘써 왔다. 현재 (사)전통무예십팔기보존회 회장으로 십팔기와 더불어 수행법, 도인양생공을 지도하고 있다. 저서로는 《무덕(武德)-武의 문화, 武의 정신》《품격경영(상/하)》《자기 가치를 높이는 럭셔리 매너》《나는 대한민국이 아프다》 등이 있다.

- 산책 코스를 바꾸지 마라!
- 도심에서의 철학산책, 가능할까?
- 사색산책은 맨손이어야!
- 언제, 얼마만큼 걸을까?
- 실내에서 걷기
- 가벼운 노동은 사색을 돕는다!
- 사색과 취미생활
- 도보(徒步) 여행?
- 비즈니스 산책
- 등산이 몸에 좋은 이유
- 조깅, 마라톤
- 숨에 따라 망둥어도 된다?
- 아무나 뛰는 것이 아니다!
- 수(水)와 습(濕)은 다른 성질
- 창조적인 사색을 위한 산책 요령
- 발가락으로 두뇌 운동을!
- 미세먼지보다 더 무서운 건?

Tip. 참신한 발상을 유도하는 사옥과 사색정원

제6장 치매, 질병인가 섭리인가?

- 고려장(高麗葬)이란?
- 치매(癡呆)는 자연의 섭리
- 치매란 무엇인가?
- 기억이 사라진다는 것은?
- 만약 늙어서 치매가 오지 않으면 어떻게 될까?
- 치매의 증상
- 치매는 피할 수 없는가?
- 치매는 귀족병이다!
- 인간도 동물(動物)이다!
- 걸어야 뇌가 산다!
- 치매는 계속 늘어난다!
- 자극이 없으면 뇌는 녹슨다!
- 발이 편하면 치매가 온다!
- 치매의 지름길 닦는 식탐(食貪)
- 원시 지혜와 고통의 순기능
- 치매에 좋은 한약재

Tip. 싱겁게 늙고, 싱겁게 놀아라!

제7장 호보(虎步)란 무엇인가?

- 호보(虎步)란 일자보(一字步)!
- 호보(虎步)의 효과
- 치매 예방의 최고 비방 호보(虎步)
- 호보(虎步)에 숨은 비결
- 운동선수가 호보(虎步)를 익히면
- 불가수행법 경행(經行)
- 발가락만 움직여도 운동 효과

Tip. 골(骨)·기(氣)·풍(風) 삼원론(三元論)

제8장 인간은 왜 우울한가?

- 우울증의 원인, 혼백의 균형 상실
- 스트레스와 조울증, 공황장애
- 알츠하이머와 불안증
- 갱년기 우울증과 호르몬
- 가까울수록 더 멀어지는 현대인
- 의기소침(意氣銷沈)을 극복하는 법
- 열정 없는 삶은 죄악
- 반려동물과 더불어 살아가기
- 스마트폰을 멀리하라!
- "울고 싶어라!"
- 산책과 햇볕은 우울증에 보약

  Tip. 야만(野蠻)과 야성(野性)은 별개

제9장 자살하는 유일한 동물, 인간?

- 생각한다, 고로 나는 자살한다?
- 답이 없는 질문, 망상의 철학
- 불행의 시작, 행복 바이러스
- 자연계에서 인간은 가장 못된 주인?
- 죽음을 오락으로 부추기는 가상 현실
- 전쟁중에는 자살이 없다!
- 군인들은 왜 자살하는가?
- 운동시설을 많이 갖추어 주라!
- 제복을 멋있게 해주라!
- 개똥밭에 굴러도 이승이 낫다!
- 가려거든 혼자서 가라!
- "죽고 싶다!" "죽고 싶다!" "죽고 싶다!"
- 상처받은 혼백이 강하다!
- 죽음은 붙잡거나 기다리는 것이 아니다!

  Tip. 마음의 뿌리, 변연계의 기억

제10장 야성(野性)을 길러라!

- 전자발찌로도 성범죄 재범을 막지 못하는 이유
- 신체적 고통에 대한 기억이 없는 현대인
- 문명이 야만보다 우월하다는 착각
- 때로는 야만에서 배워야!
- 이에는 이, 눈에는 눈!
- 체벌 금지가 최선인가?
- 폭력과 무덕(武德)
- 헬리콥터 마마 매니저
- 체벌도 훌륭한 교육의 방편
- 벌레물리기, 가시찔리기, 상처나기
- 아이들을 위한 '위험한 놀이터'
- 원시적 백(魄)강화법

- 성(誠)·신(信)·의(意)
- 정중동(靜中動)과 집중 훈련
- 화두(話頭)란 무엇인가?
- 왜 정좌(正坐)인가?
- 제감(制感)은 가능한가?
- 대뇌 콘트롤은 가능한가?
- 의식의 매직 아이 현상
- 왜 수행하는가?
- 드디어 삼매(三昧)에 들다!
- 삼매(三昧)에서 무얼 하나?
- 신(神)을 버려야 '나'를 본다!
- 해탈(解脫)이 가능할까?

[부록] 양생이설(養生異說)

- 무지하면 몸이 고달프다!
- 야바위와 돌팔이에게 걸려드는 이유
- 꽃을 먹는다고 아름다워지랴!
- 아흔아홉 번을 구워도 소금은 소금일 뿐!
- 정령(精靈)의 결정체, 주사(朱砂)
- 사도세자는 왜 미쳐 죽었을까?
- 중금속, 약(藥)인가 독(毒)인가?
- 인간도 흙(土)을 먹고 살아야!
- 세탁기의 보급과 하이타이, 그리고 아토피
- 자연이 주는 최고의 항생제, 껍질
- 아무도 모르는 병, 냉상(冷傷)!
- 협심증과 심장마비를 부르는 운동, 직업
- 최고의 건강 도우미, '팥서방'
- 침뜸 대신 사워뜸을!
- 경기(驚氣)와 간질(癎疾)
- 주의력 결핍 과잉행동장애(ADHD), 자폐증
- 정신질환 발작과 신경안정제
- 마늘을 이기는 보약은 없다!
- 체육인의 필수 음식 율무
- 위기(圍氣)를 다스리는 도인법
- 원초적인 양생법, 박타(拍打)
- 뇌염 예방 접종과 돼지고기
- 하등동물(무척추동물)과 몬도 카네
- 고기를 구워먹기 좋아하는 한국인들
- 신태교(新胎教), 구태교(舊胎教)
- 결혼 전 성기능 체크하는 법!
- 남성이든 여성이든 섹스는 무조건 뜨거워야!
- 임신 휴가로 건강한 아이를!
- 재임신 기간이 짧으면 기형아 출산 위험!
- 조기교육보다 조기임신을!
- 성기는 왜 뒷다리 사이에 있나?
- 생식(生食)과 화식(火食)에 대한 오해
- 사리(舍利) 만드는 비결

- 또 다른 나 '도플갱어'
- 구마(驅魔), 퇴마(退魔)의 원리
- 누가 구마(퇴마)사가 될 수 있는가?
- 귀신을 모르는 사람과는 못 논다!
- '신내림'이란 진실일까?
- 누가, 왜 무병(巫病)에 걸리는가?
- 성욕 해소가 안 되는 처녀!
- 억눌린 성욕으로 인한 혼백의 갈등!
- 성적 수치심과 욕망 해소!
- 접신(接神)이란 신장(神將)과의 섹스다!
- 한국의 무당은 왜 신장(神將)을 모시는가?
- 직감(直感), 직관(直觀), 직각(直覺)
- 뇌파(腦波)란 무엇인가?
- 교감(交感), 감응(感應)
- 애니멀커뮤니케이터가 되려면?
- 인간은 왜 동물처럼 교감하지 못할까?
- 제3의 눈, 영안(靈眼)은 실재할까?
- 환각(幻覺)이란 가상 현실?
- 환각도 기억으로 만든다!
- 약물로도 수행이 가능할까?
- 독심술(讀心術)은 왜 밀려나는가?
- 최면술(催眠術)의 한계!
- 누가 귀신을 보는가?
- 귀신(鬼神) 만드는 법!
- 전설의 고향, '공동묘지 백여우'
- 혼(魂)을 빼고 넣는 법!
- 기공(氣功)과 명상으로 혼빼고넣기
- 염화시중(拈華示衆)과 정기신(精氣神)
- 삼매(三昧)로 가는 길
- 태어난 달에 따라 직업이 결정된다?
- 체질(體質)과 일월(日月)은 무슨 상관?
- 왜 아직도 사주(四柱)인가?
- 인간의 운명, 보름인가 그믐이냐?
- 당신의 운명은 순행인가, 역행인가?
- 귀신은 다 알고 있다?
- 인류가 감춰야만 했던 엄청 불편한 진실

제2부 왜 수행(修行)인가?

- 귀(鬼)와 신(神)이 갈라서다!
- 인간도 신(神)이 될 수 있을까?
- 수행은 말로 하는 것이 아니다!
- 판도라의 상자는 뇌(腦) 속에 있다!
- 마음의 복잡한 갈래
- 씻어낼 수 없는 감정의 불순물
- 왜 금욕(禁慾)해야 하는가?
- 편견투성이인 감정(感情)에 관련된 기억들
- 마음챙김(mindfulness)

- 간접 체험을 통한 백(魄)강화법
- 종손에 이통 없다!
  Tip. 사춘기와 성인식(成人式)

제11장 어둠으로 돌아가라!

- 방은 작을수록 좋다!
- 큰 집에서 우울증, 자살 많아!
- 공부방도 작아야!
- 빛과 호르몬 분비
- 햇볕과 생식
- 달의 인력과 생식
- 도시형 인간의 비극!
- 건강의 가장 기본은 숙면
- 어둠에서 평안을!
- 빛 공해와 안경
- 빛(색)깔과 두뇌
- 색깔의 분별과 사유 능력
  Tip. 해와 달이 인간의 운명을 결정한다?

제12장 왜 명상하는가?

- 안락(安樂)에 병들고, 환락(歡樂)에 미치다!
- 참선(參禪), 명상(冥想), 묵상(黙想), 정좌(靜坐)
- 동중정(動中靜) 정중동(靜中動)
- 의문이 없으면 답도 없다!
  Tip. 귀 얇은 자가 잘 엎어진다!

혼백론 · 하
혼백과 귀신

제1부 귀신산책(鬼神散策)

- 귀(鬼)란 무엇인가?
- 신(神)이란 무엇인가?
- 혼(魂)과 백(魄)이 갈라서다!
- 혼백(魂魄)은 귀신(鬼神)이 아니다!
- 정말 용한 점쟁이!
- 환생(還生, 幻生), 믿어도 될까?
- 전이감응(轉移感應)!
- 윤회(輪廻), 정말 가능할까?
- 텔레파시(원격정신반응)와 외계인?
- 유체 이탈과 공중부양
- 의식 유영(遊泳)과 우주합일!
- 임사 체험과 사후 세계
- 저승길은 누가 안내하는가?

혼백론 · 상
산책의 힘

제1장 형용사는 진실이 아니다!
- 가장 진실된 원시언어
- 형용사는 편견이다!
- 누가 '아름답다' 말하는가?
- 문명은 학습이다!
- 형용사를 붙들지만 마라!
- 가동사(假動詞), 가명사(假名詞)

  Tip. 지혜는 발끝에서 나온다!

제2장 직립보행, 인간 뇌를 키우다!
- 인류 진화의 비결은 직립보행!
- 엄지손가락의 진화
- 입(口)의 퇴화
- 발가락의 비밀
- 발가락과 두뇌
- 인간은 궁극적으로 무엇을 '생각'하는가?

  Tip. 귀보다 눈을 믿어라!

제3장 혼(魂)이냐, 백(魄)이냐?
- 난 아직 귀신을 보지 못했다!
- 혼백(魂魄)이란 무엇인가?
- 혼(魂)이란 무엇인가?
- 백(魄)이란 무엇인가?
- '나'의 주인은 누구인가?
- '마음'이란 무엇인가?
- 혼백을 가르면 '마음'이 보인다!
- 인간은 그동안 왜 백(魄)을 놓쳤을까?
- 넋과 얼
- 물질 세계와 정신 세계

  Tip. 정(精), 기(氣), 신(神)

제4장 발가락으로 사유한다?
- 걷는 것이 최고의 수행법
- 예술가들은 왜 산보를 즐기는가?
- 사유냐? 고민이냐?
- 산책(散策)과 사유(思惟)
- 합리적 판단과 결정을 위한 걸음

  Tip. 창조적 발상은 어디서 나오는가?

제5장 사색산책, 어떻게 하나?
- 타인을 의식하지 않기!

귀신부리는 책
혼백론

인류 최초로 공개되는
혼백론(魂魄論), 귀신론(鬼神論)

만약 귀신(鬼神)이 없었다면, 신(神)이 없었다면 인류 문명은 지금 어떤 모습일까? 귀(鬼)는 무엇이고, 신(神)은 무엇인가? 인간의 정신(精神)은? 그리고 혼백은? 혼(魂)과 백(魄)은 같은가, 다른가? 영혼(靈魂), 혼령(魂靈), 심령(心靈), 정령(精靈)… 다 그게 그건가? 초문명의 시대, 이런 것 하나 제대로 정리도 안해 놓고 천당이니 지옥이니, 윤회니 해탈이니 하면서 무조건 엎드리라고만 하는데 과연 믿어도 될까? 혼백과 귀신을 모르고는 그 어떤 종교도 철학도 진리(지혜)에 이를 수 없다.

인간은 자신을 속이는 유일한 동물이다. 인간에겐 '헛것'이 가장 크고, '없는 것'이 가장 무겁다. 버리기 전에는 절대 못 느낀다. 그렇지만 '있는 것'은 버려도 '없는 것'은 못 버리는 게 인간이다. 수행은 그 '없는 것'을 버리는 일이다.

본서는 특정한 종교나 방술, 신비주의를 선전코자 쓴 책이 아니다. 오로지 건강한 육신에 건강한 영혼이 깃든다는 명제 아래 유사 이래 인간이 궁금해하던 것, 오해하고 있던 오만가지 수수께끼들을 과학적이고 논리적인 관점에서 풀어냈는데, 이미 많은 독자들이 "왜 진즉에 이 생각을 못했을까!"하고 탄식을 하였다. 더하여 수행자는 물론 일반인의 건강과 치매 예방을 위해 사색산책법, 호보(虎步), 축지법(縮地法), 박타법(拍打法) 등 갖가지 무가(武家)와 도가(道家)의 비전 양생법들도 최초로 공개하였다. 이제까지 아무도 말해 주지 않았던 비밀한 이야기들로 한 꼭지 한 꼭지가 수행자나 탐구자들이 일생을 통해 좇아다녀도 얻을 수 있을까말까 하는 산지혜들이다. 문명의 탄생 이래 인류가 감춰야만 했던 엄청 불편한 진실 앞에 '천기누설'이란 단어를 절로 떠올리게 된다.

東文選

신성대 지음/ 상·하 각권 19,000원/ 전국서점 판매중

71	조선민요연구	高晶玉	30,000원
72	楚文化史	張正明	근간
73	시간 욕망 공포	A. 꼬르뱅	근간
74	本國劍	金光錫	40,000원
75	노트와 반노트	E. 이오네스코 / 박형섭	8,000원
76	朝鮮美術史研究	尹喜淳	7,000원
77	拳法要訣	金光錫	10,000원
78	艸衣選集	艸衣意恂 / 林鍾旭	14,000원
79	漢語音韻學講義	董少文 / 林東錫	10,000원
80	이오네스코 연극미학	C. 위베르 / 박형섭	9,000원
81	중국문자훈고학사전	全廣鎭 편역	15,000원
82	상말속담사전	宋在璇	10,000원
83	書法論叢	沈尹默 / 郭魯鳳	8,000원
84	침실의 문화사	P. 디비 / 편집부	9,000원
85	禮의 精神	柳 肅 / 洪 熹	10,000원
86	조선공예개관	日本民芸協會 편 / 沈雨晟	30,000원
87	性愛의 社會史	J. 솔레 / 李宗旼	12,000원
88	러시아미술사	A. I. 조토프 / 이건수	16,000원
89	中國書藝論文選	郭魯鳳 選譯	18,000원
90	朝鮮美術史	關野貞	근간
91	美術版 탄트라	P. 로슨 / 편집부	8,000원
92	쿤달리니	A. 무케르지 / 편집부	9,000원
93	카마수트라	바짜야나 / 鄭泰爀	10,000원
94	중국언어학총론	J. 노먼 / 全廣鎭	18,000원
95	運氣學說	任應秋 / 李宰碩	8,000원
96	동물속담사전	宋在璇	20,000원
97	자본주의의 아비투스	P. 부르디외 / 최종철	6,000원
98	宗敎學入門	F. 막스 뮐러 / 金龜山	10,000원
99	변 화	P. 바츨라빅크 外 / 박인철	10,000원
100	우리나라 민속놀이	沈雨晟	15,000원
101	歌 訣	李宰碩 편역	20,000원
102	아니마와 아니무스	A. 융 / 박해순	8,000원
103	나, 너, 우리	L. 이리가라이 / 박정오	10,000원
104	베케트연극론	M. 푸크레 / 박형섭	8,000원
105	포르노그래피	A. 드워킨 / 유혜련	12,000원
106	셸 링	M. 하이데거 / 최상욱	12,000원
107	프랑수아 비용	宋 勉	18,000원
108	중국서예 80제	郭魯鳳 편역	16,000원

109	性과 미디어	W. B. 키 / 박해순	12,000원
110	中國正史朝鮮列國傳(전2권)	金聲九 편역	120,000원
111	질병의 기원	T. 매큐언 / 서 일·박종연	12,000원
112	과학과 젠더	E. F. 켈러 / 민경숙·이현주	10,000원
113	물질문명·경제·자본주의	F. 브로델 / 이문숙 外	절판
114	이탈리아인 태고의 지혜	G. 비코 / 李源斗	8,000원
115	中國武俠史	陳 山 / 姜鳳求	12,000원
116	공포의 권력	J. 크리스테바 / 서민원	근간
117	주색잡기속담사전	宋在璇	15,000원
118	죽음 앞에 선 인간(상·하)	P. 아리에스 / 劉仙子	각권 8,000원
119	철학에 관하여	L. 알튀세르 / 서관모·백승욱	10,000원
120	다른 곳	J. 데리다 / 김다은·이혜지	8,000원
121	문학비평방법론	D. 베르제 外 / 민혜숙	12,000원
122	자기의 테크놀로지	M. 푸코 / 이희원	12,000원
123	새로운 학문	G. 비코 / 李源斗	22,000원
124	천재와 광기	P. 브르노 / 김웅권	13,000원
125	중국은사문화	馬 華·陳正宏 / 강경범·천현경	12,000원
126	푸코와 페미니즘	C. 라마자노글루 外 / 최 영 外	16,000원
127	역사주의	P. 해밀턴 / 임옥희	12,000원
128	中國書藝美學	宋 民 / 郭魯鳳	16,000원
129	죽음의 역사	P. 아리에스 / 이종민	13,000원
130	돈속담사전	宋在璇 편	15,000원
131	동양극장과 연극인들	김영무	15,000원
132	生育神과 性巫術	宋兆麟 / 洪 熹	20,000원
133	미학의 핵심	M. M. 이턴 / 유호전	14,000원
134	전사와 농민	J. 뒤비 / 최생열	18,000원
135	여성의 상태	N. 에니크 / 서민원	22,000원
136	중세의 지식인들	J. 르 고프 / 최애리	18,000원
137	구조주의의 역사(전4권)	F. 도스 / 이봉지 外	각권 13,000원
138	글쓰기의 문제해결전략	L. 플라워 / 원진숙·황정현	18,000원
139	음식속담사전	宋在璇 편	16,000원
140	고전수필개론	權 瑚	16,000원
141	예술의 규칙	P. 부르디외 / 하태환	23,000원
142	사회를 보호해야 한다	M. 푸코 / 박정자	16,000원
143	페미니즘사전	L. 터틀 / 호승희·유혜련	26,000원
144	여성심벌사전	B. G. 워커 / 편집부	근간
145	모데르니테 모데르니테	H. 메쇼닉 / 김다은	20,000원
146	눈물의 역사	A. 벵상뷔포 / 김자경	근간

147 모더니티입문	H. 르페브르 / 이종민	24,000원
148 재생산	P. 부르디외 / 이상호	근간
149 종교철학의 핵심	W. J. 웨인라이트 / 김희수	18,000원
150 기호와 몽상	A. 시몽 / 박형섭	22,000원
151 융분석비평사전	A. 새뮤얼스 外 / 민혜숙	근간
152 운보 김기창 예술론연구	최병식 著	14,000원
153 시적 언어의 혁명	J. 크리스테바 / 김인환	근간
154 예술의 위기	Y. 미쇼 / 하태환	15,000원
155 프랑스사회사	G. 뒤프 / 박 단	근간
156 중국문예심리학사	劉偉林 / 沈揆昊	30,000원
157 무지카 프라티카	M. 캐넌 / 김혜중	근간
158 불교산책	鄭泰爀	근간
159 인간과 죽음	E. 모랭 / 김명숙	근간
160 地中海(전5권)	F. 브로델 / 李宗旼	근간
161 쾌락의 횡포	J. C. 기유보 / 김웅권	근간

【롤랑 바르트 전집】
▨ 현대의 신화	이화여대기호학연구소 옮김	15,000원
▨ 모드의 체계	이화여대기호학연구소 옮김	18,000원
▨ 텍스트의 즐거움	김희영 옮김	15,000원
▨ 라신에 관하여	남수인 옮김	10,000원

【完譯詳註 漢典大系】
▨ 說 苑・上	林東錫 譯註	30,000원
▨ 說 苑・下	林東錫 譯註	30,000원
▨ 晏子春秋	林東錫 譯註	30,000원
▨ 西京雜記	林東錫 譯註	20,000원
▨ 搜神記・上	林東錫 譯註	30,000원
▨ 搜神記・下	林東錫 譯註	30,000원
▨ 歷代書論	郭魯鳳 譯註	40,000원

【통신판매】 가까운 서점에서 小社의 책을 구입하기 어려운 분은 국민은행 (006-21-0567-061 : 신성대)으로 책값을 송금하신 후 전화 또는 우편으로 주소를 알려 주시면 책을 보내 드립니다. (보통등기, 송료 출판사 부담)

東文選 文藝新書 147

모더니티 입문

앙리 르페브르

이종민 옮김

 우리들 각자는 흔히 예술이나 현대적 사상, 현대적 기술, 현대적 사랑 등등에 대해 언급한다. 관습과 오류에도 불구하고 모더니티라는 낱말은 자신의 위력을 상실하지 않았다. 그것은 광고와 선전, 그리고 새롭거나 새로운 것처럼 보이는 모든 표현으로 사용된다. 하지만 그것은 정확히 무엇을 의미하는 것일까?

 모호하지만 모더니티라는 이 낱말은 분석에 있어 두 가지 의미를 드러내고, 두 개의 현실을 은폐한다. 한편으로 그것은 다소 인위적이고 양식에 순응하는 어떤 열광을 지칭하며, 또 한편으로는 상당수의 문제와 가능성(혹은 불가능성)을 보여 준다. 첫번째 의미는 '모더니즘'으로 명명될 수 있고, 두번째는 '모더니티'로 이름 붙일 수 있다. '모더니즘'은 사회학적인 현상이다. 즉 나름대로의 법칙을 가질 수 있는 사회적인 의식의 행위인 것이다. '모더니티'는 나타나기 시작하는 비평과 명확히 규정할 수 있는 문제성에 결부된 개념이다.

 이 책이 포함하고 있는 12개의 전주곡은 '모더니즘'과 '모더니티' 사이의 변증법적 관계를 파악하기 위하여 그 두 단어를 구별하고자 노력한다. 그 전주곡들은 '모더니티'가 제기하거나, 혹은 오히려 '모더니티'가 덮고 있는 제문제를 정형화하면서 그 개념의 윤곽을 명확히 하고자 한다. 여기에는 소위 현대적인 우리의 사회에 설정된 것처럼 보이는, 실제와 사고에 대한 근본적인 이의를 반드시 동반하기 마련이다.

東文選 現代新書 20

클래식

메리 비어드 • 존 헨더슨
박범수 옮김

우리는 고전시대의 세계를 오늘날의 우리들이 가지고 있는 도덕관과 미학에 따라 판단해야 할 것인가? 고전시대 자체가 가지고 있는 독자적인 가치는 무엇인가? 왜 고전시대 세계는 그토록 오랜 세월 동안 영구불변의 영향력을 지녀왔는가? 그래서 고전이 우리 시대의 문화·정치·연극·건축·언어, 그리고 문학에 미친 영향은 무엇인가?

고전학에 대한 이 간략한 입문서는 쓸쓸한 산허리에 자리잡고 있는, 유령이라도 나올 듯한 옛 신전을 고대 그리스의 영광과 로마의 장대함에, 그리고 제퍼슨과 바이런에서 아스테릭스와 벤허에 이르기까지, 현대 문명 속에 존재하는 고전시대와 연결시키고 있다.

조각상과 노예제도, 신전과 비극, 박물관, 대리석 조각품, 그리고 신화. 흥미를 자극하는 이 고전 연구 입문서는 그 안에 담겨진 다양한 제재에 대해 우리가 가질 수 있는 궁금증을 풀어 주는 한편, 이 저술의 특징이 되고 있는 두드러진 열정과 즐거움을 통해 독자를 그 안으로 끌어들이고 있다. 이 책은 현재 이용할 수 있는 것으로는 최신판이며, 가장 손쉽게 넣을 수 있는 고전학 입문서이다. 이 책은 모든 학생, 그리고 고대 세계가 찬란하게 펼쳐졌던 그 땅을 향하는 모든 여행자의 손에 들려져 있어야 할 그런 책이다.

東文選 文藝新書 141

예술의 규칙
—문학 장의 기원과 구조

피에르 부르디외
하태환 옮김

"모든 논쟁은 그로부터 시작된다"라고 일컬어질 만큼 현재 프랑스 최고의 사회학자인 피에르 부르디외의 예술에 관한 사회학적 분석서.

19세기에 국가의 관료체제와 그의 아카데미들, 그리고 이것들이 강요하는 좋은 취향의 규범들로부터 충분히 떼내어진 문학과 예술의 세계가 만들어진다.

피에르 부르디외는 문학 장의 연속적인 형상들 속에 드러나는 그 구조를 기술하면서, 우선 플로베르의 작품이 문학 장의 형성에 있어서 어떤 빚을 지고 있는가를 보여 준다. 다시 말해 작가로서의 플로베르가 자신이 생산함으로써 공헌하는 것을 통해 어떤 존재로 나타나는지를 보여 주는 것이다.

작가들과 문학제도들이 복종하는——작품들 속에 승화되어 있는——논리를 기술하면서, 피에르 부르디외는 '작품들의 과학'의 기초들을 제시한다. 이 과학의 대상은 작품 그 자체의 생산뿐만 아니라, 작품의 가치 생산이 될 것이다. 원래의 환경에 연결되어 있는 사회적 결정들의 효과 아래에서 창조를 제거하기보다는, 장의 결정된 상태 속에 기입되어 있는 가능성의 공간을 분석해 보면, 예술가가 수행해야 하는 작업을 이해할 수 있다. 다시 말해 예술가는 이러한 결정에 반대함으로써, 그리고 그 결정 덕분에 창조자로서, 즉 자기 자신의 창조의 주체로서 자신을 생산하기 위한 작업을 수행해야 한다.

東文選 文藝新書 154

예술의 위기

― 유토피아, 민주주의와 코미디

이브 미쇼 / 하태환 옮김

예술이 위기를 맞고 있다는 사실은 누구나 다 인정한다. 그리고 그 위기의 원인에 대한 진단들도 폭넓게 논의되었다. 우리는 이제 더 이상 새로운 것만이 좋은 것은 아니라는 생각을 갖게 되었고, 진보가 어떤 유토피아를 향해 나아간다는 확실한 보증도 얻지 못했다. 더군다나 엔트로피의 사회에서 진보는 전체 사회를 파멸시키는 가속자가 아닌가 하는 의구심마저 들게 한다. 전투사적이고 투쟁적인 예술의 아방가르드는 대중을 선도하기보다는 더욱더 고립된 엘리트주의 속에 갇히고 말았고, 기껏해야 상업주의 사회 속에서 새로운 모델 하나를 더 추가하는 것에 불과하게 되었다. 말하자면 유토피아적인 목적을 향해 줄기차게 매진해 나아간다는 목적론적 대서사시, 일관적이고 합리적 이성에 기반한 대형 스토리 하나가 파국을 맞았다는 이야기이다. 그러니까 예술의 위기란 아방가르드적 예술의 위기이다.

그런데 이러한 파국 앞에서 취하는 태도는 각자가 다르다. 지금까지 위기를 진단한 대부분의 이론가들이 이미 죽어가고 있는 예술을 되살리기 위해 제도와 교육의 책임을 들먹이며 새로운 수혈을 요구하거나, 애절한 향수 속에서 허무주의 속으로 빠져들었던 반면에, 이 책의 저자인 이브 미쇼는 오히려 그 죽음을 찬양하고 재촉한다. 그렇다. 진실로 대중이 바라는 예술이 지금 죽어가고 있는 예술이 아니라면 더욱더 그렇다. 왜냐하면 지금 우리 눈앞에서 펼쳐지고 있는 파노라마는, 다만 한 세기 전에 기묘하게 탄생했던 특이한 한 변종에 불과하기 때문이다.

작금의 프랑스 문화계를 벌집 쑤시듯 뒤집어 놓은 이 책의 저자 이브 미쇼는 현재 파리 I 대학 철학교수로서, 1989~96년에는 미술학교인 국립 보자르의 학장을 역임한 비중 있는 예술비평가이다.

東文選 現代新書 22

이미지 폭력

올리비에 몽젱
이은민 옮김

영화와 폭력, 일찍이 폭력이 이처럼 미화된 적이 있었던가?
"가장 견디기 힘든 폭력은 가장 통증이 없는 폭력이다. 스크린 위에서는 폭력이 더 광적이 되가는 반면 관객들은 무감각에 길들여지고 있다." 끝없는 폭력의 우물로 가라앉고 있는 현대인들 앞에 영화 속의 폭력은 어떤 유형으로 나타나고 있으며, 우리는 폭력으로부터 어떻게 벗어날 수 있는가.

화면의 폭력이 처참하고 잔인해질수록 오히려 관객들은 영화 속의 폭력세계를 자신과 무관한 환상의 세계로 착각하고 안도감을 갖게 된다는 데에서 저자의 폭력적 이미지에 대한 탐구는 시작된다. 그러나 역설적이게도 이 점이 바로 현대 사회가 폭력에 대해 매우 민감한 사회임을 증명한다고 저자는 강조한다.

영화와 텔레비전의 화면을 침범한 폭력은 서구 국가들에서 사회적인 논쟁을 일으켰다. 사람들이 모든 것을 드러낼 수 있는가? 그리고 만일 모든 것을 보여 줄 수 없다면, 비난해야 하는가? 보통 몇몇 민감한 질문들이 열렬한 입장들과 흔히 피상적인 입장들을 끌어낸다.

올리비에 몽젱은 반대로 사람들이 폭력적이라고 말하는 영화를 가까이에서 검토하는 입장에 섰다. 60년대 폭력이 나타나는 방식과, 오늘날 제시되는 방법 사이에 분명하게 변화한 것이 무엇인가에 대하여 심도 있는 질문을 던진다——현대의 폭력성은 폭력 자체로 내비쳐지지만 우리는 그것을 추월할 수도, 그것을 제거할 수도, 재생할 수도 없다. 폭력 장면들을 비난하는 대신, 이 책은 우리로 하여금 거기에서 벗어나는 길을 트려고 한다.

東文選 現代新書 15

일반미학

로제 카이유와

이경자 옮김

 '미'란 인간이 느끼고 내리는 평가라 할지라도, 자연의 구조는 상상 가능한 모든 미의 출발점이며 최종적인 참조 목록이다. 하지만 인간이 바로 자연의 일부분이기 때문에 그 범위가 쉽게 제한되며, 인간이 미에 대해 느끼는 감정은 생명체라는 인간의 조건과 우주의 일부분에 지나지 않는다는 생각을 하게 할 뿐이다. 그 결과 자연이 예술의 모델이 되는 것이 아니라, 오히려 예술은 자연의 특수한 경우에 해당한다. 즉 예술이란 미학이 인간의 의도나 제작행위라는 부차적인 검열과정을 거치게 될 때 생기는 자연의 특수한 경우이다. 아주 단순해 보이는 이 사실은 매우 중요한 의미를 지니고 있다.

 시학으로부터 광물학, 미학으로부터 동물학, 신학으로부터 민속학에 이르기까지 폭넓은 주제에 관한 많은 저서를 남긴 로제 카이유와는, 이 책에서 '형태'·'미'·'예술'이라는 광범위한 주제에서부터 한정된 주제로 점점 좁혀가며 미적 탐구를 진행해 나가고 있다. 형성 기원이 무엇이건간에 아름답다고 평가받는 형태들에 대한 연구인 미학의 영역과, 미학의 일부분에 지나지 않는 예술의 영역을 확연하게 구분하고 있는 그는 자연의 제 형태에 관한 연구, 즉 풍경대리석과 마노 또는 귀갑석의 무늬 등에 대한 연구와 현대 예술가들의 다양한 창작 태도에 대한 관점을 간결하고도 명확하게 설명하고 있다.

東文選 文藝新書 133

미학의 핵심

마르시아 밀더 이턴

유호전 옮김

이 책의 저자 마르시아 이턴은 현대의 넘쳐나는 미적·예술적 사건들을 특유의 친절함과 박식함으로 진단한다. 소크라테스에서 데리다에 이르기까지 고대와 현대를 어려움 없이 넘나들며 때로는 미적 가치로, 때로는 도덕적 가치로 예술의 모든 장르를 재단한다. 미학의 본질을 파악할 수 있도록 핵심 용어와 이론을 정의하고 소개하며, 혼란이 일고 있는 부분들을 적절히 노출시켜 독자의 정확한 판단을 유도한다. 결코 한쪽에 치우치지 않게 다양한 목소리를 가능한 한 수용하면서, 객관과 주관이 공존하고 형식과 맥락이 혼재하며 전통과 관습이 살아 움직이는 비평을 지향한다.

부분적 특성이 하나의 통합적 경험으로 표출되는 미적 체험의 특수성을 역설하면서, 개인 취향의 다양성과 문화적·역사적 상이함이 초래할 수 있는 미적 대상에 대한 이질적 반응도 충분히 인정할 것을 이 책은 주장한다. 이턴은 개인적 차원의 미적·예술적 경험에 만족하지 않는다. 응용미학이나 환경미학 등 사회적 역할에 이르기까지 미학의 책임과 영역을 확대시킨다. 이 책을 읽는 독자들은 저자가 제시하는 내용들이 공허한 이론으로 끝나지 않고, 예술의 제반 현상들에 실제로 적용되는 경우를 빈번히 목격하게 되며, 결국 저자의 해박함과 노고에 미소짓지 않을 수 없을 것이다.

이 책에서 언급되는 주제는 다음과 같다.
- 대상·제작자·감상자의 역할 ■해석·비평·미적 반응의 본질
- 예술의 언어와 맥락   ■미적 가치의 본질
- 구조주의나 해체주의와 같은 비분석적 미학의 입장
- 환경미학의 공공 정책 결정에 있어서의 미학적 문제점 등 미학의 실제적 사용